KB272021

스페이스X 우주혁명이 온다

스페이스X IPO와
우주산업 투자 지도

스페이스X의 IPO 시점과 조건, 밸류에이션, 사업 전략 등은 이후 변경될 수 있습니다. 이 책의 내용은 투자 권유가 아닌 정보 제공을 목적으로 합니다. 모든 투자 결정은 개인의 판단과 책임 하에 이루어져야 합니다.

스페이스X 우주혁명이 온다 - 스페이스X IPO와 우주산업 투자 지도

ⓒ 권군오 2026

1판 1쇄 인쇄__2026년 3월 30일
1판 1쇄 발행__2026년 3월 31일

지은이__권군오
펴낸이__홍정표
펴낸곳__글로벌콘텐츠
      등록__제25100-2008-000024호

공급처__(주)글로벌콘텐츠출판그룹
      대표__홍정표 이사_김미미 편집_백찬미 남혜인 권군오 기획·마케팅_홍민지
      주소__서울특별시 강동구 풍성로 87-6
      전화__02) 488-3280 팩스__02) 488-3281
      홈페이지__http://www.gcbook.co.kr
      이메일__edit@gcbook.co.kr

값 25,000원
ISBN 979-11-5852-632-0 03320

스페이스X 우주혁명이 온다

스페이스X IPO와 우주산업 투자 지도

권군오 지음

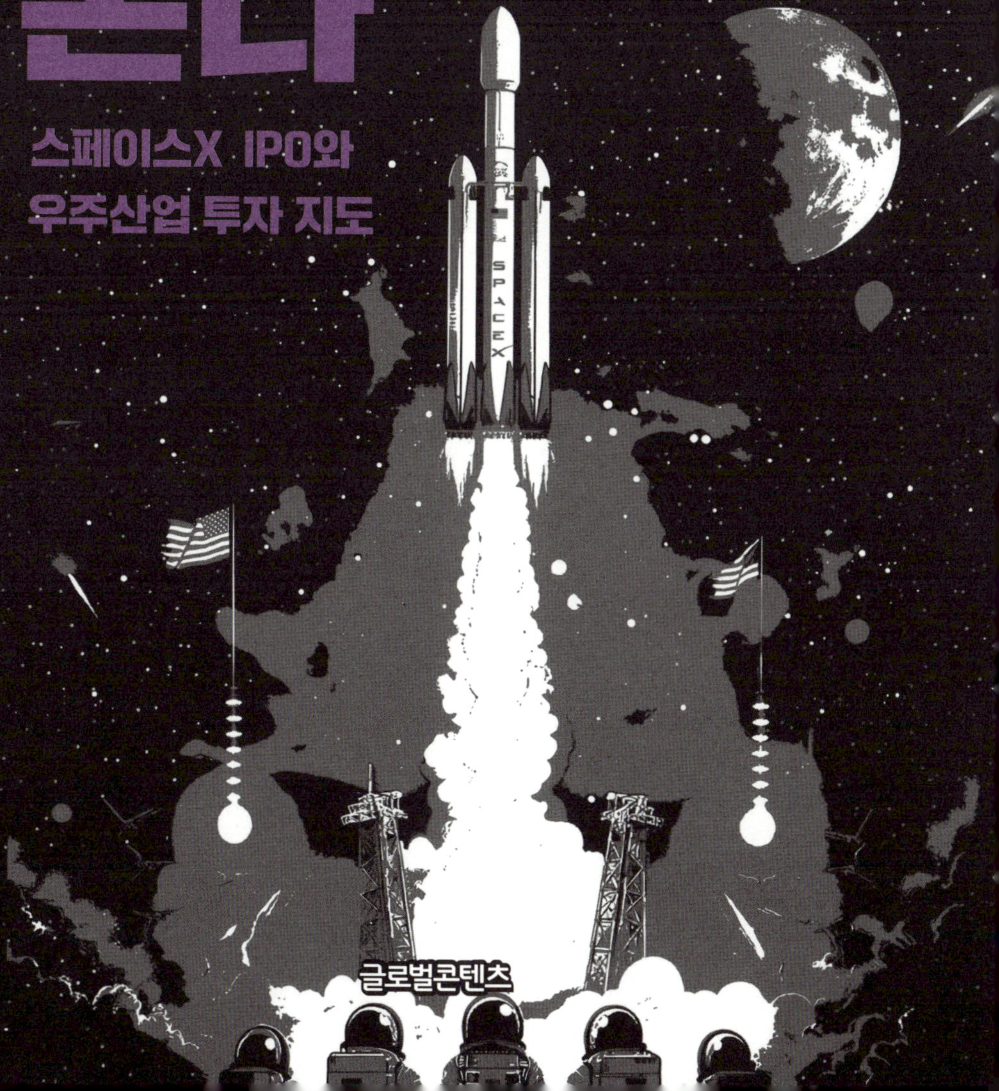

글로벌콘텐츠

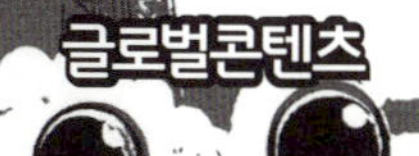

이 모든 이야기는 2001년,
한 남자가 러시아로 향하는 비행기에
탑승하면서 시작되었다.

팰컨 1의 3차 발사를 앞둔 2008년 6월의 일론 머스크

포기를 모르는 남자,
일론 머스크의 우주 도전기

2026년 상반기, 전 세계 금융시장이 숨을 죽이고 한 기업의 움직임을 주시하고 있다. 미국 텍사스주 스타베이스(Starbase)에 본사를 둔 이 회사는 2002년 창업 이래 단 한 차례도 주식시장에 모습을 드러낸 적이 없다. 그러나 지금, 역사상 가장 큰 규모의 기업공개(IPO)가 코앞으로 다가와 있다.

로켓을 만들고 위성 인터넷을 운영하는 이 회사의 이름은 스페이스X(Space Exploration Technologies Corp.)이다. 일론 머스크(Elon Musk)가 2025년 12월 IPO 추진을 공식 확인한 이래, 전 세계 투자자들은 이 기업을 어떻게 이해하고 어떻게 투자해야 하는지를 두고 치열한 분석 전쟁을 벌이고 있다. 이 책은 바로 그 전쟁에 참전하려는 한국 투자자들을 위해 쓰였다.

스페이스X는 IPO를 통해 최대 500억 달러를 조달할 것으로 알려졌으며, 이 자금은 차세대 로켓 스타십(Starship)의 발사 빈도 확대, 스타링크(Starlink) 위성 인터넷 망 확장, 우주 인공지능(AI) 데이터센터 구축, 달 기지 건설 등 머스크가 구상하는 거대한 우주 인프라에 투입될 예정이다.

역사적으로 500억 달러의 공모 규모[*]가 한 번의 IPO로 조달된 사례는 없다. 만약 스페이스X가 계획대로 상장에 성공한다면, 이는 단순한 기업 이벤트가 아니라 자본시장 역사의 한 획을 긋는 순간이 된다.

1조 5000억 달러, 천문학적인 기업가지

스페이스X의 IPO 목표 기업가치는 1조 5,000억 달러, 약 2,100조 원이다. 일부 보도에서는 2026년 2월 xAI 합병 이후 기업가치가 1조 7,500억 달러 이상으로 높아질 수 있다는 관측도 나온다. 스페이스X의 2025년 전체 매출은 약 155억 달러이며, 2026년 매출이 220억~240억 달러에 달할 것으로 전망되고 있다.[**]

이 매출 추정치 대비 1.5조 달러의 기업가치는 약 62~68배의 주가매출

---

[*]   공모 규모는 IPO 과정에서 기업이 일반 투자자에게 새로 발행하거나 기존 주식을 매각해 조달하는 총 자금 규모이다. 공모 규모가 크다는 것은 역사상 전례 없는 자본 조달 능력을 나타내며, 민간 우주 기업의 압도적 성장 잠재력을 증명한다.

[**]   https://sacra.com/c/spacex/ 및 https://pro.payloadspace.com/estimating-spacexs-2025-revenue/

비율(PSR)에 해당한다.[*] 이는 전통적인 통신사들이 통상 매출의 2~3배에 거래되는 것과 비교하면 극단적으로 높은 수치다. 이처럼 높은 밸류에이션을 받는 것은 스페이스X가 단순한 로켓 회사나 통신회사가 아닌 우주 시대를 열어가는 플랫폼 기업으로 평가받기 때문이다.

비교 기준을 달리해 보면 이해가 쉽다. 2026년 3월 기준으로 삼성전자의 시가총액은 약 1,180조 원 수준이다. 스페이스X의 예상 IPO 기업가치인 2,100조 원은 삼성전자 시가총액의 약 2배에 달한다. 애플(Apple)의 시가총액이 약 3.8조 달러(약 5,500조 원)임을 감안하면, 스페이스X는 세계에서 가장 큰 기업 중 하나로 데뷔하는 셈이다. 이 규모는 역사상 전례가 없는 수준이며, 바로 이 점이 전 세계 투자자들로 하여금 이 IPO를 세기의 사건으로 주목하게 만드는 이유이다.

항목	수치	출처 및 시점
목표 IPO 기업가치	1.5조~1.75조 달러	Bloomberg, 2026년 2월~3월
예상 공모 규모	최대 500억 달러	Bloomberg, 2026년 2월
2025년 전체 매출(추정)	약 155억 달러	Sacra, 2025년 12월
2026년 매출 전망	220억~240억 달러	Payload Space, 2026년 1월
IPO 목표 주가매출비율(PSR)	62~68배	Payload Space, 2025년 12월
SEC 예비 신청 시점	2026년 3월(목표)	Bloomberg, 2026년 2월
상장 목표 시점	2026년 6월	Bloomberg, 2026년 2월

---

[*] 비상장 성장기업은 공개된 재무 상태의 신뢰성이 낮을 수 있고, 적자 상태인 경우가 많아 주가수익비율(PER)을 적용하기 어렵다. 그래서 순이익 대신 매출을 기준으로 기업가치를 비교하는 주가매출비율(PSR)이 자주 사용된다.

한국 개인 투자자에게 이 책이 필요한 이유

한국 개인 투자자들은 이미 오랫동안 해외 주식 투자에 익숙해져 있다. 한국예탁결제원의 통계에 따르면 한국 개인 투자자들의 해외 주식 보유 규모는 매년 증가해 왔으며, 특히 테슬라, 애플, 엔비디아(NVIDIA) 등 미국 기술주에 대한 투자 비중이 압도적으로 높다. 스페이스X IPO는 그 어떤 사례보다도 큰 규모와 파급력을 가지며, 한국 투자자들에게도 직접적인 투자 기회와 간접적인 영향을 동시에 줄 것이다.

그러나 문제는 정보의 비대칭이다. 스페이스X는 비상장 기업이므로 재무제표를 공개할 의무가 없었다. 지금까지 알려진 재무 정보는 대부분 투자자들의 서한, 언론 보도 등 단편적인 자료에 의존해 왔다. 회사의 사업 구조를 제대로 이해하지 못한 채 IPO에 참여하거나 관련주를 매입하는 것은 복권을 사는 것과 다를 바 없다. 이 책은 그 정보 격차를 줄이기 위해 쓰였다.

스페이스X IPO는 한국 기업들에게도 직접적인 영향을 미친다. 스페이스X의 공급망에 편입된 한국 기업, 우주산업 생태계에서 간접 수혜를 받을 기업, 그리고 국내 우주 관련 ETF에 이르기까지, 스페이스X IPO는 한국 주식시장에 광범위한 파급 효과를 낳고 있다.

이 책을 읽고 스페이스X 관련 주식을 사볼까 생각하는 독자가 있다면 이미 훌쩍 상승해 버린 국내 주식을 마주하게 될 것이다. '오를 것 이미 다 올랐는데 어떻게 하란 말인가'라고 생각할 수도 있다.

그러나 생각을 달리 해본다면 오히려 더 좋은 일이다. 스페이스X 관련 주식이 많은 관심을 받고 있다는 뜻이며, 거래가 활발하다는 의미이기도 하기 때문이다. 2026년 초의 삼성전자의 주가 동향을 생각해 보라. 삼성전자가 10만원을 돌파했을 때도 오를 것 다 올라서 이제는 떨어질 일만 남았다고 생각한 사람들이 많았다.

주가의 미래는 예측할 뿐이지 장담하지 못한다. 늦었다고 생각할 때에도 기회를 남겨주는 것이 주식시장이며, 때로는 수많은 사람의 금전적 미래에 깊은 상처를 남기는 것도 주식시장이다.

이 책의 구성과 활용법

이 책은 총 5개의 파트로 구성되어 있다. 각 파트는 서로 독립적으로 읽힐 수 있도록 설계되었지만, 처음 읽는 독자라면 순서대로 읽기를 권한다.

Part 1 '스페이스X의 탄생과 성장'은 스페이스X의 역사를 다룬다. 일론 머스크가 어떤 생각으로 우주 기업을 창업했는지, 팰컨 1(Falcon 1)의 처절한 실패와 기적적인 성공, 팰컨 9(Falcon 9)의 재사용 로켓 혁명, 그리고 스타십(Starship)으로 이어지는 기술 발전의 서사가 담겨 있다. 투자자로서 스페이스X를 이해하려면 이 역사적 맥락을 아는 것이 필수적이다. 어떤 문화와 철학이 이 회사를 만들었는지를 이해해야만, 앞으로의 도전과 리스크를 제대로 평가할 수 있기 때문이다.

Part 2 '스페이스X는 어떻게 돈을 버는가'는 이 책의 핵심이다. 스타링크의 사업 모델, 로켓 발사 서비스의 경제학, 우주에 AI를 심겠다는 xAI 합병의 의미, 스페이스X의 경쟁력, 그리고 재무 분석까지 투자자가 반드시 알아야 할 내용이 집약되어 있다.

특히 스페이스X의 주요 매출원인 스타링크 가입자 수, 매출, 가입자 1인당 평균 매출 분석은 스페이스X의 기업가치를 스스로 평가하고 싶은 독자들에게 핵심적인 출발점이 된다.

Part 3 '상장이 모든 것을 바꾼다'는 스페이스X의 IPO를 분석한다. IPO의 구조와 일정, 밸류에이션의 타당성, 그리고 이 IPO가 글로벌 시장과 한국 시장에 어떤 영향을 미칠지를 살펴본다. 낙관론과 비관론을 균형 있게 제시하며, 독자들이 스스로 판단할 수 있는 틀을 제공한다.

Part 4 '한국 투자자를 위한 투자 가이드'는 이 책의 실전 파트이다. IPO 후의 투자 타이밍, 실전 참여 방법, 미국 우주 관련주 투자 가이드, 그리고 한국 기업들의 수혜 구조까지, 한국 투자자의 구체적인 상황에 맞춘 내용을 담았다.

특히 Part 4의 Chapter 16에서는 스페이스X가 우주 데이터센터를 위해 100만 기 위성을 배치하기 시작한다는 시나리오를 통해 발사체와 위성 관련 하드웨어 분야, 우주 데이터센터와 위성 운영에 필요한 소프트웨어 분야의 기업을 집중 조명한다. 여기에서 살펴보는 기업은 스페이스X의 100만 기 위성 배치 시나리오가 현실화되지 못하더라도 우주 데이터센터에 관한 서사가 나올 때마다 언급되면서 주가 탄력성이 커질 것이다.

이 책을 최대한 활용하려면 단순히 통독하는 것을 넘어, Part 3과 Part 4를 특히 반복하여 읽기를 권장한다.

독자가 이 책을 손에 드는 시점은 각자 다를 것이다. 스페이스X의 IPO를 앞두고 투자 기회를 탐색하는 시점일 수도 있고, IPO가 이미 완료되어 주가가 형성된 이후일 수도 있다. 어느 시점이든 핵심 과제는 동일하다. 서사의 홍수 속에서 냉정한 판단을 유지하는 일이다.

IPO 준비 국면에서는 언론, 블로그, 유튜브를 비롯한 수많은 매체에서 기대 서사가 폭발한다. "○○기업이 스페이스X와 연관이 있다"라는 보도 한 줄에 해당 종목의 주가가 급등하는 현상이 반복된다.

IPO 완료 이후에는 또 다른 종류의 서사가 밀려온다. 공모가 대비 수익률 비교, 경쟁사와의 밸류에이션 논쟁, 락업(lock-up) 해제 이후의 수급 전망, 그리고 스타링크 분사 가능성이나 스페이스X와 테슬라의 합병 가능성 같은 새로운 이슈들이 투자자의 판단을 흔들기 시작한다. 시장의 소음은 IPO 전에도, IPO 후에도 멈추지 않는다.

어느 쪽이든 사전에 자신만의 투자 기준을 세워두지 않으면 서사에 끌려다니게 된다. 이 책이 그 기준을 세우는 데 실질적인 도움이 되기를 바란다.

단, 이 책은 투자를 권유하는 책이 아니다. 모든 투자 결정은 독자 스스로의 판단에 의해야 하며, 이 책에서 제시되는 수치와 분석은 독자의 이해를 돕기 위한 참고 자료로만 활용되어야 한다. 주식 투자에는 언제나 원금 손실의 위험이 따른다.

차례

PART 1 스페이스X의 탄생과 성장

Chapter 1 일론 머스크, 우주를 꿈꾸다

Chapter 2 팰컨 1: 실패에서 배우다

PART 2　스페이스X는 어떻게 돈을 버는가

Chapter 9   스페이스X의 재무 분석

PART 3   상장이 모든 것을 바꾼다

Chapter 10   IPO의 구조와 일정

Chapter 11   IPO 밸류에이션 심층 분석

PART 4 한국 투자자를 위한 투자 가이드

텍사스의 불꽃

120m의 스테인리스 스틸

텍사스 최남단, 멕시코 국경에서 불과 수 킬로미터 떨어진 보카치카 (Boca Chica) 해변에는 세상에서 가장 기이한 풍경이 펼쳐져 있다. 멕시코만의 잔잔한 파도가 밀려오는 모래밭 바로 뒤편으로 국립야생동물보호구역의 습지가 이어지고, 그 너머에는 높이 120m가 넘는 스테인리스 스틸 구조물이 솟아 있다. 인류가 만든 가장 거대한 로켓, 스타십(Starship)이다.

이곳의 공식 지명은 이제 보카치카가 아니다. 스페이스X는 이 일대를 스타베이스(Starbase)라 부르며, 로켓 공장과 발사대, 테스트 시설, 그리고 수백 명의 엔지니어가 거주하는 작은 마을을 한데 모아 일종의 로켓 도시를 건설했다.

발사대 앞에 서면 거대한 규모감에 압도된다. 슈퍼 헤비(Super Heavy) 부스터 위에 스타십 상단이 올라간 풀스택(full stack) 상태의 로켓은 자유의 여신상보다 높고, NASA의 새턴 V 로켓보다 크며, 이륙 시 약 7,590톤의 추력을 내뿜는다.

(Credit: SpaceX)

이는 미국 우주발사시스템(SLS)의 두 배가 넘는 힘이다. 그리고 이 거대한 물체가 하늘로 솟구쳤다가 되돌아와 발사탑의 금속 팔에 안기는 것을 목표로 설계되었다는 사실이, 이 장소를 더욱 초현실적으로 만든다.

발사탑에는 메카질라(Mechazilla)라는 별명이 붙어 있다. 고질라의 기계 버전이라는 뜻으로, 일론 머스크가 직접 지은 이름이다. 탑 양쪽에서 뻗어 나오는 두 개의 거대한 금속 팔, 이른바 '젓가락(Chopsticks)'은 수십 톤 무게의 부스터를 공중에서 잡아챌 수 있도록 설계되었다.

전통적인 로켓 회수 방식과는 완전히 다른 접근이다. 착륙 다리를 달면 무게가 늘어나고, 별도의 착륙장이 필요하며, 재발사까지 시간이 오래 걸린다. 스페이스X는 이 모든 문제를 한 번에 해결하기 위해, 로켓을 발사한 바로 그 자리에서, 되돌아온 부스터를 다시 잡아채는 방식을 택했다.

2024년 10월 13일 아침 7시 25분(미국 중부시간), 스타십의 다섯 번째 통합비행시험(IFT-5)이 시작되었다. 33기의 랩터(Raptor) 엔진이 일제히 점화되면서 발사대 주변에 쏟아지는 화염과 굉음은 수십 킬로미터 밖에서도 느낄 수 있었다. 하늘로 솟구친 부스터는 상단을 분리한 뒤 방향을 돌려 발사장으로 되돌아왔고, 착륙 연소를 거쳐 천천히 하강하면서 미끄러지듯 메카질라의 팔 사이에 들어섰다. 두 팔이 부스터를 움켜쥐고, 엔진이 꺼졌다. 발사로부터 약 7분 만이었다.

캘리포니아 호손(Hawthorne)에 있는 스페이스X 본사에서는 환호성이 터졌다. 실시간 중계를 진행하던 엔지니어 케이트 타이스(Kate Tice)는 "이것은 공학 역사 교과서에 실릴 날"이라고 외쳤고, 현장의 대니얼 휴엇(Dan Huot)은 "지금 시대에도 저건 마법처럼 보인다"고 말했다.

그날 전 세계에서 스페이스X의 실시간 중계를 시청한 사람은 수백만 명에 달했다. 해변에는 새벽부터 자리를 잡은 수백 명의 관람객이 모여 있었고, SNS에는 부스터가 메카질라 팔에 안착하는 순간의 영상이 폭발적으로 공유되었다. 블루 오리진, 스토크 스페이스, 로켓 팩토리 아우크스부르크 등 경쟁 항공우주 기업들까지 축하 메시지를 보냈다.

폭발, 폭발, 또 폭발

스타베이스의 역사는 동시에 폭발의 역사이기도 하다. 스타십의 통합 시험 비행(Integrated Flight Test)은 2023년 4월 20일 처음으로 시도되었으나, 발사대를 이륙한 지 4분도 채 안 되어 공중에서 폭발하고 말았다. 2023년 11월 18일의 두 번째 시험에서는 이륙에 성공했으나 1단-2단 분리 후 폭발이 발생했다.

2024년 3월 14일의 세 번째 시험에서는 대기권 재진입까지 성공했으나 두 단 모두 제어를 잃고 산화되었다. 2024년 6월 6일의 네 번째 시험에서는 처음으로 우주선과 부스터 모두 바다 연착륙에 성공했으며, 2024년 10월 13일의 다섯 번째 시험에서는 역사상 처음으로 메카질라를 이용한 부스터 공중 포획에 성공했다.

이 반복된 폭발들을 외부에서 바라보는 시각은 극단적으로 엇갈린다. 전통적인 항공우주 기업의 관점에서 보면 이는 무책임한 실패의 연속이다. 록히드마틴(Lockheed Martin)이나 보잉(Boeing)이 항공우주 프로그램을 운용할 때 선택하는 방법론은 완전히 다르다. 수년에 걸친 설계 검토, 시뮬레이션, 지상 시험을 거친 뒤에야 비로소 실제 비행 시험을 허가한다. 한 번의 실패는 수백억 달러의 손실이자 프로그램 전체의 위기를 의미하기 때문이다.

반면 스페이스X는 이 폭발들을 '예정된 학습 과정'으로 바라본다. 실패한 시험은 버리는 것이 아니라 데이터를 수집하는 도구이다. 폭발할 때마다 엔지니어들은 고속 카메라와 수천 개의 센서에서 수집된 데이터를 분석하여 다음 시제품을 개선한다.

2020년 12월 10일, 스타십 프로그램에서 개발된 8번째 프로토타입(SN8) 로켓의 폭발 잔해를 일론 머스크가 바라보고 있다. SN8은 전날 비행 테스트를 수행한 후 착륙 중 연료 헤더 탱크 압력 부족으로 폭발했다.

(Credit: flickr의 Steve Jurvetson)

왜 이 실험은 계속되는가

스페이스X가 이 반복적이고 때로는 파국적으로 보이는 실험을 계속하는 이유는 비용 구조의 혁명에 있다. 스페이스X의 궁극적인 목표는 스타십을 이용해 1킬로그램의 화물을 지구 저궤도(LEO)에 올리는 비용을 100달러 이하로 낮추는 것이다. 현재 팰컨 9이 달성한 스페이스X 내부 사용시의 킬로그램당 약 1,500달러(2026년 3월 기준, 외부 고객은 약 4,250달러)도 이미 업계 최저 수준이지만, 저궤도(LEO)에 보낼 수 있는 물량(페이로드)이 팰컨 9 재사용 모드 대비 8배에 이르는 스타십이 완전 재사용 체제로 운용되면 이 비용은 수십 배 더 낮아질 수 있다.

비용이 킬로그램당 100달러 수준으로 내려가면, 지금까지는 경제성이 없어 불가능했던 수많은 우주 응용이 현실이 된다. 100만 기의 위성 운용, 우주 태양광 발전, 우주 데이터센터, 달 기지 건설이 모두 실현 가능한 영역으로 들어온다.

이 비용 혁명을 달성하려면 반드시 실제 비행 데이터가 필요하다. 시뮬레이션만으로는 불충분하다. 엔진 33기가 동시에 점화할 때 발생하는 열, 압력, 진동의 복합적인 상호작용은 어떤 컴퓨터 모델로도 완벽히 재현할 수 없다. 대기권 재진입 시 마하 25 이상의 속도에서 우주선 표면에 가해지는 열과 공기역학적 충격은 지상 시험만으로는 검증이 불가능하다. 스페이스X는 그래서 실제로 날린다. 폭발하면 데이터를 모아 분석하고, 그 결과를 반영한 새 시제품을 만들어 다시 날린다. 이 방식은 비효율적으로 보이지만, 개발 속도라는 측면에서는 전통적인 방법론을 압도한다.

텍사스의 불꽃은 단순한 실험이 아니다. 그것은 인류의 우주 진출 비용을 1,000분의 1로 낮추겠다는 도전의 가시적 표현이며, 1.5조 달러 이상의 IPO 가치를 정당화하는 기술적 근거의 핵심이기도 하다.

스페이스X가 상장되면, 해외 주식에 익숙한 한국의 개인 투자자에게 인류 역사상 가장 큰 규모의 주식 투자에 참여할 기회가 열리며, 국내 증시에도 우주 관련 섹터에 대한 관심도가 치솟는다.

그러나 스페이스X의 주식을 사는 것에는 복잡한 질문들이 따라붙는다. 매출의 60배가 넘는 밸류에이션은 정당한가. 스타링크의 가입자 성장은 언제까지 지속될 수 있는가. 스타십의 개발 지연은 기업가치에 어떤 영향을 미치는가. 아마존의 위성 인터넷 서비스인 LEO(구 프로젝트 카이퍼)는 스타링크의 독주를 깨뜨릴 수 있는가. 무엇보다, 일론 머스크라는 인물 자체가 가장 큰 리스크이자 가장 큰 프리미엄이 아닌가.

스페이스X 우주혁명이 온다

스페이스X IPO와
우주산업 투자 지도

PART 1

스페이스X의
탄생과 성장

Chapter 1

일론 머스크, 우주를 꿈꾸다

스페이스X를 이해하려면 먼저 일론 머스크라는 인물을 이해해야 한다. 그가 이 회사를 창업한 이유, 그가 선택한 전략, 그가 회사에 심어놓은 문화는 오늘날 스페이스X의 모든 것을 결정짓는다.

러시아에서 ICBM을 사려던 남자

2001년 말, 일론 머스크는 두 명의 동료와 함께 러시아 모스크바로 향했다. 다 쓰고 남은 대륙간탄도미사일(ICBM)을 구매하려는 것이었다. 머스크의 구상은 이러했다. 러시아제 ICBM의 탄두 부분을 제거하고 그 자리에 식물과 생물체를 가득 실은 온실을 탑재한 뒤 화성으로 쏘아 보내는 것, 이른바 '화성 오아시스(Mars Oasis)' 프로젝트였다.

화성에서 생명체가 자라는 장면을 지구로 전송함으로써 대중의 우주에 대한 관심을 다시 불러일으키고, 이를 계기로 미 정부의 NASA 예산을 증액시키겠다는 대담한 발상이었다.

그러나 러시아의 로켓·미사일 쪽 인사들은 머스크를 진지하게 대하지 않았다. 그들은 로켓 한 기당 무려 800만 달러를 요구했다. 머스크가 협상을 시도했지만 소용이 없었다. 두 번째 러시아 방문에서도 상황은 나아지지 않았다. 머스크는 세 기를 2,100만 달러에 구매하길 기대했으나, 상대방은 한 기당 2,100만 달러를 요구했고, 협상이 결렬되었다.

미국으로 돌아오는 비행기 안에서, 머스크는 노트북을 꺼내 스프레드시트를 열었다. 그는 로켓을 만드는 데 필요한 원자재 비용과 로켓의 시장 가격을 비교하기 시작했다. 계산 결과는 충격적이었다. 로켓의 원자재 비용은 로켓 판매 가격의 단 3%에 불과했다.[*] 나머지 97%는 설계비, 노동비, 관리비, 그리고 기존 항공우주산업의 비효율에서 나오는 비용이었다.

NASA 모델 기반 로켓 비용 구조

비용 항목	전통 업체 비중 추정	주요 이유
원자재	~5%(대개 2% 미만)	알루미늄·티타늄·탄소섬유 등 상품 가격 기준
연료	~0.2%	발사 시 소모량 대비 저렴
노동·조립·테스트	50~70%	고숙련 인력, 장기 제조(수개월~수년)
간접·시설·운영	20~40%	공급망·인증·보험

---

[*]   https://ntrs.nasa.gov/api/citations/20140010994/downloads/20140010994.pdf

머스크는 동행했던 우주 전문 컨설턴트 짐 캔트렐(Jim Cantrell)에게 말했다. "우리가 직접 만들 수 있을 것 같아." 그것이 스페이스X의 탄생 순간이었다.

직접 만들겠다: 2002년 스페이스X 창업

2002년 10월, 이베이(eBay)가 페이팔(PayPal)을 15억 달러에 인수했다. 당시 페이팔 지분 약 11.7%를 보유하고 있던 일론 머스크의 실수령액은 세전 약 1억 7,580만 달러였다. 그는 이 중 약 1억 달러를 스페이스X 창업에 쏟아부었고, 나머지 대부분은 테슬라(Tesla) 초기 투자에 투입했다. 당시 그의 나이는 31세였다. 팰컨 1 개발에 착수할 무렵, 머스크의 개인 재산은 사실상 바닥을 드러내고 있었다.

로켓 제조의 근본을 바꾸다

스페이스X의 초기 사업 계획은 기존 로켓 가격의 10분의 1 이하로 저렴한 로켓을 만들겠다는 것이었다. 이것이 가능하려면 기존 항공우주산업의 관행을 근본부터 뒤집어야 했다. 기존 방식은 수많은 하청업체에 부품을 발주하고, 각 업체가 납품하는 부품을 조립하는 방식이었다. 이 과정에서 각 업체는 이윤을 붙이고, 관리 비용이 쌓이며, 납기가 지연되면 패널티가 발생하고, 이 모든 비용이 최종 로켓 가격에 반영된다.

머스크는 이 구조 전체를 없애기로 했다. 스페이스X는 가능한 모든 것을 스스로 만들기로 했다. 엔진, 터보펌프, 항법 컴퓨터, 통신 시스템, 발사대 소프트웨어까지 전부 자체 개발하는 것이다. 이것이 수직 통합(Vertical Integration) 전략의 출발점이다.

창업 초기의 팀과 비전

톰 뮬러, 그윈 숏웰, 그리고 5명의 창업 멤버

스페이스X 창업팀에서 가장 중요한 인물은 두 명이다. 톰 뮬러(Tom Mueller)와 그윈 숏웰(Gwynne Shotwell)이다.

톰 뮬러는 TRW(Thompson Ramo Wooldridge)에서 로켓 엔진 설계를 담당하던 엔지니어였다. 그는 자신의 차고에서 취미로 소형 로켓 엔진을 직접 만들 정도로 로켓에 대한 열정을 가진 사람이었다.

머스크가 2001년 로켓 관련 파티에서 뮬러를 처음 만났을 때, 뮬러는 자신이 직접 만든 로켓 엔진이 1,360킬로그램의 추력을 낼 수 있다고 자랑했다. 머스크는 즉각 물었다. "더 크게 만들 수 있어?" 뮬러는 "그렇다"고 답했다. 그것이 뮬러와 스페이스X의 인연이 시작된 순간이었다. 뮬러는 스페이스X에 합류하여 최고기술책임자(CTO) 역할을 맡아 멀린(Merlin), 드라코(Draco) 등 스페이스X의 로켓 엔진을 설계하고 개발하는 일을 총괄했다. 또한 랩터(Raptor) 엔진의 초기 개념 설계와 메탄 연료 채택 방향을 제시한 인물이기도 하다. 그는 스페이스X의 기술적 정체성을 형성한 핵심 인물이었다.

그윈 숏웰은 다른 배경을 가진 인물이다. 그녀는 노스웨스턴대학교에서 기계공학과 응용수학을 전공한 뒤, 소형 위성 발사체 개발 업체인 마이크로코스(Microcosm)에서 일한 경험이 있었다.

스페이스X에 합류한 것은 2002년, 회사 창립 직후였다. 처음에는 비즈니스 개발 업무를 담당했으며, 이후 최고운영책임자(COO)로 성장했다. 숏웰은 스페이스X의 상업적 성공을 이끈 '비즈니스 두뇌'로, 머스크의 기술 비전을 실제 계약과 매출로 연결하는 역할을 담당했다. 그녀가 없었다면 스페이스X는 기술적으로는 훌륭할지 몰라도 상업적으로 살아남지 못했을 것이라는 평가가 많다.

창업 초기 스페이스X는 직원 수가 손으로 꼽을 수 있을 정도였다. 뮬러, 숏웰을 포함한 초기 팀은 대부분 TRW, 보잉, 록히드마틴 등 기존 항공우주 기업에서 일해 온 엔지니어들이었다. 이들의 공통점은 기존 조직의 관료주의에 답답함을 느끼면서도, 우주에 대한 꿈을 포기하지 않은 사람들이었다는 점이다. 머스크는 이들을 '사명감 있는 사람들'이라고 불렀다.

스페이스X 창업 멤버 **톰 뮬러**(엔진 개발)**와 그윈 숏웰**(회사 운영)

수직 통합 전략: 로켓을 직접 만든다는 것의 의미

스페이스X의 수직 통합 전략은 단순히 비용을 줄이기 위한 선택이 아니다. 그것은 속도의 문제이기도 하다. 외부 하청업체에 의존하면 설계 변경 요청이 있을 때 수주에서 수개월의 지연을 낳는다. 반면 모든 것을 자체 생산하면 오늘 설계를 바꾸면 내일 시제품을 만들 수 있다. 스페이스X의 개발 속도가 전통 항공우주 기업들을 압도하는 핵심 이유가 여기 있다.

예를 들어, 팰컨 9의 멀린 1D 엔진 하나는 초기 해면 추력 수백 kN 수준에서 시작하여 지속적인 개선을 통해 Falcon 9 Full Thrust / Block 5에 이르러서는 1단 멀린 1D 해면 추력이 약 845~854 kN에 도달했으며, 2단 멀린 1D 진공 추력은 약 934 kN 수준까지 향상되었다.[*] 이 개선 과정에서

---

[*]　해면 추력은 지구 표면처럼 공기가 있는 환경에서 로켓 엔진이 내는 힘이고, 진공 추력은 우주처럼 공

외부 공급업체의 납기나 계약 재협상에 묶일 필요가 없었다. 설계팀, 제조팀, 시험팀이 모두 같은 지붕 아래 있었기 때문이다. 이것이 수직 통합의 진정한 위력이다.

또한 스페이스X는 군사·항공우주산업에서 관행적으로 사용하는 '군사 표준(MIL-SPEC)' 부품 대신 상업용 부품을 최대한 활용함으로써 비용을 절감했다. 군사 표준 부품은 정해진 스펙을 충족하는 것에 초점이 맞춰져 있어 극도로 비싸다.

상업용 부품은 저렴하지만 신뢰성이 낮을 수 있다. 스페이스X는 저렴한 상업용 부품을 사용하되, 소프트웨어 수준에서 다중 중복성(redundancy)[*]과 오류 검출 구조를 설계해 시스템 전체의 신뢰성을 높였다.

엘 세군도의 작은 창고에서 시작된 혁명

스페이스X의 첫 번째 사무실은 캘리포니아주 엘 세군도(El Segundo)의 작은 창고였다. 로스앤젤레스 국제공항 인근에 위치한 이 창고는 총 면적이 약 280m²에 불과했다. 이 비좁은 공간에서 스페이스X의 엔지니어들은 팰컨 1의 설계를 시작했다. 당시 창고 내부는 책상, 컴퓨터, 그리고 각종 기계류로 가득 차 있었고, 엔지니어들은 밤낮없이 일했다.

기가 없는 환경에서 내는 힘이다. 우주에는 공기 저항이 없기 때문에 보통 진공 추력이 해면 추력보다 더 크다. 킬로뉴턴(kN)은 힘의 단위로, 1kN은 약 100kg 정도의 물체를 들어 올리는 힘에 해당한다.

[*]　　다중 중복성(redundancy)은 동일한 기능을 수행하는 여러 개의 경로·컴포넌트·채널을 두어, 한쪽이 고장나도 다른 쪽이 계속 시스템을 동작시키도록 설계하는 방식이다.

스페이스X가 시작된 곳, 엘 세군도의 창고 (Credit: SpaceX)

엘 세군도 창고에서 제작 중인 팰컨 1 (Credit: SpaceX)

흥미로운 것은, 이 창고에서 스페이스X가 처음으로 만든 것이 로켓이 아니었다는 점이다. 그것은 팰컨 1의 1단 엔진인 멀린(Merlin)의 테스트 스탠드였다. 엔진을 만들기 전에 먼저 엔진을 시험할 수 있는 설비를 만든 것이다. 이 순서는 스페이스X의 사고방식을 잘 보여준다. 빠르게 만들고, 빠르게 시험하고, 빠르게 개선한다. 이 사이클을 얼마나 빠르게 돌릴 수 있느냐가 경쟁 우위의 핵심이다.

엘 세군도의 창고에서 시작된 이 방법론은 이후 수십 년에 걸쳐 스페이스X 전체 조직에 DNA처럼 스며들었다. 그것이 오늘날 텍사스 스타베이스에서 거대한 스타십이 폭발과 성공을 반복하며 빠르게 진화하는 이유이다.

왜 우주인가: 머스크의 화성 식민지 꿈

'여러 행성에 사는 인류'라는 비전

일론 머스크가 우주 사업에 뛰어든 이유는 돈이 아니었다. 그가 스페이스X를 창업하기 전에 이미 인터넷 결제 시스템 회사를 팔아 수억 달러를 손에 쥔 상태였다. 그 돈으로 더 편안하고 안락한 삶을 선택하는 것도 충분히 가능했다. 그러나 머스크는 반대 방향을 선택했다. 그 선택의 근저에는 인류 문명의 취약성에 대한 깊은 우려가 자리한다.

머스크의 논리는 이렇다. 지구상의 생명체는 46억 년의 역사 속에서 다섯 차례의 대멸종을 겪었다. 소행성 충돌, 화산 폭발, 기후 변화가 반복적으로 지구 생명체의 대다수를 쓸어버렸다.

인류 문명이 현재의 기술 수준에 도달하는 데는 약 1만 년이 걸렸지만, 지구 규모의 재앙은 그보다 훨씬 짧은 시간에 찾아올 수 있다. 소행성 충돌이나 핵전쟁, 혹은 아직 알려지지 않은 어떤 재앙이 지구를 덮쳤을 때, 인류 문명이 오직 한 행성에만 존재한다면 그 문명은 영원히 사라질 수 있다.

이 위기에 대한 머스크의 해결책이 '다행성 인류(Multiplanetary Species)', 즉 '여러 행성에 사는 인류'가 되는 것이다. 인류가 두 개 이상의 행성에 걸쳐 존재한다면, 한 행성의 문명이 파괴되더라도 다른 행성의 문명이 살아남아 다시 재건할 수 있다는 논리다.

화성이 그 두 번째 행성으로 선택된 이유는 여러 가지가 있다. 화성은 지구에서 비교적 가까운 거리에 있으며, 하루의 길이가 24시간 37분으로 지구와 유사하고, 물이 얼음 형태로 극지방에 존재하며, 태양광을 이용한 에너지 생산이 가능하다. 무엇보다 화성에는 자원이 존재하며, 장기적으로는 대기를 변환하여 인간이 거주 가능한 환경으로 만드는 '테라포밍(Terraforming)'도 이론적으로 가능하다.

'인류의 보험'이라는 철학

머스크는 화성 식민지를 '인류의 보험(Backup Drive for Humanity)'이라고 표현한다. 컴퓨터의 중요한 데이터를 외장 하드에 백업해 두듯, 인류 문명을 화성에 백업해 두자는 것이다. 이 철학은 단순히 몽상이 아니라, 스페이스X의 모든 기술 개발 방향을 결정짓는 나침반이다.

스타십이 왜 그토록 거대해야 하는가. 화성까지 한 번에 100명 이상의 인원을 수송하기 위해서다. 스타십이 왜 완전 재사용이어야 하는가. 화성 식민지를 건설하려면 수백 번의 비행이 필요하고, 매번 로켓을 새로 만든다면 비용이 감당할 수 없는 수준이 되기 때문이다.

스타링크가 왜 전 세계 인터넷 인프라를 구축해야 하는가. 화성 식민지가 성공하려면 막대한 자금이 필요하고, 스타링크의 구독 수익이 화성 미션을 재정적으로 뒷받침해야 하기 때문이다. 스페이스X의 모든 사업은 이 화성 식민지 꿈이라는 하나의 축을 중심으로 돌아간다.

스페이스X가 그리는 화성 식민지 상상도 (Credit: SpaceX)

우주를 향한 일론 머스크의 꿈

백만장자가 된 28세 청년

1999년, 스물여덟 살의 일론 머스크는 처음으로 큰돈을 손에 쥐었다. 그가 창업한 지역 정보 소프트웨어 회사 집투(Zip2)가 컴팩(Compaq)에 3억 700만 달러에 매각되면서 그의 몫으로 2,200만 달러가 들어왔다. 그 돈으로 머스크는 맥라렌 F1 스포츠카를 샀다. CNN 카메라 앞에서 차를 인도받으며 활짝 웃는 그의 모습은 전형적인 닷컴 시대 성공 신화의 한 장면처럼 보였다.

1999년, 인수받은 맥라렌을 타는 28살의 일론 머스크

(출처: Evan Carmichael 유튜브 캡처)

그러나 그의 시선은 이미 다음 곳을 향하고 있었다. 같은 해 그는 그 돈 중 1,000만 달러를 투자해 온라인 금융 서비스 회사 X.com을 설립했다. 은행 시스템을 인터넷으로 혁신하겠다는 구상이었다. X.com은 경쟁사 콘피니티(Confinity)와 합병해 페이팔(PayPal)이 되었고, 2002년 이베이(eBay)가 페이팔을 15억 달러에 인수하면서 머스크는 최대 주주로서 약 1억 7,580만 달러를 손에 쥐었다.

스물여덟에 이미 백만장자였던 그는 서른한 살에 억만장자가 되었다. 그런데 머스크가 그 돈으로 한 일은 요트를 사거나 은퇴를 선언하는 것이 아니었다.

소년의 서재에서 시작된 꿈

머스크의 우주에 대한 관심은 페이팔 매각 이후에 갑자기 생긴 것이 아니었다. 그것은 훨씬 더 이른 시절, 남아프리카공화국 프리토리아의 한 소년의 서재에서 시작되었다.

머스크는 어린 시절부터 SF 소설을 탐독했다. 더글러스 애덤스(Douglas Adams)의 『은하수를 여행하는 히치하이커를 위한 안내서』에서 그는 '올바른 질문을 던지는 것의 중요성'을 배웠다. 아이작 아시모프(Isaac Asimov)의 『파운데이션』 시리즈에서는 문명이 붕괴되고 재건되는 장대한 서사를 접했다. 방대한 독서는 하나의 확신으로 굳어졌다. 인류 문명이 오직 하나의 행성에만 의존하는 것은 근본적으로 위험하다는 것이었다.

소년은 자랐고, 돈도 벌었다. 그러나 그 확신은 바뀌지 않았다.

돈보다 중요한 것

페이팔 매각 직후 머스크는 스스로에게 질문을 던졌다. 인류의 미래에 가장 큰 영향을 줄 수 있는 분야가 무엇인가. 그가 내린 답은 세 가지였다. 지속 가능한 에너지, 인터넷, 그리고 우주였다. 이 세 가지는 훗날 테슬라, 스타링크, 스페이스X로 현실화된다.

그가 2001년 우주를 다시 들여다보았을 때, 상황은 암울했다. 아폴로 계획이 끝난 이후 인간은 달에 다시 발을 디디지 못했고, 화성 탐사는 무인 탐사선 수준에 머물렀으며, 대중의 우주에 대한 관심은 빠르게 식어 있었다. NASA 홈페이지를 방문한 머스크는 화성 유인 탐사 계획이 아예 존재하지 않는다는 사실에 충격을 받았다고 훗날 회고했다. 그는 이를 문명이 앞으로 나아가기를 멈춘 신호로 읽었다.

소년 시절 서재에서 품었던 그 확신이 다시 떠올랐다. 인류는 지금 멈춰서는 안 된다. 2002년 5월, 머스크는 자신의 재산 중 1억 달러를 투자해 스페이스X를 설립하고 CEO이자 최고 기술 책임자로 취임했다. Zip2를 팔아 맥라렌을 샀던 그 28세 청년은, 3년 뒤 억만장자가 되었고, 그 돈으로 우주에 도전했다. 그렇게 스페이스X가 탄생했다.

Zip2 and PayPal pioneer prepares for latest launch

By Josh Friedman
Tribune newspapers

In his native South Africa, science whiz Elon Musk struck his first business deal when he made $500 selling the code for a "Space Invaders"-style video game he invented.

He was 12. By age 23 Musk bankrolled $22 million when he sold Web software maker Zip2 to Compaq Computer.

Last year, he pocketed about $150 million in eBay Inc. shares when the Internet auction giant acquired PayPal, the online payment firm he co-founded three years earlier.

Now, the tall, soft-spoken Musk is risking much of his fortune—along with his entrepreneurial reputation—by setting his sights on space.

Musk has committed $50 million to an upstart rocket maker in El Segundo, Calif., called Space Exploration Technologies Corp., or SpaceX for short.

The boyish-looking 31-year-old vows to revolutionize the space industry with a satellite launcher that charges $6 million a flight—less than half the rate for small payloads.

Musk says SpaceX's Falcon rocket could take off as early as December if a government agency he won't identify has its satellite ready and SpaceX clears regulatory hurdles. As chairman and chief executive, he wants the maiden launch to coincide with the 100th anniversary of the Wright brothers' Dec. 17 flight.

Ultimately, Musk's goal is to make human space travel more affordable through new launchers and exploration vehicles.

"I like to be involved in things that change the world," he said. "The Internet did, and space will probably be more responsible for changing the world than anything else. If humanity can expand beyond the Earth, obviously that's where the future is."

Whether Musk becomes a space industry visionary—or the latest in a string of delusional Don Quixotes—remains to be seen.

"He's a young, smart guy who has made a ton of money, but we have a saying in the launch business: The way to become a millionaire is to start with $1 billion," said Marshall Kaplan, a former rocket engineer who is director of space programs for consulting firm Strategic Insight Ltd. in Arlington, Va.

For the moment, the market is primarily driven by government contracts, particularly for military and NASA payloads. Musk is undeterred.

"Elon thinks bigger than just about anyone else I've ever met," said David Sacks, former chief operating officer at PayPal and now head of an independent film company in Los Angeles. A few years after selling his video game's code to a gaming magazine, Musk invested the $500 in a pharmaceutical stock he had been tracking and later sold the shares for "a few thousand," he said.

At 17, Musk said he used the proceeds to move to Canada, where he started college. "If you wanted to be close to the cutting edge, particularly in technology, you came to North America," Musk said.

As a cash-strapped college student, "I tried various experiments to live on less than $1 a day without getting scurvy," he said with a chuckle. "You can cook spaghetti sauce with, like, a third of a green pepper, or buy a thing of sausages and a loaf of bread to make hot dogs for 25 or 30 cents apiece."

Musk landed a scholarship at the University of Pennsylvania, where he earned undergraduate degrees in economics and physics before moving to California in 1995.

He enrolled at Stanford University with plans to pursue a doctorate. But he never attended a class, deferring to start Zip2.

The idea behind Zip2 was to allow media companies to establish Web presences through automated publishing and features such as maps and directions. Zip2 attracted publishing clients including Knight-Ridder Inc. and Hearst Corp.

In 1999, after Compaq bought Zip2, Musk formed X.com, which morphed into PayPal. As soon as PayPal saw that so-called early adopters were using the system by the thousands to pay for purchases on eBay, Musk developed a "viral marketing campaign," Sacks said: The firm paid $10 to every new PayPal customer as well as anyone who referred a new user to the system. The campaign fueled exponential growth.

PayPal went public in February 2002 with a market capitalization of $1.2 billion. Five months later, eBay snapped it up for $1.5 billion. Musk's eBay shares now are worth about $200 million.

Musk said he wondered why space exploration hasn't moved faster. "Its peak of success came with the Apollo program in the late 1960s, and for the last 30 years it has moved sideways at best," he said. "One of the major reasons is the launch cost."

Musk said he and his team are holding down costs on the Falcon project by keeping the design and technology basic.

"The others always had a gimmick, like a helicopter blade or some miracle technology," said Tom Mueller, who joined SpaceX as its vice president of propulsion after 14 years at TRW and its new parent, Northrop Grumman Corp. "Elon just wanted to take the best technology already out there, build a simple vehicle and use the right propellants."

The 68-foot-long, 28-ton Falcon, designed to carry a payload of up to a half-ton into low orbit, will have no wings, will fire in two stages instead of the usual three and will use fewer moving parts than rockets of established competitors.

"At some point the rocket industry needs a Henry Ford, and maybe Elon will be that guy," said Mike Griffin, an aerospace veteran who consulted for SpaceX early last year and now is president of In-Q-Tel, the Arlington, Va.-based investment firm funded by the CIA.

SpaceX's headquarters, a converted 25,000-square-foot warehouse, feels like a throwback to the Internet heyday with its open cubicles, breezy camaraderie and a lounge offering free cappuccino and soft drinks. A half-built rocket sits in the middle of the factory floor.

Los Angeles Times

Los Angeles Times photos by Carlos Chavez
At 31, Elon Musk has already made his Web fortune. Now he's the CEO of SpaceX, and hopes to launch his Falcon rocket this year.

At Space Exploration Technologies Corp., also known as SpaceX, Rick Cortez works on the nose of the rocket that the El Segundo, Calif.-based firm hopes will make space travel more affordable.

2003년 4월 27일, 《시카고튜리뷴》은 일론 머스크 특집 기사를 내보냈다.

(Credit: CHICAGO TRIBUNE)

기사 요약 Zip2와 페이팔로 약 1억 7,580만 달러를 번 일론 머스크는 그 중 1억 달러를 투자해 2002년 스페이스X를 설립했다. 스페이스X의 핵심 목표는 기존 발사 비용의 절반 이하인 600만 달러로 소형 위성을 궤도에 올리는 것이다. 머스크는 복잡한 기술보다 단순한 설계와 저비용 전략으로 우주 여행의 대중화를 추구했다. 그는 라이트 형제 첫 비행 100주년인 2003년 12월 17일에 팰컨 로켓의 첫 발사를 목표로 삼았다. 업계 전문가들의 우려에도 불구하고, 머스크는 인터넷이 세상을 바꿨듯 인류의 우주 진출이 미래라는 신념으로 자신의 명성과 재산 전부를 이 도전에 걸었다.

Chapter 2

팰컨 1: 실패에서 배우다

팰컨 1은 스페이스X의 첫 번째 로켓이자, 회사의 존재 자체를 걸었던 도박이었다. 이 로켓이 없었다면 스페이스X도, 팰컨 9도, 스타링크도 없었다. 오늘날 1.5조 달러를 넘는 기업가치의 모든 것은 팰컨 1의 4번의 발사 도전에서 시작되었다.

팰컨 1의 설계와 도전

한 솔로의 우주선 '밀레니엄 팰컨'에서 이름을 딴 로켓

팰컨(Falcon)이라는 이름은 영화 스타워즈(Star Wars)에 등장하는 한 솔로의 우주선 밀레니엄 팰컨(Millennium Falcon)에서 따왔다. 일론 머스크는 자신의 로켓들에 종종 대중문화 요소를 반영했는데, 팰컨 시리즈 전체가 그 첫 번째 사례다. 팰컨 1은 2단 구성의 소형 발사체로, 1단에는 멀린(Merlin) 엔진 1기를, 2단에는 케스트렐(Kestrel) 엔진 1기를 탑재했다. 설계 목표는 저궤도(LEO)에 670kg의 화물을 투입하는 것이었으며, 발사 비용은 약 600만~670만 달러로 책정되었다. 이는 당시 경쟁 발사체들의 비용에 비해 현저히 낮은 수준이었다.

팰컨 1의 총 길이는 약 21.3m, 직경은 1.68m였다. 연료로는 등유의 일종인 RP-1(Rocket Propellant 1)과 액체산소(LOX)를 사용했다. 1단 분리 후 2단은 케스트렐 엔진을 이용해 목표 궤도까지 가속하는 구조였다. 당시 스페이스X의 엔지니어들은 이 로켓을 '저렴하고 안정적인 발사체'의 모범 사례로 만들려 했으며, 설계 단계부터 제조 효율성을 최우선 고려 사항으로 삼았다.

멀린 엔진 개발기

팰컨 1의 핵심인 멀린(Merlin) 엔진은 톰 뮬러가 이끄는 스페이스X 추진팀이 설계했다. 이 엔진은 핀틀(pintle) 인젝터* 방식을 채택했는데, 이는 TRW(미국의 대표적인 항공우주 기업)가 아폴로(Apollo) 프로그램의 달 착륙선 하강 엔진에 적용했던 기술이었다. 뮬러는 TRW 재직 시절 이 기술에 익숙했으며, 이를 스페이스X의 첫 번째 엔진에 적용함으로써 개발 위험을

---

* 핀틀 인젝터(pintle injector)는 로켓 엔진에서 연료와 산화제를 가운데 핀 모양 노즐에서 분사해 서로 부딪히며 섞이게 하는 방식이다. 구조가 단순하고 연소가 안정적이다.

낮추었다. 핀틀 인젝터는 구조가 상대적으로 단순하여 제조 비용이 낮고 신뢰성이 높다는 장점이 있었다.

멀린 엔진의 개발 과정은 순탄하지 않았다. NASA의 행성 탐사 우주선을 설계·운용하는 제트추진연구소(Jet Propulsion Laboratory)와의 기술 협력이 무산되고, 초기 설계의 여러 부분이 실제 연소 시험에서 예상치 못한 문제를 드러냈다. 특히 연소 안정성 확보가 어려운 과제였다.

연소실 내부에서 연료와 산화제가 완전히 연소되지 않거나, 반대로 폭발적으로 반응하여 구조를 손상시키는 현상이 초기 시험에서 자주 발생했다. 스페이스X 팀은 이 문제를 해결하기 위해 수백 회의 연소 시험을 거쳤으며, 최종적으로 안정적인 연소 성능을 확보하는 데 성공했다. 멀린 엔진은 이후 팰컨 9, 팰컨 헤비에까지 이어지는 스페이스X의 핵심 엔진 계보의 출발점이 되었다.

팰컨 1 최초 발사에 사용된 멀린 1A 엔진의 삭마식 냉각* 테스트 모습

(Credit: SpaceX)

---

*   삭마식 냉각은 엔진 내부 벽에 있는 재료가 의도적으로 타거나(증발·분해) 벗겨지면서 열을 흡수하는 방식이다. 이후 멀린 엔진 1C에서 재생 냉각(regenerative cooling) 구조를 채택했다.

콰절레인 환초의 발사장

팰컨 1의 발사 기지는 미국 캘리포니아나 플로리다가 아닌, 태평양 중부의 콰절레인 환초(Kwajalein Atoll) 내 오멜렉 섬(Omelek Island)이었다. 마샬군도(Marshall Islands)에 속한 오멜렉 섬은 하와이에서 약 3,900km 남서쪽에 위치한 면적 약 32,000m²의 작은 산호초 섬이다.

마샬군도 콰절레인의 오멜렉 섬　(Credit: Wikipidia)

스페이스X가 이곳을 선택한 이유는 여러 가지였다. 미국 육군이 콰절레인에 미사일 시험장을 운영하고 있어 발사 인프라와 통신 장비가 일부 갖춰져 있었고, 적도에 가까워 저궤도 발사에 유리한 위치였으며, 발사 실패 시 낙하물이 광활한 태평양 위에 떨어지므로 지상 피해 위험이 낮았다.

오멜렉 섬의 인프라는 극히 열악하였다. 발사대, 발사체 조립 텐트, 연료 탱크, 약간의 지원 시설이 전부였으며, 인터넷 연결도 불안정하였다. 스페이스X 직원들은 발사 준비 작업을 위해 이 섬에 수개월씩 머물렀고, 보급은 배로 이루어졌다.

▌ 세 번의 실패, 한 번의 기회

1차 발사(2006.3): 연료 누출과 화재

2006년 3월 24일, 팰컨 1의 첫 번째 발사 시도가 이루어졌다. 미국 국방 고등연구계획국(DARPA)이 의뢰한 군용 위성인 팰콘셋(FalconSAT-2)을 탑재한 채로 오멜렉 섬 발사대에서 이륙했다. 그러나 로켓은 이륙 후 불과 33초 만에 추락했다.

2006년 3월 24일, 역사적인 팰컨 1의 1차 발사

원인은 연료 누출이었다. 1단 엔진의 멀린 터보펌프 연료 공급 라인에서 RP-1 등유가 누출되었고, 이 누출된 연료가 뜨거운 엔진 주변에서 화재를 일으켰다. 화재로 인해 엔진이 꺼지면서 로켓은 통제를 잃고 발사대 근방의 바다로 추락했다.

이 실패의 원인을 분석한 결과, 알루미늄 합금으로 만들어진 연료 라인의 B-너트 연결부가 해양 환경의 염분에 의해 부식되어 미세한 균열이 생겼음이 밝혀졌다. 이 균열이 실제 발사 조건의 높은 압력과 진동 환경에서 누출로 이어진 것이었다. 스페이스X 팀은 이 문제를 분석하고, 스테인리스 스틸 소재의 연결부로 교체함으로써 문제를 해결했다. 실패 자체는 고통스러웠지만, 팀은 이 사건을 계기로 해양 환경에서의 부품 내식성 검토를 강화했다.

2차 발사(2007.3): 궤도 직전의 좌절

2007년 3월 21일, 2차 발사가 시도되었다. 이번에는 미국 국방부 연구 위성 등 3개의 소형 위성을 탑재했다. 로켓은 이전보다 훨씬 오래 비행했다. 1단 분리까지는 성공적으로 이루어졌으나, 그 이후 예상치 못한 문제가 발생했다.

1단과 2단이 분리된 직후, 1단 기체의 예상보다 빠른 회전 속도로 인해 분리된 1단이 2단 엔진 노즐과 부딪히는 문제가 발생했다. 이 접촉으로 틀어진 자세를 바로잡으려는 2단의 제어 시스템이 탱크 내 심각한 연료 출렁임(Sloshing)을 유발해 비행이 불안정해졌고, 결국 엔진이 조기 종료되며 궤도 진입에 실패했다.

2차 발사의 실패는 스페이스X에게 더 큰 교훈을 주었다. 비행 중 탱크 내부의 추진제가 요동치는 '연료 출렁임(Sloshing)' 현상을 과소평가한 것이 원인이었는데, 이는 로켓의 역동적인 움직임과 비행 환경에서의 복잡한 유체 거동을 지상 테스트만으로는 완벽히 예측하기 어렵다는 점을 보여주었다. 스페이스X는 3차 발사를 준비하면서 2단 로켓 액체산소 탱크 내부에 추진제의 흔들림을 물리적으로 막아주는 방파판(Slosh baffle)을 추가하는 방식으로 이 문제를 해결하고자 했다.

3차 발사(2008.8): 1단과 2단의 충돌 ─ 머스크 자신이 원인

2008년 8월 3일, 3차 발사가 시도되었다. 3차 발사는 큰 기대 속에서 진행되었다. 이전 두 차례의 실패에서 얻은 교훈을 반영하여 수많은 개선이 이루어졌기 때문이다.

로켓은 순조롭게 비행했다. 1단은 계획대로 연소를 마치고 분리되었다. 그런데 바로 이 순간, 예상치 못한 일이 벌어졌다. 3차 발사부터 1단에 새롭게 도입된 신형 엔진(멀린 1C)이 문제를 낳은 것이다.

1단 엔진 종료 직후, 새 엔진의 냉각 채널에 남아있던 추진제가 우주의 진공 상태에서 팽창하며 예상치 못한 잔류 추력(Residual thrust)을 발생시켰다. 이 미세한 추력 때문에 감속해야 할 1단이 분리된 2단을 따라잡아 충돌하는 사태가 벌어졌다. 단 분리 타이밍을 이 잔류 추력이 소멸할 때까지 충분히 늦췄어야 했지만, 지상 테스트 환경에서는 이를 미처 예측하지 못했던 것이다. 머스크는 훗날 인터뷰에서 진공 상태에서의 변수를 예측하지 못하고 타이밍 오류를 범한 것을 두고 '그 실수는 내 책임'이라고 인정했다.

팰컨 1 3차 발사 당시 대기권 외곽에서 분리되던 1단이 되돌아와 2단을 충돌한 후 폭발했다.
(Credit: SpaceX)

3차 발사의 실패는 스페이스X에게 극도로 가혹했다. 회사의 자금이 바닥을 드러내고 있었다. 머스크의 개인 자산은 대부분 소진된 상태였고, 테슬라도 심각한 자금 위기에 빠져 있었다. 4차 발사가 실패한다면 스페이스X는 문을 닫아야 했다.

4차 발사가 실패하면 회사는 끝이었다

3차 발사 실패 후, 스페이스X의 상황은 절박했다. 회사 전체가 네 번째 발사 한 번에 운명을 걸어야 하는 상황이었다. 팀 내에는 포기하자는 목소리도 나왔다. 세 번의 실패 후 새로운 발사 자금을 구하기도 어려웠다.

그러나 머스크는 포기를 거부했다. 그는 팀 전체를 모아 이렇게 말했다. "우리는 끝까지 싸울 것이다. 3차 발사 실패 원인은 명확하고, 해결 방법도 알고 있다. 우리는 4번째 발사를 해낼 수 있다."

절대 포기하지 않는 남자, 일론 머스크

세 번째 밤

2008년 8월 3일 저녁, 캘리포니아주 호손(Hawthorne)에 위치한 스페이스X 공장 안에는 350여 명의 직원들이 숨을 죽이고 있었다. 발사 카운트다운이 진행되는 동안 그들의 눈은 하나같이 대형 스크린에 고정되어 있었다. 팰컨 1호의 세 번째 비행이 시작되려는 순간이었다.

이 발사는 단순한 시험 비행이 아니었다. 회사의 존폐가 걸린 비행이었다. 일론 머스크는 언론을 통해 "1억 달러를 개인적으로 투자해 세 번의 기회를 갖겠다"고 공개적으로 밝힌 바 있었다. 세 번 안에 성공하지 못하면 패배를 인정할 수도 있다는 뜻이었다. 경쟁사는 이 틈을 놓치지 않고 스페이스X를 '위험하고 경험 없는 집단'으로 규정하며 고객과 정부 기관의 신뢰를 무너뜨리려 했다. 수십억 달러 규모의 우주 발사 시장을 지키려는 기존 방위산업체들의 견제였다.

팰컨 1호는 힘차게 이륙했다. 1단 비행은 완벽했다. 직원들은 환호성을 질렀다. 미션 시계를 보며 모두가 단 분리 순간을 기다렸다. 그런데 그 순간, 영상이 끊겼다.

임무 통제팀은 외부에 중대 이상 발생 시 내용이 노출되는 것을 막기 위해 20초의 시청 지연을 두고 있었다. 영상이 끊겼다는 것은, 무언가 크게 잘못되었다는 신호였다. 원인은 나중에 밝혀졌다. 신형 멀린 1C(Merlin 1C) 엔진이 예상보다 훨씬 강력하고 효율적으로 작동하면서, 엔진을 끄고 단 분리를 시도하는 순간에도 잔여 추력이 남아 있었다. 그 잔여 추력으로 인해 분리되던 1단이 2단을 들이받았다. 분리의 순간이 충돌의 순간이 된 것이다. 팰컨 1호는 그렇게 세 번째로 궤도에 오르지 못했다.

절망이 내려앉은 공장

당시 입사 8개월 차였던 스페이스X 인재확보 책임자 돌리 싱(Dolly Singh)은 그날 밤을 이렇게 회고했다.

"건물의 분위기는 절망으로 가득 찼다. 스페이스X는 당시 창립 6년째였고, 직원들은 주

70~80시간 이상 일하며 기술적·제도적·정치적·재정적 장벽을 온몸으로 버텨왔다. 그들은 모두 많은 것을 바쳤고, 정신적으로도 육체적으로도 완전히 소진된 상태였다. 그 험난한 산을 계속 오르려면 반드시 발사 성공이 필요했다.”

공장 뒤편의 트레일러에서 임무를 지휘하던 머스크와 수석 엔지니어 7~8명은 한동안 트레일러 문을 열지 않았다. 직원들은 그 문이 열리기를 애타게 기다렸다. 고요함 속에서 시간이 흘렀다. 누구도 섣불리 말을 꺼내지 못했다. 6년의 세월, 수백 명의 땀, 그리고 인류 최초로 민간 자본으로 액체 추진 로켓을 궤도에 올리겠다는 꿈이 그 침묵 속에 무겁게 가라앉아 있었다.

트레일러 문이 열렸다. 머스크가 걸어 나왔다.

5초 만에 채워진 에너지

그는 언론 앞을 그냥 지나쳤다. 그리고 직원들 앞에 섰다.

20시간 이상을 밤새워 깨어 있었던 상태였다. 그러나 그는 먼저 패배를 인정하는 말을 하지 않았다. 그는 먼저 사실을 말했다. 로켓 과학이 얼마나 어려운 일인가. 1단 비행을 성공적으로 마쳤음에도 불구하고 궤도 진입에 실패한 국가들이 지구상에 여섯 개나 된다는 것. 그리고 스페이스X가 이날 해낸 것들이 무엇인지를.

그런 다음 그는 재정을 이야기했다. 투자자로부터 상당한 자금을 확보해 두었으며, 필요하다면 최소 5차 비행까지 도전할 수 있는 자원이 있다고 밝혔다. 회사는 끝나지 않았다. 싸움은 계속된다.

그리고 마지막으로, 그는 말했다.

“우리가 해야 할 일이 많기 때문에 스스로를 일으켜 세우고 먼지를 털어내야 합니다. 저는 절대 포기하지 않을 것입니다. 절대로. 그리고 여러분이 저와 함께한다면, 우리는 반드시 이길 것입니다.”

돌리 싱은 그 순간을 이렇게 기록했다.

“단 5초 만에, 300명 이상의 에너지가 한꺼번에 바뀌었다. 절망과 패배로 가득하던 공간이 순식간에 엄청난 결단력의 소용돌이로 바뀌었다. 누구도 뒤를 돌아보지 않고 앞만 보기 시작했다. 그 5초 동안 일어난 변화를 영상으로 기록해 두지 못한 것이 지금도 아쉽다. 내가 살면서 목격한 것 중 가장 인상적인 리더십이었다.”

기적의 8주

그날 밤 이후 스페이스X 팀이 보여준 것은 돌리 싱의 표현을 빌리면 '일련의 기적'이었다. 다른 발사 업체라면 고장 조사에 몇 주에서 몇 달이 걸렸을 것이다. 스페이스X 팀은 불과 수 시간 만에 실패 원인을 규명했다. 8월 6일, 즉 실패로부터 사흘 만에 조사 결과를 외부에 공개하고 고객 및 지지자 커뮤니티와의 신뢰를 지켰다. 그리고 400명이 채 되지 않는 인원이, 제한된 재정 속에서, 단 8주 만에 새 로켓을 완전히 제조하고 통합하여 발사 준비를 마쳤다. 무한한 인적·재정적 자원을 가진 조직도 6개월 안에 해내기 어려운 일이었다.

2008년 9월 28일, 남태평양 콰절레인 환초에서 팰컨 1호 4차 발사가 이루어졌다. 이번에는 완벽했다. 민간 자본으로 개발된 액체 추진 로켓이 지구 궤도에 진입한 인류 최초의 순간이었다. 당시까지 이 과제를 완수한 것은 지구상 가장 강력한 여섯 개 국가뿐이었다.

리더의 조건

돌리 싱은 2008년부터 2013년까지 스페이스X에서 근무한 뒤 오큘러스(Oculus)로 자리를 옮겼다. 그녀는 머스크와 함께한 5년을 이렇게 정리했다.

"그와 함께 일하는 것은 편안한 경험이 아니다. 그는 자신에게 만족하지 않기 때문에 주변 사람들에게도 결코 만족하지 않는다. 그는 점점 더 강하게 자신을 밀어붙이고, 주변의 다른 사람들도 똑같이 밀어붙인다. 문제는 그가 기계이고 나머지 사람들은 그렇지 않다는 것이다. 그러나 그런 불편함 속에서 다른 곳에서는 결코 얻을 수 없는 성장이 있다. 그것은 피와 땀 한 방울의 가치가 충분히 있다."

세 번의 연속 실패. 파산 직전의 재정. 그리고 20시간을 밤새운 끝에 직원들 앞에서 가장 강한 목소리로 "절대 포기하지 않겠다"고 말한 한 남자. 그날 밤 호손 공장에서 일어난 일은 스페이스X라는 회사가 이후 어떤 회사가 될 것인가를 결정한 밤이었다.

돌리 싱의 회고는 Quora를 통해 공개되었으며, elonx.net(2019년 4월 30일)에 재수록되었다.

팀은 4차 발사 준비에 모든 것을 쏟아부었다. 3차 실패의 원인인 1단 잔류 추력 문제를 해결하기 위해 엔진 차단 시퀀스를 수정했다. 또한 1단-2단 분리 후 엔진 점화까지의 지연 시간을 최적화하여 이전 사고와 같은 상황이 재발하지 않도록 했다. 팀은 24시간 교대로 준비 작업을 이어갔다.

2008년 9월 28일: 민간 액체연료 로켓 최초 궤도 진입

2008년 9월 28일, 팰컨 1의 4번째 발사가 시작되었다. 탑재된 화물은 'RatSat'이라는 이름의 질량 모사체(mass simulator)였다. 이미 세 차례 실패를 경험한 팀원들은 발사 당일 긴장과 두려움 속에서 카운트다운을 지켜봤다. 엔진이 점화되었다. 로켓이 발사대를 떠났다. 1단이 정상적으로 연소했다. 1단-2단 분리가 이루어졌다. 이번에는 충돌이 없었다. 2단 엔진이 정상적으로 점화되었다. 그리고 9분 31초 후, 팰컨 1은 지구 저궤도에 성공적으로 진입했다.

스페이스X의 호손(Hawthorne) 본사와 콰절레인 발사 현장에서는 일제히 환호가 터져 나왔다. 많은 사람들이 눈물을 흘렸다. 머스크도 예외가 아니었다. 그는 이날을 "내 인생에서 가장 위대한 순간 중 하나"라고 회고했다.

스페이스X는 역사상 처음으로 민간 회사가 액체 연료 로켓을 지구 궤도에 올리는 데 성공한 기업이 되었다. 이 성취는 단순한 기술적 성공이 아니었다. 우주 발사가 정부와 거대 방산기업의 전유물이 아님을 증명한 역사적 사건이었다.

일론 머스크가 캘리포니아 호손에서 팰컨 1 로켓의 네 번째 발사를 지켜보고 있다.

(Credit: SpaceX)

4차 발사 성공 후 진행된 인터뷰에서 머스크는 꿈이 실현된 것이 믿기지 않을 정도로 기쁘며, 비행 과정을 지켜보며 극도의 긴장감에 신경계가 타버릴 것 같았다고 소감을 전했다.

(출처: Spacevidcast 유튜브 캡처)

항목	수치/내용	출처 및 시점
팰컨 1 전체 길이	21.3m	스페이스X 공식 자료
팰컨 1 저궤도 탑재 중량	670kg	스페이스X 공식 자료
팰컨 1 발사 비용	약 630만 달러	스페이스X 공개 자료(2006~2009년)
1차 발사 날짜	2006년 3월 24일	스페이스X 공식 기록
4차 발사(성공) 날짜	2008년 9월 28일	스페이스X 공식 기록
NASA CRS 계약 금액	16억 달러	NASA 공식 보도자료(2008년 12월)
NASA CRS 계약 체결일	2008년 12월 23일	NASA 공식 기록

파산 직전에서 NASA 계약으로: 16억 달러의 생명줄

팰컨 1의 4번째 발사가 성공한 지 불과 3개월 후인 2008년 12월 23일, NASA는 스페이스X와 국제우주정거장(ISS) 화물 보급 계약을 체결했다. 이것이 바로 상업 화물 수송 서비스(Commercial Resupply Services, CRS) 계약으로, 총 계약 금액은 16억 달러였다.

이 계약은 스페이스X의 생명줄이었다. 계약이 없었다면 스페이스X는 2009년 초에 파산했을 것이다. 4번째 발사 성공이 없었다면 이 계약도 없었다. 그 성공이 없었다면 오늘날 스타링크도, 스타십도 존재하지 않았을 것이다.

NASA가 스페이스X와 계약을 맺은 것은 당시로서는 매우 이례적인 결정이었다. NASA의 보수적인 조달 방식은 전통적으로 검증된 대형 방산 업체에 대한 비용 가산(Cost-Plus) 방식의 계약을 선호했다. 그런데 궤도에 첫 성공을 거둔 지 얼마 되지 않은 신생 기업에 16억 달러의 계약을 내준 것은 파격이었다.

이 결정의 배경에는 민간 기업이 ISS 화물 운송 기술을 개발하도록 지원하는 COTS(Commercial Orbital Transportation Services)[*] 프로그램 설계에 관여했던 NASA 관료들의 혜안이 있었다. 그들은 민간 기업들이 경쟁적으로 저렴하고 혁신적인 발사체를 개발하도록 인센티브를 제공하는 방식이 장기적으로 NASA의 예산을 절감하고 미국의 우주 역량을 강화할 것이라고 판단했다.

CONTRACT RELEASE : C08-069

NASA Awards Space Station Commercial Resupply Services Contracts

WASHINGTON -- NASA has awarded two contracts -- one to Orbital Sciences Corp. of Dulles, Va., and one to Space Exploration Technologies (SpaceX) of Hawthorne, Calif. -- for commercial cargo resupply services to the International Space Station. At the time of award, NASA has ordered eight flights valued at about $1.9 billion from Orbital and 12 flights valued at about $1.6 billion from SpaceX.

These fixed-price indefinite delivery, indefinite quantity contracts will begin Jan. 1, 2009, and are effective through Dec. 31, 2016. The contracts each call for the delivery of a minimum of 20 metric tons of upmass cargo to the space station. The contracts also call for delivery of non-standard services in support of the cargo resupply, including analysis and special tasks as the government determines are necessary.

NASA has set production milestones and reviews on the contracts to monitor progress toward providing services. The maximum potential value of each contract is about $3.1 billion. Based on known requirements, the value of both contracts combined is projected at $3.5 billion.

These agreements will fulfill NASA's need to procure cargo delivery services to the space station using a U.S. commercial carrier after the retirement of the space shuttle.

For more information about the space station, visit:

파산 직전의 스페이스X를 구해준 NASA와의 2008년 12월 23일 CRS 계약 NASA 보도자료

(출처: NASA 홈페이지)

---

[*] NASA의 COTS 프로그램은 민간 기업에 자금을 지원해 ISS 화물 수송 기술을 개발하도록 지원한 사업이다. 이 프로그램은 성과 기반 지급 방식으로 진행된 기술 개발·실증 단계 지원에 해당한다. 반면 CRS는 개발에 성공한 기업(예: 스페이스X)과 체결한 실제 화물 운송 계약이다. COTS가 개발 단계라면 CRS는 운영 단계에 해당한다.

콰절레인, 오멜렉:
미국스럽지 않은 지명에 얽힌 이야기

스페이스X의 역사를 처음 접하는 사람이라면 **콰절레인** 환초(Kwajalein Atoll), **오멜렉** 섬(Omelek Island)과 같은 낯선 지명 앞에서 한 번쯤 멈칫하게 된다. 어딘가 남태평양 원주민의 언어 냄새가 물씬 나는 이 이름들은, 실리콘밸리의 억만장자가 세운 민간 우주기업의 발사 역사와 어울리지 않는 조합처럼 보인다. 그러나 바로 이 낯선 땅에서, 인류 역사상 최초로 민간 자본이 만든 액체연료 로켓이 궤도에 올랐다.

콰절레인은 마샬 제도 공화국에 속한 환초로, 하와이에서 남서쪽으로 약 3,900km 떨어진 망망대해 한가운데 있다. 지명은 미크로네시아 원주민들의 마샬어에서 유래했다. 독일 식민지와 일본 점령을 거쳐 종전 후 미국 신탁통치령이 된 이곳은, 1986년 독립 이후에도 미국이 2066년까지 장기 임차하여 미군 미사일 시험장으로 운용 중이다. 오멜렉은 그 환초 안의 면적 약 32,000m²짜리 무인도다. 한국의 웬만한 아파트 단지보다 조금 큰 수준이다.

스페이스X가 이 작은 섬을 택한 이유가 있다. 미군이 구축해 놓은 레이더·추적 인프라를 그대로 활용할 수 있었고, 적도에 가까운 위치 덕에 연료 효율이 높았으며, 무엇보다 검증되지 않은 로켓이 실패해도 아무도 다치지 않는 외딴 곳이었다. 2006년부터 2009년까지 다섯 차례 발사 중 첫 세 번은 실패였다. 그러나 2008년 9월 28일, 남은 부품으로 8주 만에 조립한 네 번째 팰컨 1이 오멜렉의 하늘을 뚫고 올라가 인류 최초의 민간 액체연료 로켓 궤도 진입을 이뤄냈다. 훗날 팰컨 9과 스타십으로 이어지는 모든 것의 출발점이었다. 미국스럽지 않아서 오히려 더 기억에 남는 이름들이다.

이후 스페이스X는 팰컨 9 발사를 위한 시설 증설 문제로 미군 및 마샬 제도 당국과 이견이 생기면서 오멜렉을 떠났다. 지금 이 섬은 다시 조용하다. 그러나 '콰절레인'과 '오멜렉'이라는 낯선 이름은 스페이스X의 역사서 첫 장에 영원히 남아 있다. 미국스럽지 않아서 오히려 더 기억에 남는 이름들이다.

Chapter 3

팰컨 9: 재사용 로켓 혁명

팰컨 1의 성공과 NASA 계약이 스페이스X를 살렸다면, 팰컨 9은[*] 스페이스X를 세계 최고의 발사 기업으로 만들었다. 더 나아가, 팰컨 9은 인류의 우주 접근 방식 자체를 근본적으로 바꾸었다. 재사용 로켓이라는 개념은 팰컨 9이 나타나기 전까지는 이론적으로는 가능하지만 현실에서는 구현하기 어려운 아이디어로 여겨졌다. 스페이스X는 이 불가능을 가능으로 바꾸었다.

한 번 쏘고 버리던 로켓을 회수해 다시 쏜다는 발상은 항공산업에서 비행기를 한 번 운항하고 폐기하지 않는 것과 같은 당연한 논리를 우주산업에 처음으로 이식한 것이었다. 그 논리가 현실이 되는 순간, 발사 비용은

---

[*]　이 책은 '팰컨 9'에서 9의 발음을 nine에 맞추어 조사를 표기했다

무너지기 시작했고, 우주는 소수의 국가와 기관만이 접근할 수 있는 영역에서 민간 기업과 개인도 진입할 수 있는 시장으로 탈바꿈하였다.

팰컨 9의 탄생

NASA CRS 계약과 드래곤 우주선 개발

2008년 NASA와 체결한 CRS 계약은 스페이스X에게 두 가지를 요구했다. 첫째는 더 크고 신뢰할 수 있는 발사체의 개발이었다. 팰컨 1은 670kg의 화물을 저궤도에 올릴 수 있었지만, 국제우주정거장(ISS)에 물자를 수송하려면 훨씬 큰 수송 능력이 필요했다. 둘째는 화물 수송을 위한 우주선의 개발이었다. 로켓만 있어서는 안 되고, 화물을 담아 ISS에 도킹할 수 있는 캡슐형 우주선도 필요했다. 이것이 팰컨 9과 드래곤(Dragon) 우주선 개발의 출발점이었다.

팰컨 9은 팰컨 1의 후속작이지만 규모가 완전히 다르다. 9기의 멀린 엔진을 1단에 탑재한다는 의미에서 팰컨 9이라는 이름이 붙었다. 총 길이는 약 70m(Block 5 기준), 저궤도 탑재 중량은 약 22.8톤에 달한다. 팰컨 1의 저궤도 탑재 능력이 670kg이었음을 감안하면, 팰컨 9은 팰컨 1보다 약 33배 더 많은 화물을 궤도에 올릴 수 있다.

드래곤 우주선은 팰컨 9의 상단에 탑재되는 캡슐형 우주선으로, 1세대(Dragon 1)와 2세대(Dragon 2)로 나뉜다. 1세대는 화물 전용이었으며 ISS의 로봇팔을 이용해 화물을 전달했다. 현재 운용 중인 2세대는 자동 도킹 능력을 갖췄으며, 화물용(Cargo Dragon)과 최대 7명(실제 운용 4명)의 우주인을 수송할 수 있는 유인용(Crew Dragon)으로 나뉜다. 두 세대 우주선 모두 대기권 재진입 시 방열 쉴드를 이용해 지구로 귀환하며, 낙하산을 이용해 해상에 착수한다. 이 우주선들은 1회용이었던 이전 세대 우주선들과 달리, 여러 차례 재사용이 가능하도록 설계되었다.

2010년 첫 발사 성공: NASA 비용의 1/4

팰컨 9은 2010년 6월 4일 첫 번째 시험 발사에 성공했다. 탑재물은 드래곤 우주선의 시제품으로, 실제 화물이 아닌 질량 모사체가 실렸다. 첫 번째 시도에서 성공했다는 것은 팰컨 1을 개발하며 쌓아온 지식과 경험이 팰컨 9에도 완전히 반영되었음을 보여주었다.

더 중요한 것은 비용이었다. 2012년부터 CRS 계약에 따라 ISS 화물 수송이 본격화되었는데, 팰컨 9을 이용한 ISS 화물 수송 비용은 NASA가 기존에 지불하던 비용의 약 4분의 1에 불과했다. 그 당시 NASA 우주왕복선(Space Shuttle)의 ISS 화물 수송 비용은 킬로그램당 약 93,400달러였고, 팰컨 9과 드래건 캡슐을 이용한 수송 비용은 킬로그램당 약 23,300달러였다.[*]

스페이스X는 수직 통합과 효율적인 제조 방식을 통해 기존 비용의 25%에 해당하는 가격으로 동일한 서비스를 제공할 수 있었다. 이 사실이 알려지면서 우주 발사 산업에서 스페이스X는 순식간에 게임 체인저로 인식되기 시작했다.

---

[*]   https://ntrs.nasa.gov/citations/20200001093

▌ 재사용 로켓이라는 불가능한 꿈

자동차를 상상해 보자. 매번 운전 후 자동차를 버리고 새 자동차를 구입해야 한다면 비용은 얼마나 되겠는가. 로켓이 바로 그런 존재였다.

'로켓을 재사용한다'는 것의 경제학

2020년 3월, 일론 머스크가 밝힌 팰컨 9 제작 비용 약 5,000만 달러 중 가장 비싼 부분은 1단 부스터이다. 멀린 엔진 9기가 탑재된 이 1단 부스터는 팰컨 9 전체 제조 비용의 약 60%를 차지한다. 매 발사마다 이 비싼 부스터를 바다에 버린다면, 발사 비용을 근본적으로 낮출 방법이 없다.

머스크의 발상은 단순했지만, 구현은 지극히 어려웠다. 1단 부스터가 화물을 분리한 뒤 역추진 엔진을 이용해 스스로 속도를 줄이고, 정확한 위치에 수직 착륙하게 만든다. 자동차처럼 연료만 충전하면 다시 쓸 수 있도록 만든다. 이것이 성공한다면 발사 비용은 로켓 제조 비용이 아니라 연료 비용과 정비 비용으로 귀결된다. 로켓의 연료 비용은 총 제조 비용의 약 0.3%에 불과하다. 이론적으로는 재사용 기술이 완성되면 발사 비용을 수백 분의 일로 낮출 수 있다.

수직 착륙 기술 개발: 끝없는 실패와 폭발 영상들

재사용 기술 개발은 그 과정 자체가 하나의 장편 드라마였다. 스페이스X는 2012년부터 그래스호퍼(Grasshopper)라는 수직 이착륙 실험용 로켓을 이용해 재사용 기술의 핵심인 수직 착륙 기동을 반복적으로 시험했다.

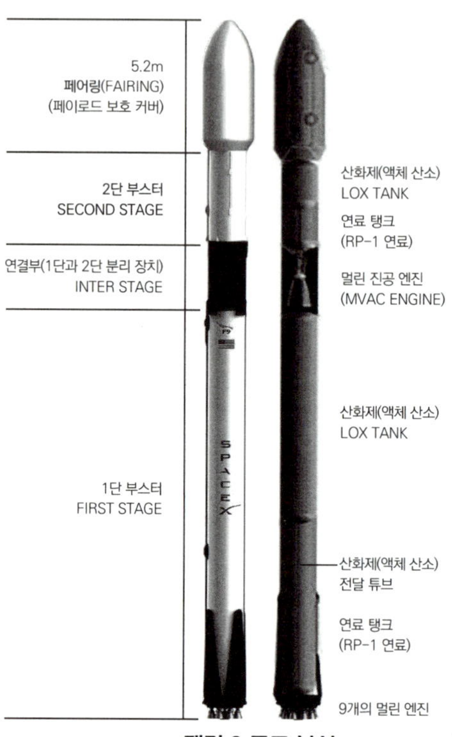

팰컨 9 구조 분석

(출처: Falcon 9 User Manual)

로켓 제작 비용 구조: 팰컨 9 제작비 약 5,000만 달러(2020년 기준)*

비용 항목	추정 금액	전체 비중	주요 내용
1단계 부스터 (9개 멀린 엔진 포함)	약 3,000만 달러	60%	전체 비용의 **60% 차지**, 구조 및 엔진 중심
2단계 (1개 멀린 Vacuum 엔진 포함)	약 1,000만 달러	20%	일회용, 탱크와 엔진이 주요 비용
페이로드 페어링	약 500~600만 달러	10~12%	재사용 가능하나 신규 제작 기준
구조/탱크 및 기타 (인터스테이지 등)	약 400~500만 달러	8~10%	알루미늄-리튬 합금 등 재료

* 2020년 5월, 일론 머스크가 'Aviation Week'와 진행한 인터뷰 내용을 기반한 수치이다. https://aviationweek.com/space/podcast-interview-spacexs-elon-musk

그래스호퍼는 지상에서 수직으로 이륙했다가 다시 수직으로 착륙하는 단순한 시험을 반복하면서 제어 알고리즘을 정밀하게 조율했다.

팰컨 9의 1단 회수 기술은 2013년부터 재진입 및 제어 하강 실험으로 시작되었으며, 초기에는 실제 착륙이 아닌 해상 낙하 시험 단계였다. 이후 2015년 1월 CRS-5 임무에서 처음으로 해상 드론선을 이용한 착륙 시도가 이루어졌으나, 자세 제어 문제로 인해 부스터가 기울어진 상태로 바지선에 충돌하며 실패했다. 이후에도 여러 차례 유사한 실패가 이어졌다.

2015년 12월, 최초의 1단 부스터 지상 착륙

그리고 2015년 12월 21일, 역사가 바뀌었다. 오비컴(ORBCOMM)-2 임무에서 팰컨 9은 11개의 소형 위성을 성공적으로 배치한 뒤, 1단 부스터가 케이프 커내버럴(Cape Canaveral) 공군기지의 랜딩 존으로 귀환하여 수직 착륙에 성공했다.

착륙 순간 스페이스X 관제 센터에서는 격렬한 환호성이 터져 나왔다. 이 장면은 유튜브를 통해 전 세계로 퍼져나가며 수천만 뷰를 기록했다. 민간 기업이 위성을 궤도에 올린 뒤 로켓의 1단을 회수하는 데 최초로 성공한 순간이었다.

2016년 4월, 해상 드론십 착륙 성공

지상 착륙 성공 이후 스페이스X는 더 어려운 도전에 나섰다. 더 무거운 위성을 더 높은 궤도로 쏘아 올리는 경우, 1단 부스터가 착륙 지점까지 돌아올 연료가 부족할 수 있다. 이런 경우를 위해 스페이스X는 대서양 또는 태평양 위에 드론십(Autonomous Spaceport Drone Ship, ASDS)*을 띄워놓고 그곳에 착륙하는 방식을 개발했다. 드론십은 자체 추진 시스템으로 위치를 유지하는 해상 플랫폼으로, 스스로 항법 시스템을 이용해 지정된 위치에 정박한다.

2016년 4월 8일, CRS-8 임무에서 팰컨 9의 1단 부스터가 사상 처음으로 해상 드론십 착륙에 성공했다. 드론십의 이름은 '물론 나는 아직도 당신을 사랑해(Of Course I Still Love You)'였다. 이 독특한 이름은 이후 더 중요한 사연이 있음을 밝혀진다.

드론십 Of Course I Still Love You에 1단 부스터가 착륙한 모습

(Credit: SpaceX)

---

*   드론십은 바다 위에 떠 있는 무인 로켓 착륙장으로, 로켓 1단 부스터가 해상에서 착륙할 수 있도록 설계된 선박이다.

Of Course I Still Love You: 드론십의 이름이 된 SF 소설

스페이스X의 두 드론십의 이름은 각각 '물론 나는 아직도 당신을 사랑해(Of Course I Still Love You)'와 '지시사항만 읽어라(Just Read the Instructions)'이다. 이 두 이름은 스코틀랜드 SF 소설가 이언 M. 뱅크스(Iain M. Banks)의 소설 시리즈 『컬쳐(The Culture)』에 등장하는 우주선 이름에서 따왔다. 컬쳐 시리즈는 인공지능이 거의 모든 것을 관리하는 은하 문명을 배경으로 하며, 이 소설 속 우주선들은 독창적이고 때로는 유머러스한 이름을 가지고 있다.

머스크와 스페이스X 팀이 이 이름들을 채택한 것은 뱅크스의 소설에 대한 오마주이자, 기술이 만들어가는 미래에 대한 낙관적 비전을 담은 것이었다. 뱅크스는 2013년에 세상을 떠났지만, 그의 상상 속 우주선 이름이 실제 우주 역사의 한 페이지를 장식하게 되었다.

Block 5: 완성된 재사용 시스템

부스터 하나를 20회 이상 재사용

2018년에 등장한 팰컨 9 Block 5는 재사용 시스템의 완성판이다. 이전 버전들이 재사용 가능성을 실험하는 단계였다면, Block 5는 처음부터 수십 회 반복 사용을 염두에 두고 설계된 버전이다. 내열 합금의 사용을 늘리고, 착륙 다리 구조를 개선하며, 그리드 핀(grid fin)을 티타늄 소재로 교체하여 재사용 후 검사 및 정비 시간을 대폭 줄였다.

Block 5의 설계 목표는 대규모 정비 없이 동일 부스터를 최소 10회 재사용하는 것이었으며, 장기적으로는 100회 수준의 재사용 가능성도 제시된 바 있다. 2026년 3월 기준으로, 다수의 팰컨 9 Block 5 부스터는 20회 이상 비행한 기록을 가지고 있다.

팰컨 9의 부스터들은 착륙 후 수주 내 재사용이 가능하며, 실제 운용에서는 3~4주 수준의 빠른 회전 주기도 달성하고 있다. 재사용 과정에서는 열 보호 부위와 착륙 장치, 엔진과 주요 시스템에 대한 점검과 일부 부품 교체가 이루어진다.

발사 비용 혁명: 계속 낮아지는 내부 사용 가격

팰컨 9 발사의 카탈로그 가격은 초기에 약 6,200만 달러였으며, 이후 2022년 6,700만 달러, 2026년 3월 7,400만 달러 수준으로 조정되었다. 이것은 이미 경쟁사 대비 획기적으로 낮은 가격이었다. 유럽의 아리안 5(Ariane 5)는 발사 비용이 약 1억 6,000만~2억 달러 수준이었으며, 미국 정부가 주로 사용하던 유나이티드 론치 얼라이언스(United Launch Alliance, ULA)의 아틀라스 V(Atlas V)는 구성에 따라 약 1억 달러에서 2억 달러 이상까지 올라가기도 했다.

인플레이션 반영과 마진 등의 이유로 팰컨 9의 외부 고객 발사 비용은 지속적으로 상승했지만, 재사용이 정착되면서 스페이스X는 자체적으로 스타링크 위성을 발사하는 경우, 발사 비용의 대부분이 사실상 연료비와 정비비만으로 충당될 수 있게 되었다. 재사용 기술이 스페이스X의 경제학을 근본적으로 바꾼 것이다.

623회 발사, 620회 성공: 경이적인 성공률

2026년 3월 기준, 스페이스X는 팰컨 9을 누적 623회 발사했으며, 이 중 620회가 성공했다. 성공률은 약 99.52%에 달한다. 이 성공률은 상업 발사 역사에서 전례를 찾기 어려운 수준이다. 로켓 발사가 태생적으로 고위험 행위임을 고려하면, 이 성공률은 경이적이다.

높은 성공률이 가능했던 이유는 단일 엔진 설계의 일관성, 반복 비행을 통한 신뢰성 검증, 그리고 각 비행에서 수집된 방대한 데이터를 지속적인 개선에 활용하는 피드백 루프 덕분이다. 팰컨 9은 사실상 소프트웨어처럼 지속적으로 업데이트되는 하드웨어 플랫폼이다. Block 1, Block 2, Block 3, Block 4를 거쳐 Block 5에 이르는 개선 과정에서, 엔진 성능, 구조 설계, 항법 소프트웨어가 지속적으로 업그레이드되었다.

2026년 3월까지 팰컨 9 발사 기록

항목	수치
팰컨 9 총 발사 횟수(2026.3 기준)	623회
팰컨 9 성공 횟수(2026.3 기준)	620회
팰컨 9 성공률	약 99.52%
팰컨 9 2025년 발사 횟수	165회
2025년 전 세계 궤도 투입 질량 중 스페이스X 비중	약 86%
팰컨 9 발사 비용(2026년 3월 소모 모드 기준, 상업발사 시)	약 7,400만 달러
첫 지상 착륙 성공 날짜	2015년 12월 21일
첫 해상 드론십 착륙 성공 날짜	2016년 4월 8일

팰컨 9 발사 과정
지상에서 궤도까지

1단계. 발사 수일~수 주 전 ― 로켓 조립과 이동

- 로켓은 수직 조립 건물에서 1단과 2단을 수직으로 결합하고 페이로드(위성 등)를 탑재한다.

- 조립이 완료되면 트랜스포터-에렉터(Transporter-Erector)라는 거대한 이동식 발사대 위에 눕혀진 채 발사 패드까지 천천히 이동한다. 이동 속도는 걷는 속도보다 느린 시속 1~2킬로미터 수준이다. 발사 패드에 도착하면 수직으로 세워진다.

2단계. 발사 당일 ― T-4시간 30분부터

- T-4시간 30분: 연료 주입 준비를 시작한다. 로켓 주변의 지상 지원 장비들이 최종 점검에 들어간다.

- T-2시간 30분: 액체산소(영하 183도) 주입을 시작한다. 이 시점부터 로켓 표면에 서리가 끼기 시작하고, 흰 수증기가 로켓 주변에 피어오른다. 많은 사람들이 이 수증기를 보고 발사가 임박했다고 느끼는 장면이다.

- T-1시간: 1단 로켓에 케로신(RP-1) 연료 주입을 완료한다.

- T-35분: 비행 감독관이 각 담당 시스템 팀에게 차례로 상태를 묻는 '고/노고 폴(Go/No-Go Poll)'을 시작한다. 모든 팀이 '고(GO)'를 외쳐야 다음 단계로 진행된다.

- T-7분: 발사대의 음향 억제 시스템이 작동을 시작한다. 발사 충격에 대비해 발사대 구조물을 식히는 물 분사가 시작된다.

- T-4분 30초: 로켓의 탑재 컴퓨터가 지상 시스템으로부터 독립하여 자체 운용 모드로 전환된다. 이 시점부터 로켓은 스스로 판단하기 시작한다.

- T-1분: 최종 가압(Pressurization) 단계. 연료 탱크 내부 압력을 비행에 필요한 수준으로 높인다.
- T-45초: 발사 감독관(Launch Director)이 최종 발사 승인을 내린다.
- T-3초: 엔진 점화 시퀀스 시작. 멀린(Merlin) 엔진 9기가 순차적으로 점화된다. 동시에 켜지지 않고 순서대로 켜지는 이유는 충격을 분산시키기 위해서다.

3단계. T-0 — 점화와 발사

- 9기의 엔진이 모두 점화되면 컴퓨터는 0.1초 단위로 모든 엔진 수치를 점검한다. 이상이 없으면 발사대의 홀드다운 클램프(Hold-down Clamp)가 해제되고 로켓이 발사대를 떠난다. 이 순간 발사대 아래로 엄청난 양의 물이 분사되어 거대한 흰 수증기 구름이 피어오른다.
- 만약 이 순간 센서 하나라도 이상 수치를 감지하면 컴퓨터가 즉시 엔진을 끄고 발사를 중단한다. 엔진에 불이 붙었다가 꺼진 채 로켓이 발사대 위에 그대로 서 있는 상황이 된다.

4단계. T+0~T+1분 12초 — 대기권 상승

- 로켓이 발사대를 떠난 직후에는 오히려 속도를 늦춘다. 발사대 주변의 바람과 음향 충격을 피하기 위해 처음 몇 초간은 출력을 줄인다.
- T+1분 12초 전후: 최대 동압(Max-Q) 구간에 진입한다. 공기저항이 최대가 되는 이 구간에서 엔진 출력을 의도적으로 줄인다. 중계방송에서 "Throttle down for Max-Q"라는 말이 들리는 순간이다. Max-Q 구간을 통과하면 다시 풀 출력으로 가속한다.

5단계. T+2분 33초 — 1단 엔진 컷오프(MECO)

- 1단의 연료가 소진되면 9기의 엔진이 꺼진다. 이를 MECO(Main Engine Cutoff)라고 부른다. 이 시점에서 로켓은 이미 고도 약 70km, 속도는 시속 약

7,000km에 달한다.

6단계. T+2분 36초 — 1단·2단 분리

- MECO 3초 후, 1단과 2단이 분리된다. 분리 순간 두 동체 사이에 작은 폭발 볼트가 터지면서 깔끔하게 떨어진다. 이 장면은 스페이스X 중계에서 카메라로 생생하게 포착된다.

7단계. T+2분 37초 — 2단 엔진 점화 및 1단 귀환 시작

- 2단의 진공용 멀린 엔진(Merlin Vacuum) 1기가 점화되어 페이로드를 궤도로 밀어 올리기 시작한다. 진공 상태에 최적화된 이 엔진은 지상용 엔진보다 노즐이 훨씬 크다.
- 동시에 1단 로켓은 귀환을 시작한다. 분리 직후 자세를 뒤집고, 엔진을 역방향으로 짧게 점화하여 속도를 줄이는 '부스트백 번(Boostback Burn)'을 실행한다.

8단계. T+3분 — 페어링 분리

- 로켓 상단의 페어링(Fairing), 즉 위성을 감싸던 조개껍데기 모양의 덮개가 두 쪽으로 갈라져 분리된다. 이 시점부터 위성은 우주 환경에 직접 노출된다. 페어링 한 쌍의 가격은 약 600만 달러(약 80억 원)로, 스페이스X는 이것도 바다에서 전용 선박으로 회수하여 재사용한다.

9단계. T+6~8분 — 1단 대기권 재진입 및 착륙

- 1단 로켓이 대기권으로 재진입하는 순간, 공기저항으로 인해 동체 표면 온도가 수백 도까지 올라간다. 이때 엔진을 다시 점화하여 속도를 줄이는 '재진입 번(Entry Burn)'을 실행한다. 이후 착륙 다리를 펼치고, 최종 착륙 직전 엔진을 다시 한번 점화하는 '착륙 번(Landing Burn)'으로 속도를 거의 0으로 줄이면서 드론십(해상) 또는 착륙 패드(육상)에 수직 착륙한다.

이 착륙 장면이 스페이스X 중계에서 가장 큰 함성을 이끌어내는 순간이다.

10단계. T+8분 30초 — 2단 엔진 컷오프(SECO)

- 2단 엔진이 꺼진다. SECO(Second Engine Cutoff). 이 시점에서 페이로드는 목표 궤도에 근접한 상태가 된다.

11단계. T+약 45분~90분 — 페이로드 분리

- 2단은 목표 궤도에 정확히 맞추기 위해 경우에 따라 엔진을 한 번 더 점화한다. 이후 위성 또는 화물이 2단으로부터 분리된다.
- 이 순간이 임무의 공식 성공 선언 시점이다. 통제실에서 환호가 터지는 것이 바로 이 순간이다.

경쟁자들을 압도하다

전 세계 발사 시장 점유율 변화

2010년 팰컨 9이 처음 등장했을 때, 전 세계 상업 발사 시장은 유럽의 아리안스페이스(Arianespace), 러시아의 로스코스모스(Roscosmos), 미국의 ULA가 나누어 가지고 있었다.

15년이 지난 2025년, 구도는 완전히 달라졌다. 스페이스X는 전 세계 상업 발사 시장의 절대 다수를 차지하게 되었으며, 2025년 전 세계 궤도 투입 질량의 약 86%를 스페이스X가 담당했다는 분석이 있다.[*] 단, 이 86%라는 수치는 스타링크 자체 위성 발사가 대부분을 차지하기 때문에 상업 발사 시장 점유율과는 구분하여 이해해야 한다.

경쟁사들은 이 변화에 제대로 대응하지 못했다. 아리안스페이스는 후속 로켓인 아리안 6(Ariane 6)을 개발하는 데 예상보다 오랜 시간이 걸렸으며, 러시아는 우크라이나 전쟁의 여파로 국제 발사 시장에서 사실상 퇴출되었다. ULA는 아틀라스 V의 후속으로 벌컨(Vulcan)을 개발했지만, 여전히 1회용 발사체 방식을 유지하고 있어 비용 경쟁에서 한계가 있다. 아마존 창업자 제프 베조스가 이끄는 블루 오리진(Blue Origin)의 뉴글렌(New Glenn)이 2025년 첫 발사에 성공하며 경쟁에 뛰어들었지만, 팰컨 9의 성공률과 발사 빈도에 필적하려면 앞으로도 수년의 시간이 필요하다.

2025년 팰컨 9, 2,413톤 페이로드 궤도 투입 달성

2025년 스페이스X는 팰컨 9 단일 기종으로만 총 165회 발사를 완료하며 6년 연속 연간 발사 신기록을 경신했다. 스페이스X는 165회 발사를 통해 2,413톤 이상의 페이로드를 궤도에 투입했다. 이 중 약 85% 이상이 스타링크 위성 배치 임무였다.

팰컨 9의 신뢰성 역시 주목할 만하다. 165회의 팰컨 9 발사 가운데 부스터 회수에 실패한 사례는 4~5회에 불과했으며, 나머지는 모두 지상 착륙 패드 또는 드론십 착륙에 성공했다. 또한 스페이스X는 2025년 재사용 부스터의 누적 500번째 비행을 달성했다.

---

*　　https://arstechnica.com/space/2025/11/with-another-record-broken-the-worlds-busiest-spaceport-keeps-getting-busier/

항목	팰컨 9 Block 5	아리안 6	소유즈 2.1b	뉴글렌
제조사	스페이스X (미국)	아리안스페이스 (유럽)	로스코스모스 (러시아)	블루 오리진 (미국)
전체 길이	약 70m	약 63m	약 46m	약 98m
저궤도 탑재	22.8톤(소모형)	21.6톤(A62)	8.5톤	45톤
정지전이궤도	8.3톤(소모형)	11.5톤(A62)	3톤	13톤
발사 비용 (상업)	약 7,400만 달러 (2026.3 기준)	약 1억 6,000만~ 2억 달러	운용 중단	약 6,800만 달러 (페이로드 용량은 팰컨 9의 2배)
재사용 여부	가능(1단 부스터)	불가	불가	가능
첫 발사 연도	2010	2024	2006	2025
2025년 발사 횟수	165회	7회(Ariane 6 4회, Vega 3회)	운용 제한	2회

※ 소유즈는 우크라이나 전쟁 이후 러시아의 국제 상업 발사가 사실상 중단된 상태임

2025년 세계 발사 시장: 사상 최대 활황

2025년 전 세계 궤도 발사 시도는 총 324회로 집계되어, 2024년의 259회 대비 25% 증가한 사상 최대치를 기록했다. 2024년 자체도 2023년 221회 대비 17% 늘어난 기록이었으므로, 2년 연속으로 역대 최다 발사 기록을 갱신한 셈이다. 위성 배치 실적 역시 사상 최대로, 2025년 한 해에만 4,517기의 위성이 궤도에 투입되었으며 이는 2024년 대비 58% 증가한 수치다.[*]

---

[*] https://payloadspace.com/2025-orbital-launch-attempts-by-country/

국가별 비중을 보면 미국과 중국의 양강 구도가 압도적이다. 미국은 총 193회의 궤도 발사를 수행했으며(뉴질랜드에서 발사하는 로켓랩 전자 로켓 포함), 중국은 92회를 기록했다. 미국과 중국을 합산하면 2025년 전 세계 궤도 발사의 88%를 차지했다.

2025년 주요 국가·사업자별 궤도 발사 현황

구분	2025년 발사 횟수	2024년 발사 횟수	전년 대비 증감
스페이스X(팰컨 9)	165회	134회	+23%
미국 전체	193회	약 154회	+25%
중국 전체	92회	68회	+35%
러시아	17회	17회	0%
전 세계 합계	324회	259회	+25%

(출처: SpaceNews, Jonathan McDowell Space Report 분석, 2026년 1월)

발사체 다양성 측면에서는 흥미로운 대조가 나타난다. 미국은 블루 오리진 뉴 글렌, 파이어플라이 알파, ULA 아틀라스 V·벌컨, 노스롭 미노타우르, 로켓랩 일렉트론, 스페이스X 팰컨 9·스타십 등 6개 사업자가 8가지 발사체를 운용했다. 반면 중국은 10개 기관이 무려 27종의 발사체를 운용했으며, 이 중 15종은 국영, 8종은 민간 기업, 2종은 정부와 민간 파트너십 운용이었다.

중국은 격차를 좁히기 위해 재사용 로켓 개발에 속도를 내고 있다. 2025년 12월에는 민간 기업 랜드스페이스(LandSpace)의 주취-3(ZQ-3)과 국영 CASC의 창정 12A가 각각 첫 비행에서 2단 궤도 진입에 성공했으나, 두 로켓 모두 1단 부스터 회수에는 실패했다. 재사용 기술에서 스페이스X를 따라잡기까지는 상당한 시간이 필요할 것으로 보인다.

중국 재사용 로켓 개발 현황(2025년 말 기준)

로켓명	개발사	첫 비행	부스터 회수 결과
주취-3(ZQ-3)	랜드스페이스 (민간)	2025년 12월 3일	궤도 진입 성공, 부스터 회수 실패
창정 12A(CZ-12A)	CASC/SAST (국영)	2025년 12월 23일	궤도 진입 성공, 부스터 회수 실패
텐룽-3(Tianlong-3)	스페이스 파이오니어(민간)	2026년 도전 예정	미발사

(출처: SpaceNews, Wikipedia, NASASpaceFlight.com)

로켓 발사는 기술뿐만 아니라 물리학, 지리학, 기상학, 외교 그리고 운이 따라야 하는 종합 예술

발사 버튼을 누르는 순간은 단 1초다. 그러나 그 1초를 위해 수백 명의 과학자와 엔지니어가 수개월, 때로는 수년을 준비한다. 로켓이 발사대를 떠나 궤도에 안착하기까지, 그 짧은 수십 분 동안에는 단 하나의 실수도 허용되지 않는다. 연료 계산이 0.1% 틀려도, 바람 방향 예측이 빗나가도, 발사 타이밍이 몇 초만 어긋나도 임무는 실패로 돌아간다.

더 흥미로운 사실은 로켓 발사의 성패가 발사 당일이 아니라 훨씬 이전에 이미 상당 부분 결정된다는 점이다. 발사장을 어느 위도에 세울 것인가, 어느 방향으로 로켓을 쏠 것인가, 어느 계절과 시간대에 발사할 것인가 — 이 선택들은 물리학 법칙을 따르는 동시에 지리적 조건과 외교적 현실의 제약을 받는다.

로켓 하나를 궤도에 올리기 위해 과학자와 엔지니어들이 수개월 전부터 따지는 조건들이 있다. 그 조건들을 하나씩 살펴보자.

조건 1. 어디서 쏘느냐 — 발사 지점

핵심 개념: 지구는 팽이처럼 돌고 있다

지구는 하루에 한 바퀴 자전한다. 이때 적도 위의 한 점은 시속 약 1,670킬로미터로 움직이고 있다. 서울(북위 37도)은 시속 약 1,320킬로미터, 북극점은 0킬로미터다.

여기서 중요한 사실이 있다. 우리가 느끼지 못하지만 발사대 위에 세워진 로켓은 이미 발사대와 함께 이 속도로 움직이고 있다는 것이다. 불을 붙이기도 전에 말이다. 달리는 기차 안에서 공을 앞으로 던지면 공의 속도에 기차 속도가 더해지는 것과 같다. 로켓이 우주로 나가는 순간, 이 관성 속도를 그대로 품고 나간다.

궤도에 진입하려면 시속 약 28,000km가 필요하다. 적도 근처에서 발사하면 출발부터 시속 1,670km를 '공짜로' 갖고 시작하는 셈이다. 이 차이는 곧 연료 절감, 그리고 더 무거운 화물을 실을 수 있는 능력으로 이어진다.

단, 한 가지 오해를 짚고 넘어가야 한다. 대기권 안에서는 공기도 지구와 함께 자전하므로, 로켓이 대기를 뚫고 올라가는 동안에는 이 속도 차이가 느껴지지 않는다. 적도 발사의 이점은 대기권을 벗어난 순간부터 비로소 실현된다. 이미 품고 있는 관성 속도 덕분에, 우주에서 추가로 가속해야 할 양이 그만큼 줄어드는 것이다.

유럽우주국(ESA)이 발사장을 굳이 남아메리카의 프랑스령 기아나(북위 5도)에 둔 이유, 스페이스X가 초창기에 태평양 한가운데 오멜렉 섬(북위 9도)을 선택한 이유가 바로 여기에 있다.

발사 지점	위도	자전 속도(시속)
프랑스령 기아나(ESA)	북위 5도	약 1,660km
오멜렉 섬(스페이스X 초기)	북위 9도	약 1,647km
케이프 커내버럴(NASA)	북위 28도	약 1,470km
바이코누르(러시아)	북위 46도	약 1,160km
나로우주센터(한국)	북위 34도	약 1,385km

조건 2. 어느 방향으로 쏘느냐 ― 발사 방향과 궤도 경사각

발사 방향은 로켓이 진입할 궤도의 기울기, 즉 궤도 경사각(Orbital Inclination)을 결정한다. 경사각이란 궤도면이 적도면과 이루는 각도다.

동쪽으로 쏘면 지구 자전 방향과 일치하므로 자전 속도를 최대한 활용할 수 있다. 경사각이 낮은 궤도(적도 궤도)에 진입하게 되며, 정지궤도 통신위성처럼 지구 특정 지역 위에 계속 머무르는 위성에 적합하다.

남북 방향으로 쏘면 경사각 90도에 가까운 극궤도(Polar Orbit)에 진입한다. 극궤도 위성은 지구가 자전하는 동안 매 바퀴마다 다른 지역을 내려다볼 수 있어, 결국 지구 전체를 빠짐없이 촬영할 수 있다. 지구 관측 위성, 기상 위성, 스파이 위성이 주로 이 궤도를 이용한다. 자전 속도의 혜택을 거의 받지 못하므로 연료가 더 필요하다.

국제우주정거장(ISS)은 경사각 약 51.6도 궤도를 돌고 있다. 이 각도는 러시아 바이코누르 발사장(북위 46도)에서 발사하는 소유즈 우주선과의 도킹을 고려하여 냉전 시대에 결정된 것이다. 발사 방향 하나에 수십 년의 국제 정치사가 담겨 있는 셈이다.

조건 3. 언제 쏘느냐 — 발사 창(Launch Window)

로켓은 아무 때나 쏠 수 없다. 목적지가 있는 경우, 로켓이 정확히 맞아떨어지는 시간대가 하루 중 단 몇 분에 불과하다.

예를 들어 국제우주정거장으로 사람을 보내는 경우, 우주정거장이 발사장 상공을 지나가는 타이밍에 정확히 맞춰 발사해야 한다. 조금만 늦어도 우주정거장은 이미 저 멀리 가버린 뒤다. 이 특정 시간대를 발사 창(Launch Window)이라고 부른다.

화성 탐사선의 경우 발사 창은 약 26개월에 한 번씩 열린다. 지구와 화성의 위치가 연료를 가장 적게 쓰면서 도달할 수 있는 최적의 배치가 되는 시점이 그 주기로 돌아오기 때문이다. 이 창을 놓치면 다음 기회까지 2년 이상을 기다려야 한다.

조건 4. 날씨 — 번개와 바람은 로켓의 적

날씨는 단순한 시야 문제가 아니다.

번개는 직접적인 위험이다. 로켓이 구름층을 통과할 때 정전기 방전이 발생하면 전자장비가 오작동할 수 있다. 실제로 1969년 아폴로 12호는 발사 직후 번개를 두 차례 맞아 전력 시스템이 일시 마비되었다. 우주비행사들의 침착한 대응으로 가까스로 임무를 이어갔지만, 자칫 대형 사고로 이어질 수 있었다.

바람도 문제다. 특히 고도별로 바람의 방향과 속도가 달라지는 윈드 시어(Wind Shear) 현상은 빠른 속도로 상승하는 로켓의 동체에 비틀리는 힘을 가한다. 로켓은 생각보다 훨씬 얇고 가벼운 구조물이다. 연료를 가득 채운 팰컨 9의 동체 두께는 불과 수 밀리미터다. 강한 옆바람은 이 얇은 원통을 부러뜨릴 수 있다.

조건 5. 공기저항이 최대가 되는 순간 — 최대 동압(Max-Q)

로켓이 올라갈수록 대기는 점점 희박해진다. 그런데 속도는 점점 빨라진다. 공기저항은 속도의 제곱에 비례하고 대기 밀도에 비례하는데, 이 둘이 곱해져 최대가 되는 지점이 있다. 고도 약 10~15km 구간이다. 이 지점을 최대 동압(Maximum Dynamic Pressure, Max-Q)이라고 부른다.

이 구간에서 로켓이 받는 공기역학적 압력은 엄청나다. 엔지니어들은 이 구간을 통과할 때 일부러 엔진 출력을 줄여 속도를 늦춘다. 빨리 가려고 만든 로켓이 스스로 브레이크를 밟는 셈이다. 스페이스X 발사 중계방송에서 "Throttle down for Max-Q"라는 말이 들리는 것이 바로 이 순간이다. Max-Q 구간을 무사히 통과하고 나면 "Max-Q cleared"라는 말이 이어지고, 그제서야 다시 풀 출력으로 가속한다.

조건 6. 발사장 아래의 안전 — 비행 경로와 낙하 구역

실패한 로켓의 잔해는 지상으로 떨어진다. 발사 직후 경로 아래에 도시나 마을이 있어서는 안 된다.

케이프 커내버럴이 플로리다 동쪽 해안에 위치한 것은 우연이 아니다. 동쪽으로 발사하면 잔해가 대서양으로 떨어진다. 오멜렉 섬이 스페이스X 초기 발사지로 선택된 이유 중 하나도 이것이다. 실패해도 주변 수백 킬로미터 안에 사람이 없는 망망대해였다.

한국의 나로우주센터가 전라남도 고흥 외나로도에 위치한 것도 같은 논리다. 남쪽으로 발사하면 망망대해가 펼쳐진다.

조건 7. 추적과 통신 — 지상국 네트워크

발사된 로켓은 시시각각 데이터를 지상으로 보낸다. 속도, 고도, 자세, 엔진 온도, 연료 잔량 등 수천 가지 수치가 실시간으로 전송된다. 이 데이터를 받는 지상국이 비행 경로를 따라 배치되어 있지 않으면, 로켓이 수평선 너머로 사라지는 순간 통신이 끊긴다.

오멜렉 섬에서 스페이스X가 미군의 기존 레이더와 추적 인프라를 활용할 수 있었던 것이 결정적인 선택 이유 중 하나였다. 망망대해 한가운데 발사장을 새로 짓는다 해도, 추적 인프라까지 새로 구축하는 것은 전혀 다른 차원의 비용과 시간이 드는 일이다.

정리하며

우주 로켓 발사는 물리학, 기상학, 지리학, 외교, 그리고 운이 복잡하게 얽힌 종합 예술이다. 발사대에서 카운트다운이 시작되기 훨씬 전부터, 엔지니어들은 지구의 자전 속도를 계산하고, 궤도 경사각을 따지고, 날씨 위성 데이터를 분석하고, 발사 창이 열리는 순간을 기다린다. 그 모든 계산의 결과가 "3, 2, 1, 발사"라는 한 마디로 수렴된다.

Chapter 4

팰컨 헤비에서 스타십까지

스페이스X의 로켓 개발 역사는 팰컨 1에서 팰컨 9으로, 팰컨 9에서 팰컨 헤비로, 그리고 팰컨 헤비에서 스타십으로 이어지는 점진적 진화의 서사다. 각 단계에서 이전 세대가 불가능이라고 여겼던 것들이 하나씩 가능의 영역으로 넘어왔다.

팰컨 헤비: 세계에서 가장 강력한 운용 로켓

2018년 발사와 테슬라 로드스터를 우주로

팰컨 헤비(Falcon Heavy)는 팰컨 9 부스터 세 기를 묶은 형태의 초중량급 발사체다. 팰컨 9의 1단 부스터를 코어 스테이지와 좌우 부스터로 3기 배치하여, 이론적으로 저궤도에 최대 63.8톤의 화물을 투입할 수 있다. 이 수치는 당시(2018년) 현역으로 운용되던 모든 로켓 중 가장 높은 것이었다. 팰컨 헤비는 약 2,300톤급 추력을 가졌으며, 아폴로 시대의 새턴 V 이후 역사상 가장 강력한 로켓이었다.

2018년 2월 6일, 팰컨 헤비는 첫 번째 시험 비행을 성공적으로 마쳤다. 이날의 탑재물은 예상을 뛰어넘을 만큼 극적이었다. 스페이스X는 머스크 소유의 테슬라 로드스터(Tesla Roadster)를 탑재하고, 그 운전석에 우주복을 입은 마네킹 '스타맨(Starman)'을 앉혔다. 로드스터의 음향 시스템에는 데이비드 보위(David Bowie)의 '스타맨(Starman)'이 재생되도록 설정되었다. 머스크는 이 퍼포먼스를 통해 팰컨 헤비의 기술적 성능뿐 아니라 스페이스X의 독특한 소통 방식을 강하게 각인시켰다.

팰컨 헤비: 팰컨 9의 1단 부스터에 좌우 2개의 부스터를 장착했다.

(Credit: SpaceX)

이 발사는 엔지니어링과 마케팅, 대중 문화가 결합된 전례 없는 스펙터클이었고, 전 세계 수백만 명이 생중계로 지켜봤다. 로드스터는 현재도 태양 주변을 도는 타원형 궤도를 비행하고 있으며, 주기적으로 화성 궤도 근방까지 접근한다.

이날 발사의 하이라이트는 사이드 부스터 두 기가 발사대로 귀환하여 동시 착륙하는 장면이었다. 두 개의 불기둥이 대칭을 이루며 동시에 착지하는 영상은 SF 영화의 한 장면처럼 아름다웠고, 전 세계에 스페이스X의 기술력을 각인시켰다.

그러나 센터 코어는 착륙에 실패했다. 드론십에 착지하는 과정에서 엔진 재점화가 충분히 이루어지지 않아 바다에 추락했는데, 머스크는 이를 숨기지 않고 공개했다.

임무를 다한 팰컨 헤비의 사이드 부스터 2기가 발사장으로 되돌아와 착륙하고 있다.

(Credit: SpaceX)

국가안보 발사(NSSL) 인증

팰컨 헤비는 상업 발사 외에도 미국 국가안보 우주발사(National Security Space Launch, NSSL) 임무를 수행하는 인증을 받았다. 미국 공군 및 우주군이 군용 위성을 발사할 때 사용하는 공인 발사체 목록에 팰컨 헤비가 포함된 것이다.

이 인증은 스페이스X가 단순한 상업 기업을 넘어 미국의 국가안보 우주 인프라를 담당하는 공인 파트너임을 의미한다. NSSL 임무는 일반 상업 발사보다 훨씬 엄격한 신뢰성 요건을 충족해야 하며, 계약 단가도 높다. 스페이스X는 2025년 4월 우주군이 발주한 NSSL Phase 3 Lane 2 계약*에서 최대 59억 달러의 발사 임무를 배정받았다. 총 54개 임무 중 28개가 스페이스X 몫으로, 팰컨 헤비와 팰컨 9을 주력 발사체로 활용한다.

스페이스X가 NSSL 시장에서 절대적 우위를 점하게 된 결정적 계기는 경쟁사들의 잇따른 차질에 있다. 유일한 대항마였던 ULA의 차세대 발사체 벌컨(Vulcan) 로켓은 당초 2020년 중반에 초도 비행을 완료할 계획이었으나 COVID-19, 엔진 공급 지연, 발사대 화재 등이 겹치며 약 4년이 지연되었고, 2025년 3월에서야 NSSL 인증을 획득했다.

이 공백 기간 동안 ULA에 원래 배정되었던 GPS 위성 임무들이 잇따라 팰컨 9으로 전환되었으며, 이는 스페이스X의 국가안보 발사 비중을 더욱 높이는 결과로 이어졌다.

---

* NSSL Phase 3는 미국의 군사·정보 위성을 발사할 로켓을 선정하기 위한 차세대 발사 계약 프로그램으로 비교적 요구 조건이 낮은 임무를 경쟁 입찰 방식으로 발주하는 Lane 1과, 가장 중요한 국가안보 위성을 소수의 인증 발사체에 장기 계약으로 배정하는 Lane 2로 나누어진다.

크고 멋지군, 하지만 누가 원할까?
팰컨 헤비의 화려한 데뷔, 그리고 2018년의 회의론

경이로운 장면 뒤에 남겨진 질문들

2018년 2월 6일, 플로리다주 케네디 우주센터 39A 발사대에서 거대한 불꽃이 솟아올랐다. 스페이스X의 팰컨 헤비(Falcon Heavy)가 처음으로 하늘을 갈랐다. 약 227만 킬로그램이 넘는 추력으로 대기권을 뚫고 올라간 이 로켓은, 두 개의 부스터를 나란히 착륙시키는 장면으로 전 세계의 시선을 사로잡았다.

그러나 환호 뒤에는 냉정한 물음이 따라붙었다. 《USA Today》 계열사인 《Florida Today》의 기자 제임

스 딘(James Dean)은 발사 사흘 뒤인 2월 9일, 이 역사적 장면을 담담하게 되짚으며 핵심적인 질문 하나를 던졌다. "도대체 누가 이 로켓을 쓰려 하는가?(Who wants it?)" 이 물음은 단순한 수사가 아니었다. 2018년 당시 우주산업 안팎에서 팰컨 헤비를 둘러싼 회의론은 실질적이고 구체적인 근거를 갖추고 있었다.

화려한 데뷔, 그러나 남겨진 질문들

팰컨 헤비의 발사 비용은 9,000만 달러로, 당시 팰컨 헤비의 유일한 경쟁 로켓인 델타 IV 헤비(Delta IV Heavy)보다 3~4배 저렴했다. 재사용 가능한 팰컨 9 세 기를 묶어 1단을 구성하는 방식이 이 가격을 가능하게 했다. 로켓을 한 번 쓰고 버리던 기존 방식을 뒤집은 재사용 기술은 발사 비용의 구조 자체를 바꾸는 혁신이었다. 그러나 기술적 성취에 비해 시

장은 냉정했다. 2018년 당시 팰컨 헤비가 확보한 상업 계약은 단 세 건에 불과했다. 민간 위성 사업자 두 곳과 미 공군의 테스트 프로그램이 전부였다. 대형 정지궤도 위성 시장은 이미 소형화 추세로 접어들고 있었고, 정부 기관의 초대형 페이로드 수요도 그리 빈번하지 않았다. 세계에서 가장 강력한 로켓이었지만, 그것을 필요로 하는 시장이 충분히 존재하는지는 불분명했다.

정치적 맥락도 복잡했다. 팰컨 헤비의 등장은 NASA가 발사 1회에 최소 10억 달러 이상을 쏟아붓는 우주 발사 시스템(SLS)의 존재 이유를 근본적으로 흔드는 것처럼 보였다. 팰컨 헤비 두세 기면 달에 우주인을 보낼 수 있다는 주장도 나왔고, 민간이 훨씬 저렴하게 해낼 수 있는데 왜 세금으로 구식 정부 로켓을 개발하느냐는 비판도 제기되었다. 그러나 SLS는 수많은 항공우주 기업들의 일자리와 의원들의 지역구 이익에 깊이 얽혀 있는 프로그램이었다. 기술이 아무리 인상적이어도 정치적 관성을 단번에 뒤집기는 어려웠고, 의회의 SLS 지지는 흔들리지 않았다.

실행 능력에 대한 의구심도 컸다. 스페이스X는 당시 NASA와 계약한 유인 ISS 비행 일정조차 맞추지 못하고 있었다. 당초 2017년에 완료될 것으로 기대되었던 첫 유인 비행은 2019년 이후로 밀려난 상태였다. 화려한 쇼와 실제 계약 이행 능력 사이의 간극이 분명히 존재했다. 더욱이 머스크는 팰컨 헤비를 공개한 바로 그 자리에서 더 큰 로켓인 BFR(Big Falcon Rocket) 개발에 집중하겠다고 선언했다. 5억 달러 이상을 자체 투자해 만든 로켓을 소개하면서, 동시에 그 로켓을 넘어설 다음 로켓을 예고하는 상황은 투자자와 잠재 고객 모두에게 복잡한 신호로 읽혔다. 팰컨 헤비가 장기적으로 운용될 플랫폼인지, 아니면 BFR으로 가는 길목의 과도기적 산물에 불과한지 판단하기 어려웠다.

더 거대한 스타십의 등장

역사는 이 회의론이 일부는 맞았음을 보여준다. 팰컨 헤비는 끝내 범용 발사체로 자리 잡지 못했고, BFR의 후신인 스타십(Starship)이 스페이스X의 핵심 로켓이 되었다. 그러나 팰컨 헤비의 존재 자체가 민간 우주산업의 가능성을 증명하며 산업 전체의 지형을 바꾼 것은 부정할 수 없다. 2018년의 회의론은 근거 없는 비관이 아니었다. 그리고 그 회의론이 제기한 질문들은, 결국 스페이스X 스스로가 스타십이라는 답으로 응답해야 했던 진짜 질문들이었다.

스타십: 인류 역사상 가장 큰 로켓

슈퍼 헤비 부스터와 스타십 우주선의 결합

스타십 시스템은 두 부분으로 구성된다. 하단의 '슈퍼 헤비(Super Heavy)' 부스터와 상단의 '스타십(Starship)' 우주선이다. 슈퍼 헤비 부스터에는 랩터(Raptor) 엔진 33기가 탑재되어 있으며, 스타십 우주선에는 랩터 엔진 6기(진공 버전 3기, 해수면 버전 3기)가 달려 있다.

둘을 합친 전체 높이는 약 122m로, 지금까지 가장 거대한 우주선이었던 새턴 V(111m)를 훌쩍 뛰어넘는 인류 역사상 가장 큰 발사체다. 전체 이륙 추력은 약 7,590톤 이상으로, 새턴 V(약 3,500톤)의 약 두 배에 달한다.

스타십, 인류 역사상 가장 거대한 우주선이다.

(Credit: SpaceX)

랩터 엔진은 메탄(CH4)과 액체산소(LOX)를 연료로 사용한다. 이는 기존 팰컨 9이 RP-1 등유를 사용하는 것과 다른 선택이다. 메탄을 선택한 이유는 두 가지다.

첫째로, 메탄은 RP-1보다 연소 후 엔진 내부에 탄소 침전물을 덜 남기므로 재사용에 유리하다. 둘째로, 화성에는 대기 중 이산화탄소와 지하 얼음에서 추출한 물을 이용해 메탄을 자체 생산할 수 있는 기술(사바티에 반응, Sabatier reaction)이 존재한다. 화성에서 연료를 직접 생산할 수 있다는 것은, 지구에서 화성까지의 편도 여행이 아닌 왕복 여행을 가능하게 만드는 핵심이다.

완전 재사용 시스템의 의미

팰컨 9은 1단 부스터만 재사용하며 2단은 재사용하지 않는다. 반면 스타십은 슈퍼 헤비 부스터와 스타십 우주선 모두를 재사용하는 완전 재사용 시스템을 목표로 한다. 2단인 스타십 우주선까지 재사용할 수 있다면, 발사 비용에서 소모되는 부분은 오직 연료비와 정비비뿐이다.

스페이스X는 슈퍼 헤비 부스터를 발사 후 발사대의 메카질라 포획 팔로 포획하는 방식을 개발했으며, 2024년 10월의 5차 시험 비행에서 이를 실증했다. 스타십 우주선은 대기권 재진입 후 열 방호 시스템(Thermal Protection System)을 이용해 속도를 줄이고, 착륙 목표 지점에서 호버링을 한 후 수직 착륙하는 방식을 사용한다. 향후에는 스타십 우주선도 부스터처럼 메카질라를 이용해 공중에서 포획하는 것도 계획하고 있다.

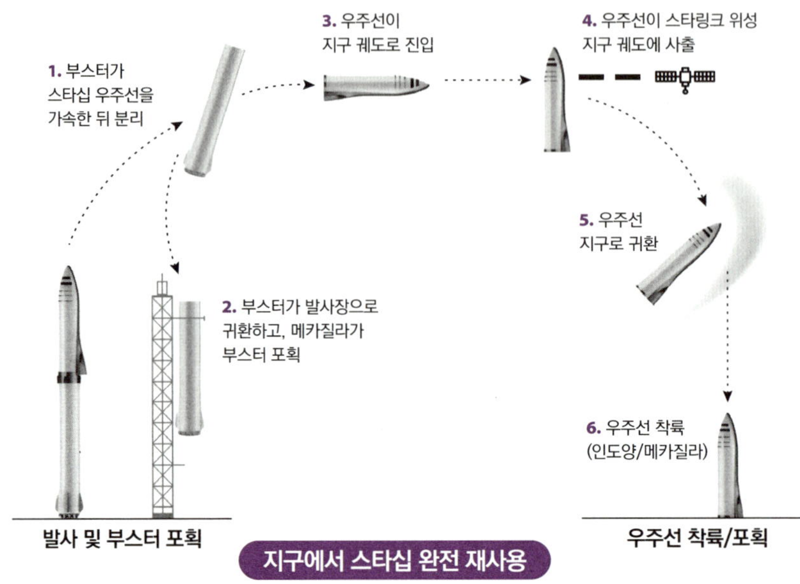

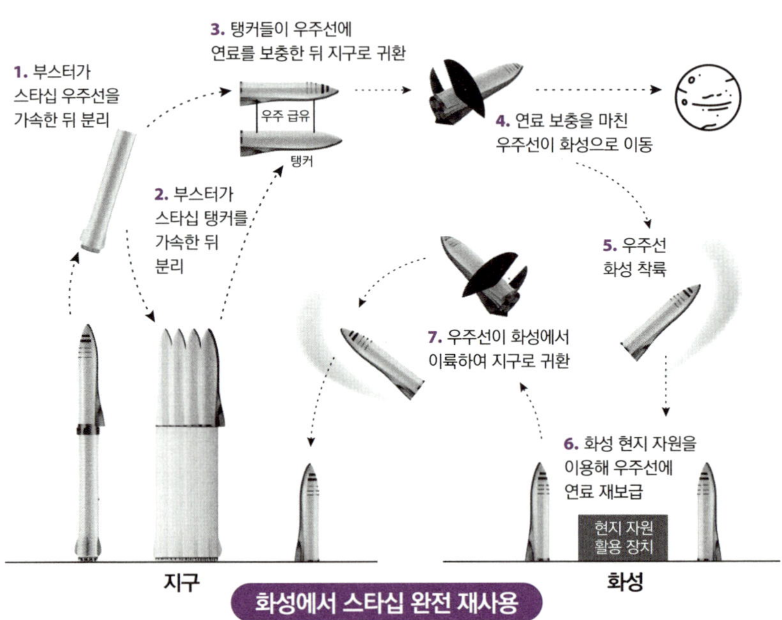

※ 지구 발사는 연료를 많이 실을수록 연료의 무게를 밀어올릴 연료가 더 필요해져 비효율적이다. 최소 연료 상태로 우주로 출발한 뒤, 미리 발사되어 있던 우주선으로부터 우주에서 급유를 받아 연료를 채워서 화성으로 출발한다. 화성의 중력은 지구의 38% 수준이기 때문에 부스터 없이 우주선의 추력만으로 지구로 귀환할 수 있다.

(Credit: flickr의 Steve Jurvetson)

메카질라의 스타십 슈퍼 헤비 부스터 포획 장면

(출처: SpaceX 유튜브 캡처 후 재구성)

시험 비행 기록과 진화 과정

스타십의 통합 시험 비행 기록을 시간순으로 정리하면 다음과 같다. 2023년 4월 20일의 1차 시험에서는 발사 4분 만에 폭발했다. 2023년 11월 18일의 2차 시험에서는 1단-2단 분리 후 두 단 모두 폭발했다. 2024년 3월 14일의 3차 시험에서는 대기권 재진입까지 성공했으나 제어를 잃었다. 2024년 6월 6일의 4차 시험에서는 부스터와 우주선 모두 연착륙에 처음 성공했다.

2024년 10월 13일의 5차 시험에서는 부스터 포획에 성공했으며, 우주선은 스플래시다운(대기권 통과 후 속도를 줄이고 바다로 착수)을 목표로 두었는데, 인도양 해수면에서 호버링을 완료(목표 달성)한 후 전복·폭발하였다.

Starship V3: 킬로그램당 100달러 이하의 발사 비용 목표

스페이스X는 장기적으로 스타십 V3 버전에서 킬로그램당 100달러 이하의 저궤도 발사 비용을 달성하겠다는 목표를 공개했다. 2026년 3월 기준, 팰컨 9의 재사용 모드에서 스페이스X 내부 사용시의 킬로그램당 발사 비용은 약 1,500달러 수준(외부 고객은 4,250달러)이다.

스타십의 탑재 중량이 150톤 이상이고, 완전 재사용에 성공하면 킬로그램당 100달러라는 목표가 가능하다는 것이 스페이스X의 주장이다. 단, 이 목표가 언제 실현될지는 여전히 불확실하다. 재사용 시스템의 완전한 안정화, 발사 빈도의 대폭 증가, 그리고 정비 비용의 지속적인 절감이 동시에 이루어져야 하기 때문이다.

스타십이 바꿀 세계

NASA의 아르테미스(Artemis) 프로그램은 인류를 다시 달로 보내고, 그 경험을 바탕으로 화성 유인 탐사를 준비하는 미국의 차세대 유인 달 탐사 프로그램이다. 미국 NASA가 주도하고, ESA(유럽), JAXA(일본) 등 국제 파트너와 스페이스X·블루 오리진 같은 민간 기업이 참여하고 있다.

달 착륙선: Artemis 프로그램

2021년 4월 NASA는 유인 달 착륙선 개발 계약(Option A)을 스페이스X에 단독으로 수주하였다. 계약 규모는 당초 28.9억 달러였으나, 이후

Option B 등 옵션 행사로 현재 총 40.4억 달러 규모이며 잠재 최대 44.7억 달러로 증가하였다. 이 계약은 블루 오리진(Blue Origin) 등 경쟁사들이 강하게 항의하고 법적 소송을 제기할 만큼 중요한 이정표였다.

아르테미스 프로그램에서 스타십 인간 착륙 시스템(Human Landing System, HLS) 버전은 달 궤도에서 우주인을 태우고 달 표면으로 하강한 후, 다시 궤도에 귀환하는 역할을 한다. 달의 중력과 희박한 대기 조건에서 스타십의 랩터 엔진 추력 제어 및 자세 제어 시스템이 핵심 과제가 된다. 스페이스X는 지구에서의 추진제 재보급 기술도 함께 개발해야 하는데, 달까지의 임무에는 팰컨 9으로 저궤도에서 여러 차례 스타십에 추진제를 보급하는 작업이 선행되어야 하기 때문이다.

NASA의 아르테미스 프로그램은 당초 2024년 유인 달 착륙을 목표로 했으나, SLS 로켓 결함·오리온 캡슐 열 차폐막 문제·헬륨 흐름 이상 등 기술적 문제가 반복되며 일정이 수차례 연기되었다.

아르테미스 프로그램 진행 상황(2026년 3월 기준)

임무	원래 목표	현재 상태(2026년 3월 기준)
Artemis I (무인 달 플라이바이)	2020년 → 2022년 11월	완료: 2022년 11월 16일 성공 발사. 오리온 캡슐 25.5일 비행 후 지구 귀환. 열 차폐 일부 손상 발견
Artemis II (유인 달 플라이바이)	2024년 → 2025년 9월 → 2026년 4월	SLS·오리온을 VAB로 롤백해 헬륨 흐름 이상·수소 누출 문제 수리 중. 2026년 4월 발사 재시도
Artemis III (달 착륙 테스트)	2025년 → 2027년 중반 → 2027년	저궤도 도킹·운용 테스트로 축소. Starship HLS·Blue Origin 착륙선과 LEO 도킹 실증. 실제 달 착륙은 Artemis IV로 연기
Artemis IV (달 남극 유인 착륙)	2028년	남극 착륙 유지. 연간 착륙 cadence 강화 계획. SLS Block 1B·Gateway 도킹 후 착륙선 환승

2026년 3월 NASA의 아르테미스 2호(유인 달 근접 비행)는 헬륨 흐름 이상으로 로켓이 조립동으로 재반입되어 2026년 4월 발사를 목표로 재정비 중이다. NASA는 2026년 2월, 임무 체계를 기존 3단계에서 4단계로 확대 개편하며 달 착륙 시점을 사실상 2028년 이후로 재설계했다.

화성 무인·유인 미션 로드맵

화성 임무는 스페이스X 창업의 궁극적 목표이다. 머스크의 구상에 따르면 2027년 또는 그 이후 무인 스타십 화성 착륙을 시도하고, 이후 유인 화성 임무를 진행하며, 궁극적으로 2040년대까지 자급자족 가능한 화성 도시를 건설한다는 것이 로드맵이다. 단, 이 일정은 머스크의 전형적인 낙관적 일정 예측의 특성상 수차례 연기될 가능성이 높다. 실제로 그는 2016년 처음 화성 계획을 공개할 때 2022년 첫 화성 화물 임무를 목표로 제시하였으나, 이것은 실현되지 않았다.

화성 임무의 핵심 과제는 6~9개월에 걸친 우주 비행 중의 방사선 차폐, 화성 대기에서의 스타십 감속 및 착륙, 화성에서의 연료 재생산(이산화탄소와 물에서 메탄과 산소 생성), 그리고 화성에서의 현지 자원 활용(In-Situ Resource Utilization, ISRU)이다. 스페이스X는 이 모든 문제를 단계적으로 해결해 나가고 있지만, 일부 과학계에서는 인체에 미치는 우주 방사선의 위험성과 화성 현지 자원 활용 기술의 성숙도에 대한 우려를 지속적으로 제기하고 있다.

스페이스X의 화성 현지 자원 활용 전략은 이렇다. 스타십의 추진 시스템은 메탄(CH_4)과 액체산소(LOX)를 연료로 사용한다. 머스크가 수소나 등유 대신 메탄을 선택한 데는 단순한 성능 계산 이상의 이유가 있다. 메탄은 화성에서 직접 생산할 수 있는 유일한 로켓 연료이기 때문이다. 이 개념을 현지 자원 활용이라고 부른다.

왜 현지 생산이 필수일까? 지구에서 화성까지의 편도 거리는 최단 약 5,500만 km, 최장 약 4억 km에 달한다. 지구를 출발할 때 귀환용 연료까지 전부 실어 간다면, 로켓 질량의 대부분을 연료가 차지하게 되어 사실상 유인 임무는 불가능해진다. 화성 현지에서 연료를 생산하면 귀환용 연료를 아예 가져갈 필요가 없다. 이것이 화성 임무 경제성의 핵심 전제다.

화성 대기의 약 96%는 이산화탄소(CO_2)로 이루어져 있다. 화성의 지표와 극지방에는 물(H_2O) 또는 수분이 섞인 토양이 확인되어 있다. 이 두 가지가 메탄과 산소를 만드는 원료다.

연료 생산은 두 단계의 화학 반응으로 이루어진다.

첫 번째는 물의 전기분해다. 화성 지하수 또는 대기 중 수분에서 물을 추출한 뒤 전류를 흘리면 수소(H_2)와 산소(O_2)로 분리된다.

$$2H_2O \rightarrow 2H_2 + O_2$$

두 번째는 사바티에 반응(Sabatier Reaction)이다. 전기분해로 얻은 수소를 화성 대기에서 직접 포집한 이산화탄소와 반응시키면 메탄과 물이 생성된다.

$$CO_2 + 4H_2 \rightarrow CH_4 + 2H_2O$$

이렇게 만들어진 물은 다시 전기분해 공정으로 투입되어 순환 구조를 형성한다. 최종 산출물은 로켓 연료인 메탄과 산화제인 산소, 두 가지다.

이 공정 전체를 구동하려면 전력이 필요하다. 스페이스X의 계획은 화성 기지에 대규모 태양광 패널을 설치하고, 스타십이 도착하기 전부터 무인 연료 생산 설비를 먼저 가동하는 것이다. 유인 우주선이 착륙할 시점에는 이미 귀환용 연료가 준비된 상태여야 한다. 이 사전 생산 전략은 유인 임무의 안전을 결정하는 핵심 변수다.

화성에서 사바티에 반응을 이용해 연료를 생산하는 상상도

사바티에 반응 자체는 1897년에 프랑스 화학자 폴 사바티에가 발견한 오래된 공정이다. NASA 역시 국제우주정거장(ISS)에서 이산화탄소를 물

로 전환하는 데 이 반응의 변형 공정을 이미 사용하고 있다. 스페이스X가 새로운 화학 반응을 발명한 것이 아니라, 검증된 공정을 행성 간 이동의 연료 전략으로 통합한 것이다.

화성 임무에서 ISRU는 선택지가 아니다. 스타십이 화성을 편도 종착지가 아닌 왕복 목적지로 만들 수 있는지를 결정하는 기술적 전제 조건이다.

지구 대기권 내 고속 운송

스타십의 또 다른 응용 분야로 일론 머스크가 제안한 것은 지구 내 도시 간 초고속 운송, 즉 포인트 투 포인트(Point-to-Point, P2P) 운송이다. 머스크는 2017년 호주 애들레이드에서 열린 International Astronautical Congress 에서 이 개념을 처음 공개했다. 발표에 따르면 로켓이 대기권 상층의 준궤도 (suborbital) 궤적을 따라 비행함으로써 장거리 이동 시간을 크게 단축할 수 있다. 예를 들어 홍콩–싱가포르는 약 22분, 로스앤젤레스–뉴욕은 약 25분, 뉴욕–파리는 약 30분 정도의 이동 시간이 제시되었다.

머스크는 이러한 서비스를 항공사의 이코노미 항공권 수준의 가격으로 제공할 수 있을 것이라고 주장했다. 다만 이는 개념 단계의 추정으로, 실제 운임 구조나 상업 운항 계획은 아직 제시되지 않았다.

현재로서는 상업 여객 운송보다 군사 물류 분야가 P2P 기술의 첫 번째 실제 적용 시장으로 거론된다. 미국 공군 연구기관인 Air Force Research Laboratory은 2021년 '로켓 카고(Rocket Cargo)' 프로그램을 발표했으며, 2022년에는 스페이스X와 약 1억 200만 달러 규모의 계약을 체결해 대형 로켓을 이용한 지구 내 초고속 화물 운송 가능성을 연구하기 시작했다. 이

프로그램의 목표는 C-17 수송기 한 대 수준에 해당하는 약 100톤의 화물을 지구 어느 지역이든 약 한 시간 내에 전달할 수 있는지를 검증하는 것이다.

그러나 P2P 상업화의 길은 여전히 불확실성이 크다. 스타십은 현재 여객기와 같은 수준의 비상 탈출 시스템이나 장기간 운항 신뢰성을 입증하지 않았으며, 대규모 승객 수송을 위해서는 상당한 비행 데이터와 안전 인증 과정이 필요하다.

스페이스X의 COO인 그윈 숏웰(Gwynne Shotwell)은 2017년 인터뷰에서 P2P 서비스가 약 10년 내 가능할 수도 있다고 언급했지만, 구체적인 상업 운항 일정은 발표되지 않았다. 이 때문에 업계에서는 P2P 기술이 당분간 상업 여객보다는 군사 물류나 특수 목적 운송에서 먼저 현실화될 가능성이 높다고 보고 있다.

스페이스X 로켓 세대별 비교: 팰컨 1 → 팰컨 9 → 팰컨 헤비 → 스타십

항목	팰컨 1	팰컨 9 Block 5	팰컨 헤비	스타십(목표)
첫 비행	2006	2010	2018	2023
전체 높이	21.3m	70m	70m	122m
엔진 수(1단)	1기(Merlin)	9기(Merlin)	27기(Merlin)	33기(Raptor)
LEO 탑재 중량	670kg	17,400kg(재사용)	57,000kg(재사용)	150톤 이상
발사 비용	~630만 달러	~7,400만 달러 (재사용 모드)	~9,700만 달러 (재사용 모드)	목표 1,000만 달러 이하(업계 추정 현실 9,000만~1억 달러)
재사용	불가	1단 부스터 재사용	1단 부스터 재사용	부스터와 우주선 완전 재사용 목표
추진제	RP-1/LOX	RP-1/LOX	RP-1/LOX	메탄(CH_4)/LOX
kg당 발사 비용	~9,300달러	4,250달러	~1,700달러	목표 100달러 이하

'메카질라'라는 이름은 어디서 왔나: 고질라와 우주 로켓의 엉뚱한 만남

2021년 1월, 일론 머스크는 트위터에 짧은 글 하나를 올렸다. 스타십 발사탑이 로켓을 공중에서 낚아채는 방식을 설명하면서, 그는 이 구조물에 '메카질라'라는 이름을 붙였다. 순식간에 우주 커뮤니티가 들썩였다. 그 이름이 어디서 왔는지는 조금만 생각해 보면 금방 알 수 있었다. 일본 괴수 영화의 전설적인 악당, 메카고질라(Mechagodzilla)였다.

고질라에서 메카고질라로, 메카고질라에서 메카질라로

메카고질라는 1974년 영화 〈고질라 대 메카고질라〉에 처음 등장한 캐릭터로, 고질라의 로봇 버전이다. 거대한 기계 몸체로 고질라와 맞서 싸우는 이 존재는, 이후 수십 년에 걸쳐 고질라 시리즈의 대표적인 악역이자 인기 캐릭터로 자리잡았다.

머스크가 이 이름에서 따온 것은 우연이 아니다. 메카질라는 텍사스 보카치카(Boca Chica)의 스타베이스에 세워진 높이 약 120m의 발사탑으로, 두 개의 거대한 기계 팔을 갖추고 있으며 이 팔은 '젓가락'이라는 별명으로도 불린다. 수백 톤짜리 로켓을 공중에서 두 팔로 낚아채는 이 구조물의 외형은 확실히 괴수 영화에 나올 법한 모습이다.

머스크가 직접 붙인 이름인가, 팬들이 붙인 이름인가

공식적으로 스페이스X 내부에서는 이 팔을 '젓가락'이라고 불렀으며, '메카질라'는 팬들이 붙인 별명이었다. '그러나 머스크 본인이 트위터에서 이 이름을 반복적으로 사용하면서 사실상 공식 명칭처럼 굳어졌다. 머스크의 트윗 한 줄이 비공식 팬 별명을 세계적으로 통용되는 이름으로 만들어버린 것이다.

머스크의 작명 센스는 이번이 처음이 아니다

메카질라는 머스크의 긴 작명 유희 목록 중 하나일 뿐이다. 스타십의 전신 격인 초기 로켓 개발 계획은 Big Falcon Rocket이었는데, 팬들 사이에서는 'Big F***ing Rocket'의 약자라는 해석이 공공연히 퍼졌고 머스크는 이를 부정하지 않았다. 팰컨(Falcon) 로켓 시리즈의 이름은 SF 영화 〈스타워즈〉의 우주선 밀레니엄 팰컨(Millennium Falcon)에서 따왔다. 화성 식민지 건설용 우주선의 초기 이름은 '화성 식민 수송선(Mars Colonial Transporter)'이었다가 '행성 간 수송 시스템(Interplanetary Transport System)'을 거쳐 최종적으로 스타십(Starship)이 되었다. SF 매니아의 냄새가 물씬 풍기는 작명이다.

그리고 메카질라는 실제로 역사를 썼다

이름이 재미있는 것으로 끝났으면 그저 흥미로운 뒷이야기에 불과했을 것이다. 그러나 2024년 10월 13일, 메카질라는 스타십 5차 시험 비행에서 슈퍼헤비 부스터 12호기를 공중에서 실제로 낚아채는 데 성공했다. 수백 톤의 로켓이 하늘에서 내려오는 순간, 거대한 두 팔이 정확히 맞아떨어지며 역사상 전례 없는 장면을 연출했다. 중계방송을 지켜보던 스페이스X 직원들은 환호성을 질렀다.

괴수 영화에서 튀어나온 이름을 가진 이 구조물은, 이제 인류 우주 역사에 한 페이지를 남긴 실존하는 기계가 되었다. 고질라가 들었으면 흐뭇해했을 것이다.

반다이 S.H.MonsterArts의
메카고질라 피규어

스페이스X의 메카질라

PART 2

스페이스X는
어떻게 돈을 버는가

Chapter 5

스타링크: 우주에서 온 인터넷

스페이스X를 단순히 로켓 회사로 바라보는 시각은 이제 한참 시대에 뒤떨어진 것이다. 2026년 3월 기준, 스페이스X의 매출에서 가장 큰 비중을 차지하는 것은 로켓 발사 사업이 아니라 위성 인터넷 서비스 '스타링크(Starlink)'이다.

Sacra의 2025년 12월 분석에 따르면 스타링크는 2025년 약 104억 달러의 매출을 기록하여 스페이스X 전체 매출의 약 67%를 차지한다. 이 숫자는 스타링크가 단순한 부수적 사업이 아니라 스페이스X를 재정적으로 지탱하는 핵심 엔진임을 보여준다. 팰컨 9의 발사 성공이 스페이스X를 기술 기업으로 만들었다면, 스타링크의 성장이 스페이스X를 투자 대상으로 만들었다.

스타링크의 탄생과 개념

2015년 위성 인터넷 구상 발표

스타링크의 아이디어는 공식적으로 2015년 1월 머스크가 시애틀에서 가진 기자회견을 통해 처음 공개되었다. 당시 머스크는 저궤도(LEO) 위성 수천 기를 이용해 전 세계 어디서나 고속 인터넷 접속이 가능한 서비스를 구축하겠다는 구상을 밝혔다.

이 아이디어는 당시 여러 이유에서 회의적인 평가를 받았다. 수천 기의 위성을 발사하는 것은 엄청난 비용을 요구하며, 그 비용을 정당화할 수 있는 충분한 수요가 있는지 불분명했다. 더 근본적으로, 위성 인터넷은 지연 시간(latency)이 높아 실시간 응용에 부적합하다는 기술적 한계가 오래전부터 지적되어 왔기 때문이다.

우주에서 스타링크 위성 스택을 배출하는 모습 (Credit: SpaceX)

머스크의 답은 '궤도 고도'에 있었다. 기존 위성 인터넷 서비스는 적도 상공 35,786km의 정지궤도(GEO)에 위성을 올려놓는다. 이 높이에서는 위성이 지구 자전과 같은 속도로 회전하여 지구에서 볼 때 항상 같은 위치에 고정되어 있는 것처럼 보인다. 그러나 이 거리에서는 신호가 지구와 위성 사이를 왕복하는 데 약 600밀리초의 시간이 걸린다. 이것이 위성 인터넷의 높은 지연 시간의 원인이다.

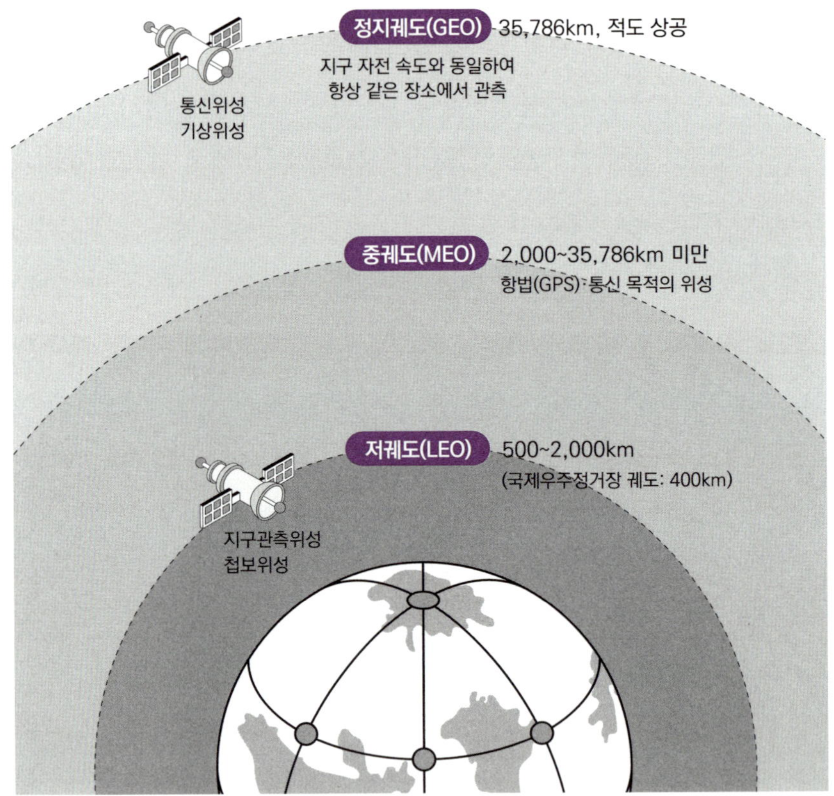

궤도의 분류: 저궤도, 중궤도, 정지궤도

스타링크는 위성 고도를 약 550km의 저궤도로 낮추면 지연 시간을 약 20~40밀리초 수준으로 낮출 수 있다고 보았다. 이 지연 시간은 일반 육상 케이블 인터넷과 비교해도 경쟁력 있는 수준이며, 실시간 영상 통화나 온라인 게임도 무리 없이 가능하다.

저궤도 위성은 정지궤도 위성과 달리 지구 상공을 계속 움직이기 때문에(지구에 있는 사람의 관점, 정지궤도 위성이든 저궤도 위성이든 모두 지구 상공을 계속 움직이고 있다), 특정 지역을 지속적으로 커버하려면 훨씬 많은 수의 위성이 필요하다.

스페이스X의 초기 계획은 약 4,400기의 위성으로 시작하여 점차 1만 2,000기, 나아가 4만 2,000기까지 확장하는 것이었다. 이 거대한 위성 성단을 경제적으로 배치하기 위해서는 저비용 발사체가 필수였고, 바로 그 역할을 스페이스X의 재사용 팰컨 9이 담당하게 된다. 스타링크와 팰컨 9의 결합은 처음부터 자기 강화적 선순환을 형성하도록 설계된 것이었다.

저궤도 위성 인터넷은 기존 위성 인터넷과 무엇이 다른가

스타링크의 서비스 원리는 다음과 같다. 사용자는 평판형 위성 안테나인 '디쉬(Dish)'를 설치한다. 이 안테나는 전자적으로 빔을 조향하는 위상 배열(phased array) 방식으로 하늘을 지나는 스타링크 위성을 자동으로 추적한다. 특정 위성이 지평선 너머로 사라지면 즉각 다음 위성으로 연결이 전환되어 연속적인 인터넷 연결을 유지한다. 이 전환은 밀리초 단위로 이루어지므로 사용자는 연결 끊김을 거의 인식하지 못한다.

스타링크 위성 수신기 디쉬

　기존 정지궤도 위성 인터넷과 스타링크의 가장 큰 차이는 앞서 언급한 지연 시간 외에도 여러 가지가 있다. 정지궤도 위성 인터넷은 단 1~2기의 위성으로 넓은 지역을 커버할 수 있어 위성 수가 적지만, 용량에 한계가 있어 많은 사용자가 대역폭을 나눠 써야 한다.

　스타링크는 수천~수만 기의 위성이 지역마다 별도로 할당되기 때문에 사용자당 사용 가능한 대역폭이 훨씬 넓다. 또한 스타링크 위성들은 레이저 기반의 위성 간 통신(Optical Inter-Satellite Link)으로 서로 연결되어, 지구 지상국을 경유하지 않고도 데이터를 위성들 사이에서 직접 전달할 수 있다. 이는 특히 지상 인터넷 인프라가 없는 대양이나 극지방에서도 저지연 인터넷 접속이 가능하게 만드는 핵심 기술이다.

구글, 피델리티의 10억 달러 투자

스타링크 구상이 발표된 직후인 2015년 1월, 스페이스X는 구글(Google)과 피델리티(Fidelity, 미국 보스턴에 본사를 둔 자산운용사)로부터 합계 10억 달러의 투자를 유치했다. 당시 스페이스X의 기업가치는 약 120억 달러로 평가되었다. 구글이 10억 달러 중 9억 달러를, 피델리티가 1억 달러를 투자했다.

구글이 이 투자에 참여한 것은 단순한 재무적 투자 이상의 전략적 의미가 있었다. 구글은 오랫동안 전 세계 인터넷 연결 인프라 확대에 관심을 가져왔으며, 스타링크가 성공한다면 전 세계 수십억 명의 인터넷 접속을 확대하여 구글의 검색, 광고, 클라우드 서비스의 시장을 키울 수 있다고 판단했다.

폭발적 성장의 기록

2020년 베타 서비스에서 2026년 3월 1,000만 활성 사용자까지

스타링크는 2020년 10월 베타 서비스를 시작했다. 초기 서비스는 북미 지역을 중심으로 제한적으로 운영되었으며, 월 구독료는 99달러, 단말기 비용은 499달러였다. 베타 서비스 다음 해에 약 10만 명이 가입했다. 2022년 말에는 가입자 수가 100만 명을 넘어섰으며, 이후 성장 속도가 눈에 띄게 빨라졌다.

스타링크 가입자는 2023년 말 약 230만 명, 2024년 말 약 460만 명을 기록했으며, 2025년 12월에는 약 920만 명, 2026년 3월에는 1,000만 명의 월간 활성 사용자(비활성 사용자를 포함한 누적 사용자 수는 1,600만 명)를 돌파했다. 거의 매년 2배씩 가입자가 늘어나는 성장을 달성했는데, 2022년부터 2026년 3월까지 기간으로 보면 10배 이상 증가한 것이다.[*]

이러한 성장 속도는 스타링크가 단순히 틈새 시장의 서비스가 아니라 주류 인터넷 서비스 제공자(ISP)로 자리매김하고 있음을 보여준다. 특히 2024~2025년 사이의 성장은 인도, 인도네시아, 필리핀, 아프리카 등 신흥 시장으로의 확장에 힘입은 것이 컸다.

스타링크 연도별 가입자 수 추이(월간 활성 사용자 수 기준)

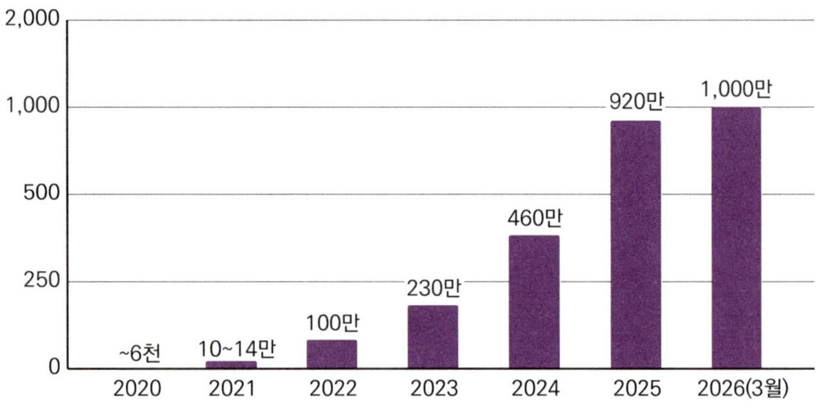

(Source: International Business Times, Sacra)

---

[*]   https://www.ibtimes.com.au/spacexs-starlink-accelerates-subscriber-growth-aggressive-price-cuts-free-hardware-offers-1861976. 2026년 3월 스타링크 월간 활성 사용자 수 1,000만 명의 출처는 2026년 3월, 스페인 바르셀로나에서 열린 모바일 월드 콩그레스 2026(MWC 2026)에서 마이클 니콜스 스페이스X 스타링크 부문 수석부사장(SVP)의 발표이다.

매년 2배 성장의 비밀

스타링크가 매년 가입자 수를 배로 늘릴 수 있는 비결은 세 가지로 분석된다. 첫째는 지리적 확장이다. 스타링크는 서비스 시작 후 매년 수십 개의 새로운 국가로 서비스 지역을 확대했다. 새로운 국가에서 서비스를 시작하면 그 나라에서 위성 인터넷 접속이 필요한 모든 잠재 고객이 신규 가입자 풀이 된다.

둘째는 위성 수의 증가에 따른 서비스 품질 향상이다. 위성 수가 늘어날수록 각 지역의 커버리지 밀도가 높아지고, 사용 가능한 대역폭이 늘어난다. 초기에는 서비스가 불안정하다는 불만이 있었지만, 위성 수가 9,000기를 넘어서면서 서비스 품질이 크게 개선되었다. 품질이 개선되면 입소문을 통한 신규 가입이 늘어나는 선순환이 작동한다.

셋째는 단말기 가격의 하락이다. 스타링크 단말기 가격은 초기 499달러에서 시작했으나 지금은 299~349달러로 점차 낮아졌다.

팰컨 9은 현재 1회 발사 시 V2 Mini 위성을 최대 29기 탑재한다. 스타십이 본격 운용되면 V3 위성을 1회에 60기 탑재할 수 있으며, V3는 V2 Mini 대비 1기당 성능이 10배 이상이어서 1회 발사로 추가되는 통신 용량이 팰컨 9의 20배를 넘는다. 위성 대형화와 발사 비용 절감이 맞물리면 서비스 가격 인하로 이어질 것으로 기대된다. 저렴한 단말기와 낮은 구독료는 특히 소득 수준이 낮은 신흥 시장에서의 성장을 가속한다. 스타링크는 2027년 중반부터 스타십을 이용해, 성능이 더욱 개선된 V3 위성(현재는 V1.5와 V2 Mini 위성 사용)을 배치할 계획이다.

155개 국가/마켓 서비스: 글로벌 커버리지 달성

2026년 3월 기준으로 스타링크는 155개 국가/마켓*에서 서비스를 제공한다. 이 커버리지는 단순히 위성이 해당 국가 상공을 지나가는 것을 의미하는 것이 아니라, 현지 규제 승인을 받아 실제로 서비스를 개시했음을 의미한다. 각 국가마다 위성 인터넷 서비스를 위한 주파수 사용 허가, 단말기 형식 승인 등의 규제 절차를 통과해야 하며, 이 과정이 국가마다 상이하여 스타링크의 국제 확장을 때로는 늦추는 요인이 된다.

특히 주목할 만한 것은 스타링크가 기존에 인터넷 인프라가 거의 없었던 아프리카, 남아시아, 남태평양 도서 국가들에서 실질적인 인터넷 인프라로 기능하고 있다는 점이다. 이들 지역에서 스타링크는 단순한 '더 빠른 인터넷'이 아니라 '처음으로 접속하는 인터넷'을 의미한다. 이 시장의 잠재 규모는 수십억 명에 달하며, 이것이 스타링크의 장기 성장 스토리에서 핵심적인 부분이다.

하루 2만 명 이상 신규 가입

2025년 기준으로 스타링크는 하루 평균 2만 명 이상의 신규 가입자가 발생하는 것으로 추정된다. 이 수치는 920만 명의 연간 가입자 추가분을 365일로 나누어 계산한 결과와 일치한다.

하루 2만 명이라는 속도는 일반적인 통신사의 가입자 증가 속도와 비

---

* '국가/마켓(market)'이라는 표현은 국가 개수가 아니라 서비스 제공 시장을 의미한다. 국가분 아니라 영토, 지역, 또는 규제 승인을 받은 구역을 포함한다. 2025년 연례보고서에서 스페이스X는 '155 countries & markets'라는 표현으로 서비스 가능 지역을 표기하고 있다.

교해도 매우 빠른 수준이다. 특히 기존 인터넷 인프라가 없는 지역에서의 확장이 이 숫자를 유지하는 주요 동력이다. 재난 지역에서의 긴급 인터넷 서비스, 우크라이나 전쟁 지역에서의 군사·민간 통신 지원 등 고프로파일 사례들도 스타링크의 인지도를 높이는 데 기여했다.

스타링크 가입자·매출 추이(2020~2026E)

연도	가입자 수	스타링크 매출	스페이스X 총매출	스타링크 비중
2020	~1만 명	미미한 수준	약 3억 6천만 달러	–
2021	~15만 명	약 1억 달러	약 23억 달러	약 4%
2022	~100만 명	약 14억 달러	약 46억 달러	약 30%
2023	~230만 명	약 42억 달러	약 87억 달러	약 48%
2024	~460만 명	약 77억 달러	약 131억 달러	약 58%
2025	~920만 명	약 104억 달러	약 155억 달러	약 67%
2026E	1,500만~2,000만 명	약 170억~190억 달러	약 220억~240억 달러	약 77~79%

※ 2026E는 Payload Space의 2026 스타링크 전망 기준

스타링크의 기술 혁신

10,000개 이상의 위성 운용

스타링크는 2026년 3월 기준으로 약 10,000기의 위성을 저궤도에 운용하고 있으며, 이는 지구 전체 운용 위성의 약 70%에 해당한다. 스페이스X는 FCC(미국 연방통신위원회)로부터 초기 12,000기의 위성 배치를 허가

받았으며, 이후 7,500기를 추가해 총 15,000기까지 확대 승인받았다. 지금은 최대 34,400기까지 확장할 수 있도록 허가를 신청한 상태이다.

2026년 2월 xAI와의 합병을 발표하면서 스페이스X는 우주 데이터센터 구축을 위해 FCC에 100만 기의 위성 허가를 신청한 상태이다. 이 숫자가 실현된다면 현재 운용 위성 수의 100배를 넘는 전례 없는 규모의 위성 궤도가 된다.[*]

위성 제조 비용 역시 급격히 하락하고 있다. IEEE ComSoc의 2025년 12월 30일자 분석에 따르면, 스타링크 위성 한 기의 제조 비용이 초기 약 100만 달러에서 현재 약 50만 달러로 절반으로 줄었다. 스타링크의 위성 제조는 스페이스X의 워싱턴주 레드먼드(Redmond) 시설에서 주당 최대 70기의 속도로 이루어지며, 단일 팰컨 9 발사로 최대 29기(V2 Mini 기준)의 스타링크 위성을 배치할 수 있다.

스타링크의 1세대 위성(V1 및 V1.5)은 기존 위성통신에 일반적으로 쓰이던 주파수 대역을 사용했으며, 2세대(V2 Mini)[**]는 더 넓은 주파수 대역을 지원하고 위성끼리 레이저로 직접 데이터를 주고받는 기능을 기본으

---

[*]　스페이스X의 100만 기 위성이 실현될 경우 케슬러 신드롬 우려가 제기되고 있다. 케슬러 신드롬(Kessler Syndrome)은 지구 궤도에서 위성이나 우주 쓰레기 간 충돌이 연쇄적으로 발생해 파편이 기하급수적으로 늘어나는 재앙적 시나리오를 말한다.

[**]　원래 스페이스X는 스타십으로 발사하는 대형 V2 위성을 계획했지만, 스타십 개발이 지연되면서 팰컨 9으로 발사 가능한 축소형인 'V2 Mini'를 2023년 2월부터 발사하기 시작했다. 결과적으로 실제로 발사된 V2 위성은 전량 V2 Mini가 됐다. 그런데 2026년 3월, 모바일 월드 콩그레스 2026(MWC 2026)에서 스페이스X 그윈 숏웰 사장과 니콜스 수석부사장이 발표한 내용에서는 2027년 중반부터 배치할 위성을 '2세대 위성'이라고 불렀다. 이것이 V3를 가리킨다. 스페이스X가 V2 Mini를 사실상 '과도기 위성'으로 보고, 스타십으로 발사하는 V3를 본래 의미의 2세대로 간주하는 것이다.

로 탑재했다. 위성의 중량은 V2 Mini 기준으로 약 800kg이며, 수명은 약 5년으로 설계되어 수명이 다한 위성은 대기권으로 자연 강하하여 소각된다. 자연 소각 방식은 우주 쓰레기 문제를 최소화하기 위한 설계이다.

광학 크로스링크: 위성 간 레이저 통신

스타링크의 V1.5 버전부터 도입된 광학 크로스링크(Optical Inter-Satellite Link)는 위성 간 레이저를 이용한 통신 기술이다. 이 기술이 없다면 스타링크 위성은 지구 지상국이 시야 내에 있을 때만 데이터를 전달할 수 있다. 광학 크로스링크가 있으면 위성들이 서로 연결된 하나의 거대한 망을 형성하여, 지상국이 없는 대양 한가운데나 극지방에서도 데이터가 위성들 사이를 릴레이로 전달될 수 있다.

이 기술은 특히 해상 및 항공 서비스에서 결정적인 차별화 요소가 된다. 배나 항공기가 지상 인터넷 인프라와 멀리 떨어진 공해나 원양 상공을 비행할 때도 위성 간 링크를 통해 지속적인 연결이 유지된다. 또한 군사 응용에서 적의 지상 시설을 공격하거나 반대로 우리 측 지상 인프라가 파괴되더라도, 위성 간 링크만으로 통신을 유지할 수 있는 견고성을 제공한다.

V2 Mini에서 V3로: 스타십이 바꾸는 위성 세대

스타링크의 위성은 세대에 걸쳐 점점 더 강력해지고 있다. 현재 스타링크의 주력 위성은 300kg의 V1.5와 팰컨 9의 페이로드 페어링*에 최적화

---

* 　페이로드 페어링(payload fairing)은 로켓 상단에서 위성 같은 탑재체를 감싸 대기권 통과 중의 공기

된 크기와 무게로 설계된 800kg의 V2 mini이다. 앞으로 팰컨 9보다 페이로드 용량(22.8톤)이 큰 스타십(100톤 이상)이 본격적으로 운용되면, 훨씬 더 크고 성능이 좋은 V3 위성을 배치할 수 있게 된다.

V3 위성은 V2 Mini 대비 훨씬 넓은 안테나 면적과 더 강한 신호 출력을 가질 것으로 예상되며, 이는 사용자당 사용 가능한 대역폭의 대폭 증가를 의미한다. V3 위성의 도입은 스타링크 서비스의 품질을 한 단계 끌어올리고, 나아가 지구 전체를 초고속 인터넷으로 연결하는 목표에 크게 다가서는 계기가 될 것이다.

스타십의 스타링크 위성 전개를 밖에서 바라본 상상도. 실제로 2025년 8월 26일 10번째 시험 비행에서 스타십은 모의 스타링크 위성 8기를 우주로 배출했다.

(Credit: SpaceX)

저항과 열로부터 보호하는 덮개이다. 스페이스X는 원래 스타십용 풀사이즈 V2 위성을 계획했으나, 스타십 개발 지연으로 팰컨 9 호환 V2 Mini로 선회했다.

최대 215Mbps: 기존 위성의 10배 속도

스타링크의 실제 사용 속도는 지역과 사용자 밀도에 따라 다르지만, 스페이스X가 제시하는 최대 다운로드 속도는 약 215Mbps이며 지연 시간은 25~50밀리초다.

기존 정지궤도 위성 인터넷의 일반적인 속도가 25~100Mbps에 지연 시간이 600밀리초 이상이었던 것과 비교하면, 속도는 비슷하거나 빠르고 지연 시간은 10배 이상 낮다. 이 차이는 실사용에서 큰 의미를 가진다. 600밀리초의 지연 시간은 영상 통화에서 불편한 딜레이를 유발하고, 온라인 게임은 사실상 불가능하게 만들지만, 25~50밀리초의 지연 시간은 이런 문제를 해결한다.

저궤도에서의 저지연 특성은 우주 데이터센터로 가는 첫 번째 기술적 토대다. 데이터센터 내부 위성 간 통신 속도도 중요하다. AI 연산은 수천 개의 가속기가 끊임없이 데이터를 주고받아야 하기 때문이다. 지상 데이터센터는 내부 지연이 마이크로초(μs) 단위이고 서버 간 대역폭은 수백 Gbps~수십 Tbps 수준이다. 구글의 프로젝트 선캐처(Suncatcher) 연구에 따르면 우주 데이터센터도 이에 근사하려면 위성 간 레이저 통신(ISL)으로 초당 수십 Tbps의 대역폭을 확보해야 한다.

스페이스X는 스타링크 운용을 통해 위성 간 레이저 통신을 이미 실전 검증했으며, 이것이 경쟁사 대비 결정적인 기술 우위다. 우주 데이터센터의 속도 문제는 결국 지상까지의 왕복 지연(25~50밀리초)을 유지하면서, 동시에 위성들 사이의 내부 연산 대역폭을 수십 Tbps 규모로 끌어올릴 수 있느냐에 달려 있다.

구독 수익 모델: 넷플릭스를 닮은 우주 ISP

스타링크의 수익 모델은 넷플릭스(Netflix), 스포티파이(Spotify)와 같은 구독 기반 서비스와 유사하다. 사용자는 초기에 단말기(안테나 하드웨어)를 구매하거나 임대하고, 매월 일정 금액의 서비스 요금을 납부한다. 한번 가입한 고객은 서비스에 만족하는 한 계속 요금을 납부하기 때문에, 이론적으로 가입자 기반이 누적될수록 예측 가능한 반복 수익(recurring revenue)이 발생한다.

이 수익 모델의 핵심 장점은 단위 경제성이다. 위성과 발사 인프라를 일단 구축하고 나면, 추가 가입자를 유치하는 한계 비용이 매우 낮다. 새로운 가입자가 생긴다고 해서 위성을 추가로 발사할 필요는 없고, 기존 위성들이 서비스를 분담하면 된다. 지상에서 케이블 망을 새로 설치하거나 기지국을 세울 필요도 없다. 이론적으로 스타링크의 총이익률은 가입자 수가 늘어날수록 계속 높아질 수 있다. Sacra의 분석에 따르면 스타링크의 총이익률은 2024년 약 7%에서 2026년에는 약 25%로 개선될 것으로 전망된다.

ARPU 분석: 개인 94달러, 해양 34,000달러, 항공 300,000달러

스타링크는 고객 영역을 세분화하여 각각 다른 요금제와 단말기를 제공한다. 이 다층적 시장 전략이 스타링크 매출 성장의 핵심이다.

각 서비스 카테고리별 가입자당 월평균 매출(ARPU)은 극적으로 다르다. 가장 기본적인 요금제로 월 120달러(미국 기준, 지역마다 다름)이며, 글로 벌 ARPU가 약 94달러 수준이다. 이는 가입자 기반이 신흥 시장으로 확장되면서 미국 내 기준 요금(약 120달러)보다 낮아진 결과다. 반면 해양 서비스의 연간 ARPU는 약 2,833달러(연 약 34,000달러)에 달하며, 항공 서비스의 연간 ARPU는 약 25,000달러(연 약 300,000달러)에 달한다.

이 ARPU 차이는 스타링크의 사업 전략을 이해하는 핵심이다. 개인 주거용 가입자의 ARPU는 낮지만, 가입자 수는 수백만 명이다. 반면 항공 서비스 고객은 수백 개 수준이지만, ARPU가 극도로 높다. 이 두 시장을 동시에 공략함으로써 스타링크는 볼륨과 마진을 동시에 확보하는 전략을 구사한다. 특히 항공 서비스는 수십억 명의 항공 여행객이 잠재 최종 소비자가 되는 거대한 시장이다.

2025년 스타링크 매출 104억 달러: 스페이스X 전체 매출의 67%

스타링크의 2025년 매출은 약 104억 달러로 추정된다. 스페이스X의 2025년 전체 추정 매출이 약 155억 달러 수준임을 감안하면, 스타링크가 전체 매출의 약 67%를 차지하는 압도적인 핵심 사업이 되었다.

2024년 스타링크 매출이 약 77억 달러였던 것에 비하면, 2025년에 약 35% 성장한 수치이다. 2026년 예상 스타링크 매출은 약 188억 달러로, 스페이스X 전체 예상 매출 238억 달러*의 약 79%를 차지할 것으로 전망되

---

*   https://pro.payloadspace.com/predicting-spacexs-2026-revenue/. 이 기사는 스타링크 매출이 80% 성장해 2026년에 187억 달러에 이를 것으로 예상하고 있다. 이는 스타링크 고객 1,840만 명(전년 대비 2배 증가) 달성에 기반한 추정치다.

고 있다.

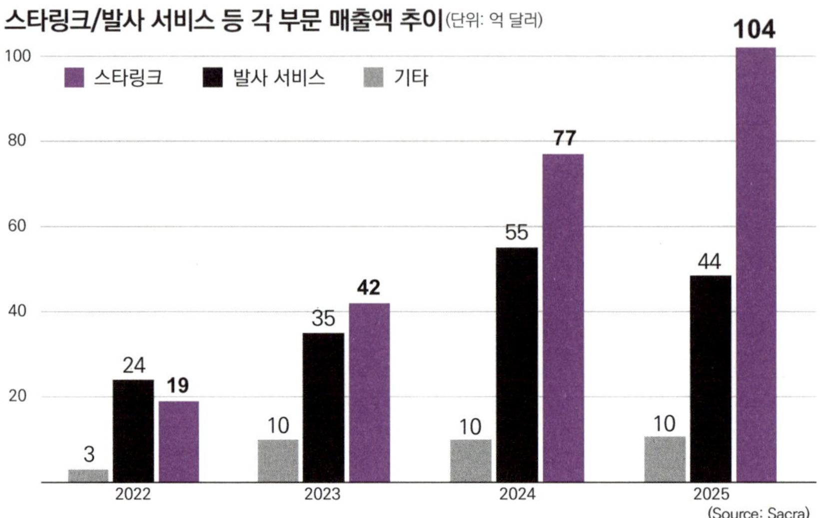

스타링크/발사 서비스 등 각 부문 매출액 추이(단위: 억 달러)

스타링크의 미래: 스타링크 모바일

일반 LTE 폰으로 위성 인터넷 연결

스타링크는 2024년부터 'Direct-to-Cell(스타링크 모바일)' 서비스를 개시했다.[*] 이 서비스는 별도의 스타링크 단말기 없이 일반 LTE 스마트폰으로 스타링크 위성에 직접 연결되는 서비스다.

---

[*] 스타링크는 'Direct-to-Cell'이라고 부르던 것을 2026년 '스타링크 모바일(Starlink Mobile)'로 브랜드 이름을 변경했다.

스타링크 모바일은 2025년 7월 미국 내 T-Mobile 사용자를 대상으로 서비스를 개시했다. 초기에는 문자(SMS/MMS) 서비스로 시작으며, 현재는 데이터(앱 제한)[*]와 음성 서비스가 AT&T, Verizon, T-Mobile 등 미국 주요 통신사에서 이용 가능하도록 확대되었다.

스타링크 모바일 서비스의 의미는 매우 크다. 기존 스타링크 서비스는 별도의 안테나 단말기 구매이라는 진입 장벽이 있었다. 스타링크 모바일은 이 장벽을 없앤다. 이미 스마트폰을 가진 모든 사람이 잠재적인 스타링크 모바일 고객이 된다는 뜻이다. 스페이스X는 자체 고객을 직접 유치하는 데 그치지 않고, 기존 통신사와의 파트너십을 통해 수억 명의 통신사 가입자 기반에서도 수익을 창출할 수 있다.

수십억 명의 잠재 시장

전 세계에는 여전히 안정적인 인터넷 연결이 없는 인구가 수십억 명에 달한다. 이들 중 상당수는 스마트폰을 이미 가지고 있지만 인터넷에 연결하지 못하거나, 연결 품질이 매우 낮다. 스타링크 모바일 서비스가 이 시장에 접근할 수 있다면, 스타링크의 잠재 시장 규모는 지금의 수십 배로 확장된다. 물론 이 시장에서의 ARPU는 선진국 대비 훨씬 낮을 것이지만, 규모 자체가 압도적으로 크다.

스타링크 모바일 서비스를 통한 스타링크의 잠재 추가 매출은 분석 기

---

[*] 스타링크 모바일 데이터는 WhatsApp(텍스트/음성/영상), Google Maps, X, AccuWeather, AllTrails 등 20~30개 앱에 한정되며, 풀 데이터(웹 브라우징 등)는 미지원 상태이다. 완전한 데이터 송수신은 V3 위성이 배치(2026 말 발사 예정)되어야 가능하다.

관에 따라 2030년에 연 400억 달러, 2035년에는 연 3,000억 달러까지 전망되고 있다.[*] 이 전망이 실현되려면 스타링크 위성 배치의 성공, 통신사 파트너십의 확대, 그리고 각국 규제 당국의 주파수 허용이 모두 필요하다.

농업, 의료, 교육, 재난 대응으로 확대

스타링크의 응용 범위는 개인 인터넷 서비스를 훨씬 넘어서 확장되고 있다. 농업 분야에서는 원격지의 정밀 농업 시스템, 드론 농업, 농기계 원격 제어 등에 스타링크가 활용된다. 의료 분야에서는 원격진료와 원격 수술, 병원선이나 오지 의료 시설에서의 의료 데이터 전송에 스타링크가 사용된다.

교육 분야에서는 인터넷 인프라가 없는 지역의 학교에 원격 교육 서비스를 제공한다. 재난 대응에서는 2023년 튀르키예 지진, 우크라이나 전쟁 등 여러 위기 상황에서 스타링크가 지상 인프라가 파괴된 지역의 통신 수단으로 활용되었다.

이러한 다양한 응용 분야의 확장은 스타링크를 단순한 인터넷 서비스 제공자에서 전 세계 인프라의 일부로 만드는 과정이다. 이 전환이 완성된다면, 스타링크는 전기, 수도와 같은 필수 서비스와 유사한 성격을 가지게 되며, 이는 높은 고객 유지율과 가격 결정력으로 이어질 수 있다.

---

[*] 모건 스탠리는 2030년 스타링크 매출 400억 달러, ARK Invest는 스타링크 완성 시 2035년 연 3,000억 달러의 매출을 전망하고 있다. https://www.ark-invest.com/articles/valuation-models/ark-expected-value-spacex-2030

Chapter 6

발사 서비스: 로켓 택시 사업

우주산업의 돈은 어디에 있는가

우주산업에 투자하겠다고 마음먹은 사람이 가장 먼저 부딪히는 질문은 단순하다. 이 산업에서 돈은 어디에 있는가이다. 로켓이 하늘로 솟아오르는 장면은 우주산업의 아이콘이지만, 그 장면 하나에 모든 돈이 몰려 있다고 생각한다면 투자 판단은 처음부터 방향이 어긋난다. **우주산업의 실제 가치사슬을 이해하는 것이 스페이스X라는 기업의 위상을 제대로 파악하는 출발점이다.**

우주산업의 가치사슬은 업스트림(upstream), 미드스트림(midstream), 다운스트림(downstream)의 세 층으로 나뉜다. 업스트림은 발사체 제조, 위성 제조, 발사 서비스처럼 물리적인 하드웨어를 우주로 보내는 일을 담당한다. 미드스트림은 지상국, 안테나, 수신 장비 같은 지상 인프라를 포함한다. 다운스트림은 위성통신, 위성 인터넷, 원격탐사, 항법서비스, 위성방송처럼 궤도 위의 자산이 만들어내는 서비스를 최종 소비자에게 전달하는 영역이다.

돈의 무게중심은 다운스트림에 있다. 미국 위성산업협회(SIA)와 Bryce Tech가 2025년 5월 발표한 연례보고서*에 따르면, 2024년 전 세계 우주 경제 규모는 4,150억 달러이며, 이 가운데 위성 서비스(통신·광대역·원격탐사)가 1,083억 달러로 전체의 약 26%를 차지했다. 여기에 위성 신호를 수신하고 활용하는 지상 장비 시장까지 더하면 다운스트림과 미드스트림이 전체 우주 경제의 절반을 훌쩍 넘는다.

2024년 글로벌 우주 경제 규모(SIA 2025년 5월 연례보고서)

부문	2024년 매출	전체 비중
위성 서비스(통신·광대역·원격탐사)	1,083억 달러	약 26%
지상 장비	약 1,570억 달러	약 38%
정부 우주 예산	약 1,320억 달러	약 32%
위성 제조	200억 달러	약 5%
발사 서비스	**93억 달러**	**약 2.2%**
합계	약 4,150억 달러	100%

---

*   https://sia.org/news-resources/state-of-the-satellite-industry-report

발사 서비스의 규모는 얼마인가. 같은 보고서에 따르면 2024년 전 세계 상업 발사 매출은 93억 달러였다. 4,150억 달러 전체 대비 2.2%에 불과하다. 로켓이 우주산업의 상징이지만, 그것이 만들어내는 직접 매출은 전체 파이의 50분의 1 수준이다. 이것이 이른바 '2.2%의 역설'이다.

이 구조는 단순히 규모를 보여주는 데 그치지 않는다. 발사 서비스가 제일 윗단계에서 가장 먼저 일어나는 사건임에도 불구하고 가장 작은 매출을 기록한다는 사실은, 우주산업의 진짜 가치가 물건을 궤도에 올리는 행위 자체가 아니라 궤도 위에 올라간 물건이 지구에서 만들어내는 서비스에 있음을 보여준다. 로켓은 시작이고, 돈은 끝에서 생긴다.

2%가 전체를 통제하는 이유: 병목의 경제학

시장 점유율 2%짜리 부문이 나머지 98%를 좌우한다는 주장은 언뜻 역설처럼 들린다. 그러나 경제학에서 병목(bottleneck)의 개념은 크기가 아니라 위치로 정의된다. 병목이란 시스템 전체의 처리량을 결정하는 가장 좁은 지점이다. 생산 라인이 아무리 길어도 그 중간에 하나의 좁은 통로가 있으면, 모든 산출물은 그 통로의 처리 능력 이상을 통과할 수 없다.

발사 서비스가 정확히 그 위치에 있다. 위성 서비스를 팔려면 위성이 궤도에 있어야 하고, 위성이 궤도에 있으려면 누군가 그것을 로켓에 실어 올려야 한다. 아무리 정교한 통신 위성을 만들어도, 아무리 혁신적인 지구 관측 서비스를 설계해도, 그것이 로켓에 실려 하늘로 올라가지 못하면 아무엇도 시작되지 않는다. 발사는 우주산업 전체 가치사슬의 물리적 전제 조건이다.

항구와 해운업의 비유가 이 관계를 가장 명확하게 설명한다. 전 세계 무역에서 항구 운영 매출이 차지하는 비중은 극히 낮다. 그러나 항구가 파업으로 멈추면 수출입이 모두 마비된다. 화물은 쌓이고, 선박은 대기하고, 공장은 부품 부족으로 가동을 중단한다. 항구의 시장 점유율은 작지만, 항구의 전략적 권력은 그 비중을 훨씬 초과한다. 발사 서비스도 마찬가지다. 매출은 작고 권력은 크다.

발사 서비스를 통제하는 주체는 단순히 로켓을 파는 사업자가 아니다. 그는 우주산업 전체 가치사슬의 입구를 관리하는 인프라 사업자이다. 누가 언제 어떤 궤도에 무엇을 올릴 수 있는지를 결정하는 권한이 발사 주체에게 있다. 이것이 발사 역량을 단순한 서비스가 아니라 전략 자산으로 보아야 하는 이유다.

단, 한 가지를 분명히 해두어야 한다. 병목이라는 개념과 '가장 중요한 부문'이라는 개념은 다르다. 발사가 가치사슬의 물리적 관문이라는 것은 사실이지만, 그렇다고 해서 **'AI 데이터센터의 GPU' 처럼 발사 서비스 기업이 자동으로 우주산업 최대의 수혜자가 되는 것은 아니다.**

관문을 통과한 이후의 세계, 즉 위성이 궤도에서 만들어내는 서비스와 데이터, 그것을 소비자에게 연결하는 비즈니스 모델이야말로 수익의 원천이다. 중요한 것은 발사 역량 자체가 아니라, 발사 역량을 지렛대 삼아 그 이후의 시장을 얼마나 장악하느냐에 있다. 이 논리를 현실에서 가장 정교하게 실현한 기업이 스페이스X이다.

재사용 혁명은 무엇을 바꿨는가

발사가 병목이라는 사실은 우주 개발 초기부터 드러났다. 그 병목이 너무 비싸서 우주산업 전체의 성장 자체를 제한했을 정도이다. 스페이스X가 등장하기 이전의 발사 비용은 오늘날 기준으로 보면 현기증이 날 정도의 수준이었다.

NASA의 스페이스 셔틀(Space Shuttle)은 1981년부터 2011년까지 운용되었다. 한 번 발사에 평균 약 15억 달러가 들었고, 저궤도까지 27,500kg을 올릴 수 있었다. 킬로그램당 비용으로 환산하면 약 54,500달러였다. 당시에도 재사용을 전제로 설계된 기체였지만, 각 비행 사이에 필요한 광범위한 점검과 수리 비용이 절감분을 모두 잡아먹었다.

이 구조를 바꾼 것이 스페이스X의 팰컨 9이다. 2018년 팰컨 9은 저궤도 기준 22,800kg 페이로드 용량에 발사 비용 6,200만 달러를 제시했다.[*] 킬로그램당 약 2,720달러로, 스페이스 셔틀 대비 20분의 1 수준이다. NASA의 기술보고서 분석에 따르면 이 비용 절감은 주로 수직 통합 생산, 단순화된 엔진 설계(팰컨 9은 동일한 멀린 엔진 9기를 사용), 그리고 정부 발주 프로그램 특유의 방대한 하청 구조를 배제한 결과였다.

---

[*] 페이로드(payload)는 로켓이 우주로 운반하는 실제 화물의 질량을 뜻한다. 즉, 위성·우주선·보급품 등 궤도에 투입되는 모든 탑재물의 무게를 의미한다. 스페이스X의 발사 비용 6,200만 달러, 킬로그램당 비용 2,720달러는 2018년 NASA의 분석 내용이다. 스페이스X는 2026년 2월에 팰컨 9 발사 비용을 7,400만 달러로 인상했다. https://ntrs.nasa.gov/citations/20200001093

발사체	운용 시기	LEO 페이로드	발사 비용	kg당 비용(고객)
스페이스 셔틀	1981~2011년	27,500kg	약 15억 달러	약 54,500달러
팰컨 9(소모 모드)	2010~2015년	22,800kg	약 6,200만 달러	약 2,720달러
팰컨 9 (재사용, Block 5 성숙 단계)	2022	17,400kg[*]	약 6,700만 달러	약 3,850달러
팰컨 9(재사용, 가격 인상)	2026.3	17,400kg	약 7,400만 달러	약 4,250달러[**]
팰컨 헤비(재사용)	2018년 이후	57,000kg[***]	9,700만 달러	약 1,700달러

비용 절감보다 더 근본적인 변화는 발사 빈도이다. 2025년 한 해 동안 전 세계에서 총 329회의 궤도 발사가 이루어졌다. 이 가운데 스페이스X가 165회를 담당하여 전 세계 발사 횟수의 과반을 혼자 소화했다. 부스터 평균 재사용 주기는 약 50일 수준이지만, 2025년 3월에는 B1088 부스터가 9일 만에 재발사에 성공하며 역대 최단 기록을 세웠다. 일부 부스터는 30회 이상 재사용되는 단계에 도달했다.

2025년 한 해 약 329회의 우주 로켓 발사는 무엇을 의미하는가. 이는 약 26.6시간마다 한 번씩 로켓이 궤도로 올라갔다는 뜻이다. 발사 기회의 절대적 부족이라는 의미의 병목은 사실상 해소됐다고 볼 수 있다.

---

[*]　재사용 구성에서는 1단 부스터 착륙 기동에 연료 일부를 사용하므로 LEO 페이로드가 소모 모드 대비 30~40% 감소한다.

[**]　팰컨 9의 재사용으로 스페이스X 내부 비용은 감소했지만 경쟁 부재·마진 유지로 외부 고객의 kg당 비용은 오히려 상승했다.

[***]　사이드 부스터 2기 회수·센터 코어 소모 구성 기준의 최대 탑재 중량이다. 3기 전부 소모 시 최대 63,800kg이나 발사 비용은 약 1억 5,000만 달러로 상승한다. 팰컨 헤비의 재사용 모드 기준 외부 고객의 kg당 비용으로 1,500달러가 언급되는 경우도 많다.

그러나 재사용 혁명이 바꾸지 못한 것도 분명히 있다. 팰컨 9이 재사용 모드에서 처리할 수 있는 저궤도 페이로드의 실질적 상한은 약 17,400kg(소모 모드 기준으로는 최대 22,800kg)이며, 2026년 2월 인플레이션 반영과 마진 유지 등으로 재사용 모드 발사 비용이 7,400만 달러로 인상되었다. 재사용으로 인해 스페이스X 내부의 비용은 줄었으나 외부 고객의 킬로그램당 단가는 상승했다.

한편, 팰컨 9의 재사용 모드 저궤도 페이로드 상한이 17,400kg이므로 이를 초과하는 대형 화물, 유인 달 탐사, 화성 임무처럼 대규모 페이로드와 심우주 추진 역량이 필요한 임무에 대해서는 팰컨 9 시대의 비용 혁신이 충분한 답을 주지 못한다. 스페이스X가 초대형 로켓 '스타십'을 개발하는 이유가 여기에 있다. 팰컨 9이 저궤도 접근의 병목을 해소했다면, 스타십은 그 다음 단계, 즉 달과 화성, 그리고 100톤 이상 초대형 위성 군집(constellation)이라는 새로운 병목을 겨냥한다.

발사 주도권이 수직 통합으로 이어지는 구조

발사 시장을 장악하는 것과 발사 비용을 낮추는 것은 비슷해 보이지만 본질적으로 다른 전략이다. 전자는 경쟁에서 이기는 것이고, 후자는 규칙 자체를 바꾸는 것이다. 스페이스X가 단순한 발사 서비스 기업이 아닌 이유는 후자를 실현했기 때문이다.

스페이스X가 팰컨 9 재사용을 통해 발사 비용을 낮췄을 때, 가장 먼저 수혜를 받은 고객은 외부의 위성 운영사가 아니라 스페이스X 자신이었다. 스타링크 위성 군집을 구축하는 데 필요한 발사 비용을 스페이스X는 내부 원가로 처리할 수 있었기 때문이다. 외부 사업자가 팰컨 9 발사에 7,400만 달러를 지불할 때, 스타링크 위성은 같은 로켓으로 훨씬 낮은 내부 비용에 궤도로 올라갔다. 이 비대칭이 스타링크의 성장을 가능하게 만든 핵심 구조이다.

스타링크 가입자 수 성장도 이 구조를 뒷받침한다. 스타링크는 2022년 12월 100만 명을 돌파한 뒤 2024년 9월 400만 명, 2025년 12월 900만 명, 그리고 2026년 3월에 1,000만 명(월간 활성 사용자 수 기준)을 넘어섰다. 2026년 3월, 스타링크는 약 150개 국가/마켓에서 서비스를 제공하고 있으며 10,000기 이상의 위성이 궤도를 돌고 있다.

첫 번째 스타링크 V2(V2 Mini) 위성이 궤도 진입에 성공함을 알리는
일론 머스크의 2023년 2월 28일 트윗   (Credit: SpaceX)

이들 수치가 보여주는 것은 스페이스X가 발사 회사에서 위성 인터넷 회사로 무게중심을 이동시켰다는 단순한 사실이 아니다. 핵심은 발사 역량이 없었다면 스타링크의 성장이 불가능했다는 점이다. 위성 인터넷 경쟁상대인 유텔셋(원앱), 아마존 LEO가 스타링크와 같은 규모로 위성 군집을 구축하지 못하는 가장 큰 이유 중 하나는 자체 발사 수단이 없거나 발사 비용이 지나치게 높다는 데 있다.

스페이스X가 단순한 발사 서비스 회사가 아닌 우주 인프라 기업으로 평가받는 이유가 여기에 있다. 발사의 전략적 가치는 발사 서비스 매출 44억 달러에 있지 않다. 10,000기의 스타링크 위성, 그리고 그 스타링크를 토대로 파생될 매출과 정부 계약, 항공 와이파이, 해상 통신, 직접 단말 연결(DTC) 서비스에 있다. 발사는 결과가 아니라 원인이다. 관문을 쥔 자가 관문 너머의 시장을 설계하는 구조, 이것이 스페이스X의 비즈니스 모델의 본질이다.

상업 발사 시장의 지배자

2025년 165회 팰컨 9 발사

스페이스X는 2025년 팰컨 9을 총 165회 발사했다. 주요 임무로는 스타링크 자체 위성 배치 임무가 대부분을 차지(123회)했으며, 외부 상업 고객을 위한 발사는 30~35회, 정부 임무(NASA, 우주군, NRO 등)는 약 10~20회 수준이었다. 2025년 165회 발사는 2024년의 약 134회에서 크게 증가한 수치로, 스페이스X는 사실상 주당 3회 이상의 발사를 이루어낸 셈이다.

이 발사 빈도는 전 세계 어느 발사 서비스 제공자도 따라오지 못하는 수준이다. 중국의 발사 서비스 기관들을 합산하더라도 총 발사 횟수 기준으로 스페이스X와의 격차가 크다. 더욱 중요한 것은 재사용 부스터를 이용한 발사의 비중이 계속 높아지고 있어, 각 발사의 한계 비용이 지속적으로 낮아지고 있다는 점이다.

정부 계약: NASA, 국가정찰국

스페이스X의 정부 고객은 상업 고객보다 단위 계약 규모가 크고 수익성도 높다. NASA는 국제우주정거장(ISS) 화물 및 유인 수송, 달 탐사 착륙선, 과학 위성 발사 등 다양한 임무에서 스페이스X를 주요 파트너로 사용하고 있다. 국가정찰국(National Reconnaissance Office, NRO)도 스페이스X의 주요 정부 고객 중 하나로, NRO의 정찰 위성 성단 배치 계약이 여러 건 체결된 것으로 알려져 있다.

발사 서비스 매출 44억 달러(2025년)

스페이스X의 2025년 발사 서비스 매출은 약 44억 달러로, 전년 대비 약 5% 증가했다.* 이 증가율이 낮아 보이는 이유는 발사 횟수는 크게 늘었지만, 늘어난 발사의 상당 부분이 외부 고객이 아닌 스타링크 자체 위성 배치 임무이기 때문이다. 내부 이전 가격은 외부 고객 계약 가격보다 낮기

---

*   https://sacra.com/c/spacex/

때문에, 발사 횟수 증가가 그대로 매출 증가로 이어지지는 않는다.

국가안보 우주발사(NSSL)

NSSL Phase 3는 미국 우주군이 2024년부터 시행한 국가안보 위성 발사 조달 체계다. Lane 1은 비교적 단순한 임무를 다수 사업자가 경쟁 입찰로 수주하는 방식이고, Lane 2는 대형 탑재체·특수 궤도 등 난이도가 높고 임무 보증 요건이 엄격한 핵심 임무를 담당하며 현재 스페이스X·ULA·블루 오리진 세 곳만 수주 자격을 보유하고 있다.

NSSL Phase 3 Lane 1 계약: 다수 계약자 총합 56억 달러

NSSL Phase 3 Lane 1은 2024년 6월, 미국 우주군 우주시스템사령부(SSC)가 스페이스X·블루 오리진·ULA 세 곳에 동시 부여한 10년 만기 최대 56억 달러 규모의 무기한 납품·무기한 수량 계약이다.

계약 체결 4개월 후인 2024년 10월, SSC는 스페이스X에 첫 번째 태스크오더 두 건을 발주했으며 금액은 총 7억 3,357만 달러였다. 이 두 건은 각각 우주개발청(SDA) 트란체 2 수송 계층 위성 7기 발사 임무와 국가정찰국(NRO) 임무로 구성되었다. 이후 2026년 1월에는 추가로 9개 임무가 스페이스X에 발주되어 7억 3,900만 달러가 추가되었다.

Lane 1에서는 최소 30개 이상의 발사 임무가 경쟁 입찰 방식으로 발주될 예정이다. 스페이스X 입장에서 Lane 1은 Lane 2와 함께 미국 국가안보 발사 시장 전반을 장악하는 이중 수익원으로 작동한다.

NSSL Phase 3 Lane 2 계약: 최대 59억 달러

스페이스X는 2025년 Phase 3 Lane 2 계약을 체결했다. 이 계약의 총 금액은 최대 59억 달러로, 계약 기간 동안 스페이스X는 팰컨 9과 팰컨 헤비를 이용하여 국가안보 관련 위성 발사 임무를 수행한다. NSSL 계약은 단순한 발사 서비스 계약이 아니라, 미국 정부가 스페이스X를 국가 핵심 인프라 파트너로 공식 인정했다는 의미를 지닌다.

NSSL Phase 3 Lane 2 계약에서는 스페이스X 외에도 ULA가 일부 임무를 수주했다. 미국 정부는 국가안보 차원에서 단일 공급자에 대한 의존도를 낮추기 위해 두 개 이상의 공인 발사 서비스 제공자를 유지하는 정책을 취하고 있다. 그러나 발사 비용과 신뢰성 측면에서 스페이스X가 압도적인 우위에 있기 때문에, 실제 발사 임무에서는 스페이스X의 비중이 지속적으로 높아지는 추세다.

골든 돔(Golden Dome) 미사일 방어 프로그램

2025년 트럼프 행정부는 미사일 방어 시스템 강화를 위한 '골든 돔(Golden Dome)' 프로그램을 발표하였다. 이 프로그램은 이스라엘의 아이언 돔(Iron Dome) 방어 시스템에서 영감을 받은 것으로, 우주 기반 센서와 요격 시스템을 활용하여 미국 본토를 향한 탄도미사일, 순항미사일, 극초음속 미사일을 방어하는 것이 목표이다.

스페이스X는 미국 국방부의 골든 돔(Golden Dome) 미사일 방어 프로그램과 관련한 위성 개발 계약을 수주가 예상된다.《월스트리트저널》은 스페이스X가 20억 달러 규모의 600기 위성 계약을 '받을 예정'이라고 보도했는데,[*] 2026년 3월 기준, 정식 계약이 체결된 상태는 아니다.

만약 골든 돔 계약이 정식으로 이루어진다면 스페이스X에게 재정적 의미뿐만 아니라 전략적 의미도 크다. 이 계약이 이행되면 스페이스X는 미국의 핵심 미사일 방어 인프라를 담당하는 기업이 되며, 이는 향후 정부와의 관계에서 스페이스X의 협상력을 한층 강화한다.

미국 국방 예산과 스페이스X의 관계는 갈수록 긴밀해지고 있다. 트럼프 행정부의 국방 예산 증액 기조와 우주 기반 방어 시스템에 대한 관심은 스페이스X에게 장기적으로 유리한 환경을 조성한다. 단, 이 관계가 특정 정권에 과도하게 의존한다는 리스크도 내포한다.

▌ 유인 우주비행

크루 드래곤과 ISS 수송

크루 드래곤(Crew Dragon)은 드래곤 우주선의 유인 버전으로, 최대 7명의 우주비행사를 수송할 수 있다. NASA와의 상업 승무원 수송 계약에 따라 스페이스X는 크루 드래곤으로 주기적으로 ISS에 우주비행사를 수송하고 있다.

---

[*] https://www.wsj.com/politics/national-security/elon-musks-spacex-set-to-win-2-billion-pentagon-satellite-deal-c0a51325

2020년 5월 30일, 스페이스X의 팰컨 9 로켓으로 발사된 크루 드래곤(Crew Dragon)을 타고 국제우주정거장으로 떠난 NASA 우주비행사 더그 헐리와 밥 벤켄

(Credit: SpaceX)

2020년 5월 30일, 크루 드래곤 '엔데버(Endeavour)'가 더그 헐리(Doug Hurley)와 밥 벤켄(Bob Behnken) 두 명의 NASA 우주비행사를 ISS로 수송함으로써, 미국 땅에서 미국 우주비행사를 민간 회사가 만든 우주선으로 ISS에 보낸 첫 번째 사례가 되었다. 2011년 우주왕복선(Space Shuttle) 퇴역 이후 미국이 러시아 소유즈에 의존해 왔던 것을 끊고 자국 우주비행사 수송 능력을 되찾은 역사적인 순간이었다.

이후 크루 드래곤은 정기적으로 ISS 임무를 수행하고 있으며, 2025년까지 총 18회의 유인 수송 임무를 성공적으로 완료했다.

폴라리스 돈: 민간 우주유영

2024년 9월, 스페이스X의 크루 드래곤은 폴라리스 돈(Polaris Dawn) 미션을 수행했다. 이 미션은 민간인으로 구성된 4명의 우주비행사가 약 1,400km 고도까지 상승한 뒤 최초로 민간 우주유영을 시행한 역사적 사건이었다. 팀을 이끈 것은 억만장자 사업가 재러드 아이잭맨(Jared Isaacman)이었으며, 스페이스X 직원 출신인 새라 길리스(Sarah Gillis)와 안나 메논(Anna Menon)도 포함되었다. 이 우주유영은 우주유영 역사에서 처음으로 민간인이 우주선 밖으로 나간 사례로 기록되었다.

아르테미스 계약과 달 착륙선

스페이스X는 NASA의 아르테미스 달 탐사 프로그램의 유인 달 착륙선(HLS)을 담당하는 계약을 보유하고 있다.

스페이스X 주요 정부 계약 목록과 금액

계약명/프로그램	계약기관	규모(추정)	내용	시점
COTS(상업 궤도 수송 서비스 개발 프로그램) 1·2회	NASA	2006년 2억 7800만 달러 2011년 3억 9,600만 달러	ISS 화물 수송을 위한 기술 개발과 데모 수행	2006.8 계약체결, 2012.5 완료
CRS(상업 보급 서비스)	NASA	16억 달러	ISS 화물 수송 최초 계약	2008년
Commercial Crew Program	NASA	26억 달러	유인 우주선 개발 및 운용	2014년
스타십 HLS (달 착륙선)	NASA	약 28억 9,000만 달러(최초)+증액	아르테미스 달 착륙선	2021년~
NSSL Phase 3 Lane 2	미국 우주군	최대 59억 달러	국가안보 위성 발사	2025년~
스타링크 정부 계약 (Starshield 포함)	미국 정부/ 동맹국	수십억 달러(연간)	정부·군사용 위성통신	지속

※ 일부 계약의 정확한 금액은 비공개이거나 이후 증액/변경이 있을 수 있음

아직 좁은 문: 남아 있는 진짜 병목들

팰컨 9 재사용 체계가 확립된 이후, 발사 그 자체는 더 이상 우주산업 성장의 결정적 병목이 아니다. 하지만 발사 비용이 낮아지고 발사 빈도가 높아졌다고 해서 우주산업의 모든 장벽이 사라진 것은 아니다. 발사가 물리적 관문이라면, 그 관문 뒤에는 또 다른 차원의 병목들이 기다리고 있다. 이 병목들을 이해하는 것이 우주산업 투자의 진짜 복잡성을 파악하는 데 필수적이다.

첫 번째는 주파수와 궤도 슬롯(orbital slot)*이라는 보이지 않는 벽이다. 위성은 단순히 궤도에 올라간다고 해서 서비스를 제공할 수 있는 것이 아니다. 통신 위성은 특정 주파수 대역을 사용해야 하고, 그 주파수는 국제전기통신연합(ITU)이 국가별로 할당한다.

특히 정지궤도 위성의 경우, 지구 적도 상공 약 35,786km 지점에 위치해야 하므로 사용 가능한 궤도 슬롯의 수가 물리적으로 제한되어 있다. 인기 있는 슬롯은 이미 수십 년 전부터 각국이 선점하고 있으며, 새로운 사업자가 진입하려면 기존 사업자와의 ITU 국제 조정 절차를 거쳐야 하는데, 이 과정이 수년이 걸리기도 한다. 로켓 기술이 아무리 발전해도 주파수 규제는 정치적·법적 협상의 영역이므로, 기술 혁신만으로는 해결할 수 없는 병목이다.

두 번째는 케슬러 신드롬(Kessler Syndrome)과 우주 교통 관리의 위협이

---

* 궤도 슬롯은 정지궤도 위에서 각 나라나 사업자에게 배정된 위성의 지정 자리(경도 위치)를 뜻한다.

다. 저궤도(LEO)에 위성이 급격히 늘어나면서 충돌 위험이 현실적 문제로 부상했다. 케슬러 신드롬은 1978년 NASA 과학자 도널드 케슬러(Donald Kessler)가 경고한 현상으로, 궤도상 충돌이 새로운 파편을 만들고, 그 파편이 또 다른 충돌을 유발하여 특정 궤도 대역이 사실상 사용 불가능해지는 연쇄반응을 말한다. 2026년 3월 기준으로 궤도상 활성 위성은 약 14,000기를 넘어섰으며, 이 가운데 스타링크만 10,000기 이상을 차지한다. 우주 교통 관리 체계와 충돌 회피 규정이 발사 속도를 따라가지 못하고 있다는 점은 우주산업 전체의 장기적 리스크 요인이다.

세 번째는 대형 페이로드, 유인 임무, 심우주 탐사처럼 팰컨 9의 능력을 초과하는 영역이다. 스타링크의 V2 Mini 같은 소형 위성 군집은 팰컨 9으로 충분히 처리할 수 있지만, 달 유인 착륙선, 화성 임무, 또는 수십 톤급 우주 정거장 모듈을 궤도에 올리는 일은 완전히 다른 차원의 발사 역량을 요구한다. NASA의 아르테미스(Artemis) 프로그램은 이 한계를 직접 드러낸다. 스페이스X의 스타십이 이 영역의 새로운 병목 해소를 겨냥하고 있지만, 스타십의 본격적인 상업 운용은 아직 미래의 일이다.

이 세 가지 병목이 공통적으로 가리키는 방향이 있다. 발사 비용과 빈도의 혁신은 우주산업 진입 장벽의 첫 번째 층을 무너뜨렸지만, 그 뒤에 규제·물리적·기술적 층위의 장벽들이 연속적으로 존재한다. 우주산업의 성장은 이 다층적 장벽을 순차적으로 허무는 과정이며, 각 단계에서 병목을 먼저 해소하는 주체가 다음 단계의 시장을 선점하게 된다.

스페이스X의 100만 기 위성과 케슬러 신드롬:
발생 원인과 해결책

2026년 1월 30일, 스페이스X는 미국 연방통신위원회(FCC)에 최대 100만 기의 위성을 지구 저궤도(500~2,000km)에 배치하여 우주 데이터센터를 구축하겠다는 신청서를 제출했다. 그러나 이 계획은 케슬러 신드롬(Kessler Syndrome)에 대한 심각한 우려를 촉발하고 있다.

케슬러 신드롬은 1978년 NASA의 과학자 도널드 케슬러(Donald J. Kessler)와 버튼 쿠어-팔레(Burton G. Cour-Palais)가 공동 발표한 논문에서 제시한 이론적 시나리오이다. 이 시나리오의 핵심은 지구 궤도에 있는 인공물체의 밀도가 일정 임계점을 넘어서면, 한 번의 충돌이 수천 개의 파편을 생성하고, 그 파편이 다시 다른 물체와 충돌하여 새로운 파편을 만들어내는 연쇄반응이 발생한다는 것이다.

발생 원인

스페이스X의 100만 기 위성이 케슬러 신드롬을 촉발할 수 있는 근본 원인은 궤도 공간의 물리적 유한성과 충돌 빈도의 비선형적 증가에 있다. 궤도역학에서 전체 궤도 내 총 충돌 사건 수는 물체 수의 제곱에 비례하므로, 위성 수가 10배 늘어나면 충돌 사건 수는 100배로 급증한다. 100만 기의 위성이 500~2,000km의 저궤도에 집중 배치될 경우, 해당 고도대의 물체 밀도는 케슬러가 제시한 임계점을 넘어설 가능성이 높다.

또한 저궤도 위성의 수명은 통상 5년 내외로 짧아 지속적인 교체 발사가 필요하며, 위성 수가 10배 늘어나면 궤도 이탈(deorbit, 위성의 임무 종료 후 안전하게 작동을 중단하고 지구 대기권으로 보내 완전히 소멸시키는 과정)에 실패할 가능성이 있는 위성 수도 10배 증가한다. 100만 기 중 1%만 궤도 이탈에 실패하더라도 1만 기의 비활성 위성이 통제 불능 상태로 궤도에 잔류하게 되며, 이 비활성 위성들은 충돌 회피 기동이 불가능하므로 파편 생성의 직접적인 원인이 된다.

세 번째 원인은 궤도 고도의 중첩이다. 스페이스X의 FCC 신청서에 명시된 500~2,000km 고도대는 기존 스타링크 위성군, 아마존 LEO(구 프로젝트 카이퍼), 각국 정부 위성, 그리고 과거 충돌과 위성요격 실험으로 발생한 잔존 파편이 이미 밀집해 있는 구간과 상당 부분 겹친다. 서로 다른 궤도 경사각을 가진 위성과 파편이 같은 고도대에서 교차할 때 상대 속도는 초속 10~15km에 달하며, 이 속도에서의 충돌은 단 한 번으로도 수천 개의 2차 파편을 생성하여 연쇄 충돌의 기폭제가 될 수 있다.

100만 기의 위성이 추가 배치될 경우, 단 한 번의 충돌이 수천 개의 고속 파편을 생성하고, 그 파편이 다시 다른 위성과 충돌하는 연쇄반응이 발생하여 특정 궤도 고도 전체를 수십 년간 사용 불가능하게 만들 수 있다.

해결책

현재 국제사회와 민간기업이 추진하고 있는 대응 방안은 크게 세 가지이다.

첫째, 능동적 우주 쓰레기 제거 기술의 상용화이다. 스위스의 클리어스페이스(Clear Space)는 유럽우주국과 협력하여 PROBA-1 위성을 제거하는 ClearSpace-1 미션을 2028년에 발사할 예정이며, 일본의 아스트로스케일(Astroscale)은 2026년에 여러 비활성 위성을 한 번의 미션으로 제거할 수 있는 ELSA-M을 발사할 계획이다.

둘째, 규제 강화이다. FCC는 2024년에 임무 완료 후 5년 이내 궤도 이탈 규칙을 도입했으며, 국제사회에서도 위성 운영자에 대한 더 엄격한 책임 기준을 요구하고 있다.

셋째, 스페이스X 자체의 충돌 회피 시스템 고도화이다. 스페이스X는 업계 표준인 1만 분의 1 충돌 확률이 아닌, 약 1,000만 분의 3이라는 훨씬 보수적인 기준에서 회피 기동을 개시하는 것으로 알려져 있다. 그러나 위성 수가 100만 기로 증가할 경우, 회피 기동의 빈도와 복잡성이 기하급수적으로 증가하여 현재의 자율 충돌 회피 시스템만으로는 한계에 도달할 수 있다.

Chapter 7

미래 수익원: xAI 합병과 우주 데이터센터

스페이스X는 2026년 2월 일론 머스크가 창업한 AI 기업 xAI를 전액 주식 교환(all-stock deal) 방식으로 인수하여 xAI를 완전 자회사로 편입했다. 이 합병으로 탄생한 결합 기업의 기업가치는 약 1조 2,500억 달러로 평가되었다. 이 거래는 단순한 기업 인수를 넘어, 우주와 인공지능이라는 두 가지 세기의 산업이 하나의 지붕 아래로 합쳐지는 사건이었다.

왜 로켓 회사가 AI 회사를 인수했나

xAI는 일론 머스크가 2023년 7월 창업한 인공지능 기업으로, 그록(Grok) AI 모델을 개발하고 소셜 미디어 플랫폼 X(구 트위터)에 통합하는 사업을 진행해 왔다. xAI는 테슬라에서 분리된 AI 개발 인력과 투자를 유치하여 빠르게 성장했다.

스페이스X의 xAI 인수는 전액 주식 교환 방식으로 이루어졌으며, xAI는 스페이스X의 완전 자회사가 되었다. 이 거래 구조는 xAI의 소유권에 있었던 X(구 트위터) 및 그와 관련된 법적 리스크들을 스페이스X의 기업 구조에 직접 편입하지 않도록 설계된 것으로 분석된다. 합병 직후 결합 기업의 기업가치는 약 1조 2,500억 달러로 알려졌으며, 이후 IPO 기업가치 논의에서는 1조 7,500억 달러 이상의 전망이 등장하기 시작했다.

합산 기업가치 1.25조 달러의 의미

합병 이전 xAI의 기업가치는 약 2,500억 달러로 추정되었다. 스페이스X의 단독 기업가치가 약 8,000억 달러(2025년 12월 기준)였음을 감안하면, 두 기업의 합산 가치를 1조 2,500억 달러로 산정한 것은 두 기업의 합산 자산에 일정 수준의 시너지 가치를 더한 것으로 해석할 수 있다. 이 시너지의 핵심은 스페이스X의 위성 발사 및 운용 능력과 xAI의 AI 모델 개발 능력을 결합하여 우주 AI 인프라를 구축하겠다는 비전이다.

투자자 관점에서 이 합병의 의미는 두 가지다. 첫째로 스페이스X가 IPO에 나설 때 단순한 로켓+위성 인터넷 기업이 아니라 AI 기업으로서의 성격도 가지게 된다는 것이다. AI 섹터는 2025~2026년 시장에서 극도로 높은 밸류에이션을 부여받고 있으므로, AI 자산을 보유함으로써 스페이스X의 전체 밸류에이션이 상향 조정될 수 있다. 둘째로, 합병으로 인한 복잡성이 증가한다. xAI와 X(구 트위터)의 법적·재정적 리스크가 스페이스X

의 IPO 과정에 영향을 줄 수 있다.

X(구 트위터), Grok, 그리고 콜로서스 데이터센터

합병 이후 스페이스X의 자산 목록에는 로켓과 위성 외에도 세 가지가 추가된다.

첫째는 소셜 미디어 플랫폼 X(구 트위터)이다. 머스크는 2022년 440억 달러에 트위터를 인수하여 X로 리브랜딩했으며, xAI가 X를 인수하여 양 사가 통합되었다. X는 매출이 다소 회복세이고, 손익분기점 근처까지 개선되고 있다고 알려져 있지만, 여전히 인수 당시 부담한 부채와 광고 매출 감소 등의 과제를 안고 있다.

둘째는 Grok AI 모델이다. Grok은 OpenAI의 GPT 시리즈, Anthropic 의 Claude와 경쟁하는 대형 언어 모델(LLM)이다. X의 사용자 데이터와 실시간 게시물 스트림은 Grok 훈련 데이터의 핵심 원천이며, Grok은 X 프리미엄 구독자들에게 제공되는 핵심 기능으로 활용된다. 이 수직 통합된 생태계에서 스페이스X의 위성 인터넷, X의 소셜 플랫폼, xAI의 Grok은 서로를 강화하는 역할을 한다.

셋째는 콜로서스(Colossus) 데이터센터다. 2024년 9월 멤피스에서 가동을 시작하였다. 처음에는 10만 개의 H100 GPU로 시작하였으나, 빠르게 55만 5,000개 이상으로 확장되었다. 이 규모는 마이크로소프트, 구글, 아마존의 대형 AI 데이터센터와 비교할 수 있는 수준이다. xAI는 이 시설을 Grok 모델 훈련과 추론 서비스에 활용하고 있으며, 외부 기업에 컴퓨팅 자원을 임대하는 클라우드 사업도 검토 중인 것으로 알려졌다.

우주 데이터센터라는 비전

머스크의 주장: 2~3년 내 우주가 AI 컴퓨팅의 최저 비용을 창출한다

머스크는 2~3년 내에 우주 기반 AI 데이터센터가 지구상의 데이터센터보다 더 저렴한 AI 컴퓨팅 방식이 될 것이라고 주장했다. 이 주장의 논리는 이렇다. 지구상의 데이터센터는 전력 소비와 냉각이 큰 비용 요인이다. 우주에서는 태양광 에너지를 무제한으로 활용할 수 있고, 절대 온도에 가까운 우주 공간의 온도를 냉각에 활용할 수 있다. 이 두 가지 장점이 결합되면 데이터센터 운용 비용이 지구 대비 획기적으로 낮아질 수 있다는 것이다.

2026년 1월 말 공개된 FCC 제출 문서에서 스페이스X는 최대 100만 기의 위성을 포함하는 우주 데이터센터 위성군에 대한 승인을 요청했으며, FCC는 이 신청을 공식 접수하고 의견 수렴 절차에 들어갔다. 만약 이 신청이 받아들여져 미래에 100만 기의 위성들이 각각 AI 컴퓨팅 능력을 갖춘다면, 사실상 우주에 거대한 분산 데이터센터를 구축하는 것이 된다.

태양광 에너지와 자연 냉각

우주 데이터센터의 이론적 장점을 좀 더 구체적으로 살펴보자. 지구 저궤도에서 태양광 발전 효율은 지상의 약 8~10배에 달한다. 대기권에 의한 산란이 없어 태양광이 직접 패널에 도달하고, 궤도의 종류에 따라 거의 연속적으로 태양광을 받을 수 있기 때문이다. 현재 지구 상의 대규모 데이터센터는 전력 소비의 30~50%를 냉각에 사용한다. 우주에서는 열을 방사체(radiator)를 통해 우주 공간으로 방출하는 방식으로 냉각이 이루어지며, 추가적인 에너지 소비 없이 냉각이 가능하다.

물론 이 장점들은 현재 기술 수준에서는 지구와의 데이터 전송 대역폭, 위성 탑재체 무게 제한, 우주 방사선에 의한 전자 장비 손상 등의 심각한 제약 요인들로 상쇄된다. 현재 저궤도 위성에서 지구 지상국으로의 데이터 전송 속도는 초당 수 기가비트(Gbps) 수준에 불과하며, 대형 지상 데이터 센터가 처리하는 테라비트(Tbps) 급의 데이터 처리량과는 비교가 되지 않는다.

블루 오리진: 우리도 우주 데이터센터 만들겠다

아마존 창립자 제프 베조스가 설립한 우주 발사체 기업 블루 오리진은 2026년 3월 19일 FCC에 '프로젝트 선라이즈'를 신청했다. 최대 51,600기 위성을 태양동기궤도(500~1,800km)에 배치해 태양광으로 구동하는 우주 데이터센터를 구축하겠다는 계획이다.

'프로젝트 선라이즈'의 핵심 차별점은 통신 백본이다. 블루 오리진은 2026년 1월 발표한 TeraWave(5,408기, 최대 6Tbps) 네트워크를 데이터 전송 인프라로 활용하는 반면, 스페이스X는 기존 스타링크 인프라와의 연계를 전제로 한다.

발사 자급력 측면에서 블루 오리진은 뉴글렌을 보유해 자체 위성을 직접 올릴 수 있지만, 팰컨 9과 스타십이라는 훨씬 강력하고 검증된 발사 체계를 갖춘 스페이스X에 비해 현재 실행력은 뒤처진다. 현재까지는 두 프로젝트 모두 FCC 신청 단계에 머물러 있다.

구글, 엔비디아도 우주 데이터센터 참전 준비중

구글과 엔비디아도 우주 데이터센터 개념을 검토하고 있다. AI 모델의 컴퓨팅 수요가 지수적으로 증가하면서, 기존 지상 인프라만으로는 향후 10~20년의 수요를 충족하기 어렵다는 인식이 AI 업계에 퍼지고 있다. 우주는 그 대안 중 하나로 검토되고 있는 것이다.

현실적 평가: NASA와 ESPI의 분석과 비판론

엔지니어링 제약이 해결되면 실현 가능하다

우주 데이터센터의 기술적 실현 가능성에 대한 주요 기관과 기업들의 평가는 다음과 같이 정리된다. NASA는 방열판이 고출력 위성 시스템 전체 전력 질량의 40% 이상을 차지할 수 있다고 분석하는 등, 방사선 차폐·냉각 시스템·위성-지상 고속 데이터 전송 대역폭을 풀어야 할 핵심 공학 과제로 제시하고 있다.

유럽우주정책연구소(ESPI)는 2025년 11월 보고서에서 궤도 엣지 컴퓨팅을 위성 데이터 다운링크 병목 완화의 우선 수단으로 제안하고, 발사 비용·열 관리·궤도 내 조립 기술을 상용화의 핵심 장벽으로 분석했다.

미국 스타트업 Starcloud는 2025년 11월 스페이스X 팰컨 9을 통해 Nvidia H100 GPU를 탑재한 위성 Starcloud-1을 발사하고, 지구 관측 위성 영상 분석과 구글 Gemma 언어모델 추론을 궤도에서 성공적으로 수행하며 우주 데이터센터의 기술적 가능성을 입증했다.[*]

스페이스X의 경쟁사인 Starcloud의 우주 데이터센터 상상도. 아래쪽에 보이는 넓은 판은
태양광 발전 패널이 아니라 데이터센터의 열을 방출하기 위한 방열판이다.

(Ctedit: Starcloud)

이러한 평가들은 우주 데이터센터가 이론적으로 불가능한 것이 아니라, 현재 기술 성숙 단계에서 해결 가능한 구체적 공학 과제(위성-지상 데이터 전송 대역폭, 방사선 차폐, 열 관리, 위성 탑재 GPU의 전력 효율 등)라는 공통된 결론을 보여준다.

비판론: 현재 기술로는 10년 이상 소요

현실적인 비판도 존재한다. 위성에 탑재되는 고성능 GPU가 우주 방사선 환경에서 신뢰성 있게 작동하려면 현재보다 훨씬 강력한 방사선 차폐 기술이 필요하다. 또한 우주 데이터센터에서 지구 지상 사용자까지의 데

---

*   https://spectrum.ieee.org/nvidia-h100-space

이터 전송 속도 문제는 현재 레이저 크로스링크 기술로도 완전히 해결되지 않는다. 결론적으로 우주 데이터센터의 상용화까지는 최소 10년 이상, 또는 훨씬 더 긴 시간이 필요할 것이라는 것이 기술 전문가들의 일반적인 평가이다.

경쟁자의 견제: 우주 궤도 선점용으로 평가

아마존 LEO(스타링크의 경쟁자)는 2026년 3월, 17쪽 분량의 공식 청원서를 FCC에 제출하며 스페이스X의 100만 기 위성 신청을 즉각 기각하라고 요구했다. 아마존 LEO가 제시한 논거는 다음과 같다.

첫째, 신청서가 불완전하는 것이다. 위성 설계, 궤도 고도, 무선주파수 특성, 100만 기 규모에서의 간섭·충돌 관리 계획 등 기본적인 기술 세부 정보가 모두 누락되어 있다는 지적이다.

둘째, 위성 배치 실현 가능성이다. 아마존 LEO는 '전 세계 발사 역량을 전부 동원하더라도 100만 기 위성 배치에는 수백 년이 걸릴 것'이라고 주장하며, 이 신청이 실질적인 계획이 아닌 궤도를 선점하려는 '투기적 임시 문서'에 불과하다고 규정했다.

셋째, 궤도 독점 우려다. 아마존 LEO는 FCC가 이 신청을 승인할 경우 스페이스X가 '우주 접근의 관문'을 장악하는 궤도 독점을 실현하게 된다고 경고했다.

제프 베조스 계열인 블루 오리진과 아마존 LEO의 대응이 흥미롭다. 블루 오리진은 우주 데이터센터를 위한 위성 배치 계획을 신청하고, 아마존 LEO는 스페이스X를 견제하는 전략을 펼치고 있는 것이다.

우주 데이터센터를 가로막는
기술적 난제

2026년 1월 30일, 스페이스X는 미국 연방통신위원회(FCC)에 최대 100만 기의 우주 데이터센터 대규모 위성 네트워크 계획을 신청했다. 같은 해 2월에는 스페이스X와 머스크의 AI 스타트업 xAI가 1조 2,500억 달러 규모의 합병을 완료했다. 머스크는 합병의 핵심 목적으로 우주 데이터센터 구축을 공개적으로 명시했다. 블루 오리진, 중국 CASC, 엔비디아의 투자를 받은 스타트업 Starcloud까지 가세하면서 우주 데이터센터는 2026년 초 기술 업계에서 가장 뜨거운 화두가 되었다.

이 열풍의 배경은 AI 전력난이다. 초대형 AI 데이터센터 하나가 소비하는 전력은 수백 MW에 달하고, 전력 계통 연결 승인에만 최소 1년이 걸리며 냉각 설비와 부지 허가까지 합산하면 실질적으로 수년의 시간이 소요된다. 지상에서의 확장 속도가 AI 수요 증가를 따라가지 못하는 구조적 한계에 봉착한 것이다. 우주는 그 대안으로 부상했다. 무한한 태양광, 지구 규제를 초월한 입지, 극저온 환경이 주는 냉각 이점이 논거로 제시된다.

그러나 이 논거들은 정밀하게 검토하면 상당 부분이 오해에 기반하고 있다. 우주 데이터센터를 가로막는 기술적 난제는 단순히 로켓이 더 좋아지거나 자본이 더 투입되면 해결될 성격의 문제가 아니다. 그 핵심에는 자연의 물리 법칙이 놓여 있다.

난제 1: 열 방출—가장 근본적인 물리적 한계

우주 데이터센터가 직면한 가장 근본적인 난제는 전력 공급도, 발사 비용도 아니다. **열을 우주로 버리는 문제**다.

데이터센터의 본질을 열역학적으로 정의하면 '거대한 히터'다. 서버는 입력 전력을 받아 연산을 수행하지만, 열역학 제2법칙에 따라 소비한 전력의 거의 전량이 결국 열로 전환된다. 100MW를 소비하는 데이터센터는 동시에 100MW의 열을 끊임없이 생산한다. 전력이 공급되는 한 열 생산은 멈추지 않는다.

지상에서는 이 열을 공기 냉각, 냉각수 순환, 증발 냉각탑 등 다양한 방식으로 처리한다.

이 모든 방법의 공통 전제는 열을 전달할 매질(medium)이 존재한다는 것이다. 우주는 진공이다. 열 전달의 세 가지 방식인 전도, 대류, 복사 중 대류는 원천적으로 불가능하다. 전도는 물리적으로 접촉된 구조물 내부에서만 작동하므로 외부로 열을 방출하는 수단이 되지 못한다. 전도는 분자·원자 간 충돌로 열 에너지가 전달되는 과정인데 우주에는 매질(물질)이 희박하기 때문에 전도가 불가능하기 때문이다. 남은 방법은 전자기파(적외선 등)로 열을 방출하는 복사(radiation) 하나뿐이다.

복사로 방출할 수 있는 열량(P)은 슈테판–볼츠만 법칙으로 계산된다.

$$P=\varepsilon\sigma AT^4$$

방출 열량(P)은 방열판 면적(A)에 비례하고, 방열판 온도(T)에는 4제곱 비례한다. 이론적으로는 **방열판(날개처럼 펼쳐진 대형 패널 구조물) 온도를 높이면 작은 면적으로도 많은 열을 방출**할 수 있다.

열은 반드시 뜨거운 곳에서 차가운 곳으로만 흐른다. 칩에서 방열판으로 열이 흘러가려면 칩이 방열판보다 항상 뜨거워야 한다. 방열판 온도를 높이면 이 온도 차가 줄어들고, 열 흐름이 느려진다. 따라서 방열판의 크기를 그대로 두고 온도를 높이려면 칩 온도도 그보다 높게 유지되어야 한다. 그런데 반도체 접합부의 최대 허용 온도는 섭씨 85~105도이므로, 방열판은 그보다 낮은 온도로만 운용할 수 있다. 결국 방열판이 도달할 수 있는 온도의 상한이 칩의 내열 한계에 묶이고, 온도를 올리는 데 한계가 생기므로 방열판 면적을 키우는 수밖에 없다.

수치로 계산하면 규모가 구체화된다. 방열판 온도를 77도, 방사율 0.9로 가정하면 단위 면적당 복사 방출량은 약 772W/㎡이다. 100MW를 방출하려면 약 13만㎡, 축구장 약 18개 크기의 방열판이 필요하다. 서버에서 방열판까지 열을 전달하는 과정의 온도 손실을 감안하면 실제 소요 면적은 이보다 더 커진다.

국제우주정거장(ISS)은 이 현실을 이미 수십 년 전에 증명했다. ISS의 태양광 패널 총 면적은 약 2,500㎡이고, 그 전력이 만들어내는 열을 방출하기 위한 방열판 면적은 약 1,700㎡이다. 전력을 생산하는 구조물과 그 열을 버리는 구조물의 크기가 거의 대등하다. 100MW 데이터센터의 열 방출 요구량은 ISS의 약 1,000배가 넘는다.

이 물리적 현실은 우주 데이터센터의 구조를 지상과 근본적으로 다르게 만든다. 지상에서는 서버 랙이 건물의 주인이고 냉각 시스템은 그것을 보조한다. 우주에서는 이 관계가 역전된다. 방열판이 구조물의 주인이 되고, 컴퓨팅 모듈이 방열판에 부속된 형태가 된다. 질량 기준으로도, 부피 기준으로도 방열 구조물이 연산 장비를 압도한다. 선택이 아닌 물리적 필연이다.

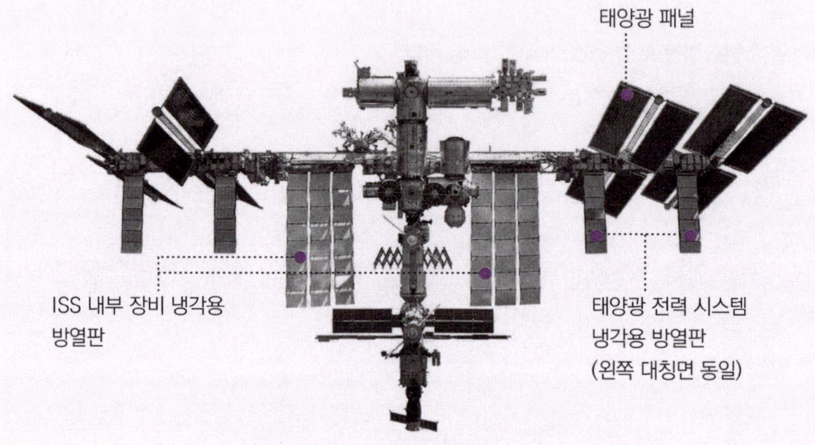

국제우주정거장의 열 방출 시스템

머스크의 "우주는 항상 차갑다"는 주장은 배경 온도를 말하는 것이지 열 방출 능력을 말하는 것이 아니다. 우주 데이터센터의 냉각 문제는 온도가 낮은 곳에 있느냐의 문제가 아니라, 그 차가운 공간으로 열을 충분히 빠르게 버릴 수 있느냐의 문제다. 그리고 진공 속에서 복사만으로 수백 MW를 버린다는 것은 수십만 ㎡의 방열 구조물을 우주에 띄운다는 것을 의미한다.

난제 2: 전력 공급―이클립스가 만드는 에너지 공백

우주 태양광은 지상보다 유리한 조건을 갖는다. 대기권 산란 없이 태양 복사에너지를 직접 수용하므로 단위 면적당 발전량이 지상보다 약 30% 높고, 구름이나 날씨에 의한 손실이 없다. 그러나 구조적 문제가 존재한다.

저궤도(LEO) 위성은 약 90분 주기로 지구를 공전하는데, 이 중 30~40분은 지구 그림자 구간(이클립스)에 진입한다. 태양광 발전이 완전히 중단되는 이 시간 동안 데이터센터 운용을 유지하려면 대규모 에너지 저장 시스템이 필요하다.

100MW 데이터센터를 30분간 유지하려면 50MWh 이상의 저장 용량이 필요하고, 리튬이온 배터리 기준으로 이는 수백 톤의 질량에 해당한다. 발사 비용이 기하급수적으로 증가하는 요인이다. 또한 태양광 패널 면적 자체도 문제다. ISS 태양광 패널 약 2,500㎡가 생산하는 전력이 겨우 75~90kW임을 고려하면 100MW 생산에 필요한 패널 면적과 질량이 어느 수준인지 짐작할 수 있다.

난제 3: 발사 비용—스타십 없이는 경제성이 없다

서버, 태양광 패널, 방열판, 구조물 전체를 궤도로 보내는 비용이 우주 데이터센터의 경제성을 결정한다. 현재 팰컨 9 재사용 모드 기준 킬로그램당 발사 비용은 내부 사용 기준 약 1,500달러다(외부 고객은 4,250달러). GPU 하나의 무게, 방열판, 전력 계통, 구조물을 합산한 총 질량이 수십~수백 톤에 달하는 데이터센터를 이 단가로 발사하면 수십억 달러의 발사 비용이 발생한다.

발사체	LEO 페이로드	kg당 비용(내부)	kg당 비용(외부 고객)
팰컨 9(재사용 시)	약 17~18톤	약 1,500달러	약 4,250달러
팰컨 헤비(재사용 시)	약 57톤	약 1,000~1,500달러	약 1,700달러
스타십(목표)	150톤 이상	100달러 이하(목표)	100달러 이하(목표)

스페이스X가 스타십의 완전 재사용을 전제로 킬로그램당 100달러 이하를 목표하는 이유가 여기 있다. 발사 비용이 현재 대비 30배 이상 낮아져야 비로소 지상 데이터센터와의 경제성 비교가 가능해진다. 스타십이 완성되지 않으면 우주 데이터센터 자체가 구조적으로 비경제적이다. 그러나 스타십은 2026년 3월 기준 완전 재사용 체계를 아직 달성하지 못했다.

난제 4: 통신과 유지보수

데이터센터의 가치는 데이터를 빠르게 주고받는 데 있다. Starlink V3 위성은 사용자 다운링크 기준 1Tbps, 레이저 백홀(위성 간 고속 광통신 기술) 합산 4Tbps 수준을 목표로 하고 있으며, 블루 오리진의 TeraWave 같은 고대역 위성 프로젝트도 수 Tbps급을 목표로 한다.

그러나 대형 AI 데이터센터의 내부 트래픽은 수십 Tbps 규모로, 지상–궤도 간 전체 링크 용량이 이를 따라가는 것은 여전히 기술적 도전이다. 지구–위성–지구 경로를 포함한 실제 서비스 지연은 일반 인터넷 용도에서는 지상 광케이블과 경쟁할 수준으로 우수하지만, 마이크로초 단위 지연에 민감한 AI 모델 학습 같은 대규모 배치 처리에는 여전히 한계가 있어 추가적인 알고리즘·아키텍처 최적화가 필요하다.

유지보수 문제는 더 근본적이다. 지상에서는 서버 한 대가 고장 나면 기술자가 수 분 내에 교체한다. 우주에서는 허블 우주망원경 수리 한 번에 수억 달러가 소요됐다. 수만 개의 서버가 운용되는 데이터센터 환경에서 인간의 직접 개입은 현실적으로 불가능하다. 모듈형 설계, 자율 로봇 정비 시스템, 소프트웨어 기반 결함 허용성이 처음부터 내재되어야 한다(일론 머스크의 머릿속에는 우주 데이터센터에 옵티머스 휴머노이드 로봇을 배치하려는 계획이 들어 있을 것이다). 스페이스X의 FCC 신청서가 위성 운용 수명을 5년으로 명시한 것은 수리보다 전체 교체를 전제로 한 설계 철학을 반영한다.

난제 5: 우주 환경—반도체의 적

우주는 반도체 장비에 가혹한 환경이다. 고에너지 양성자와 중이온이 반도체 기판을 직접 타격하여 데이터 비트를 반전시키는 단일사건오류(SEU)를 일으킨다. 대기권 차폐 없이 방사선을 그대로 맞기 때문에 지상 대비 수십~수백 배 높은 방사선 환경에 놓인다. 미소운석과 우주 파편은 초속 수 km로 이동하며, 크기 1cm 이하 파편도 충돌 시 폭발적 에너지를 전달한다. 방대한 면적의 방열판과 태양광 패널이 이 위협에 직접 노출된다.

저궤도 위성은 90분마다 이클립스 진입과 탈출을 반복하며 섭씨 −150도에서 +150도까지의 온도 변화를 경험한다. 이 열 사이클이 금속 피로를 유발하고 장비 수명을 단축시킨다. 방사선 내성 반도체는 최신 상용 GPU 대비 성능이 수세대 뒤처지고 단가도 수십 배 비싸다. NVIDIA H100을 탑재한 Starcloud-1 위성이 2025년 12월 소형 LLM 추론 및 훈련에 성공했지만, 이는 단기 실증 실험이었고 장기 운용 신뢰성은 아직 검증되지 않았다.

결론: 내러티브와 물리 법칙 사이

다섯 가지 난제는 독립적으로 해결되는 것이 아니라 서로 연동되어 있다. 냉각을 위해 방열판을 키우면 질량이 늘고 발사 비용이 오른다. 발사 비용을 줄이려고 방열판을 줄이면 냉각이 부족해진다. 방사선 내성 칩을 쓰면 컴퓨팅 성능이 떨어지고, 성능을 유지하려고 상용 GPU를 쓰면 내구성이 문제가 된다. 우주 데이터센터는 이 연립방정식 전체를 동시에 푸는 프로젝트다.

난제	핵심 문제	현재 기술 성숙도
열 방출	복사 냉각만 가능, 방열판 거대화 불가피	낮음
전력 공급	이클립스 구간 에너지 저장 질량 문제	중간
발사 비용	스타십 완전 재사용 완성 전제	낮음
통신 대역폭	지상-궤도 링크 용량 한계	중간
유지보수	무인 자율 정비 체계 미완성	낮음
우주 환경	방사선·파편·열 사이클 복합 위협	중간

2026년 3월 기준, 우주 데이터센터는 기술 완성도보다 내러티브와 자본 유치가 앞서 있는 단계다. 스페이스X의 FCC 신청, 스페이스X-xAI 합병, 머스크의 공개 발언들은 임박한 IPO를 앞둔 기업의 비전 제시라는 맥락도 함께 읽어야 한다.

Voyager Technologies CEO 딜런 테일러가 "2년 내 실현은 공격적인 일정"이라고 평한 것은 우주산업 내부자의 냉정한 기술 평가이다. 전력난에 지친 AI 업계의 절박함이 우주 데이터센터 담론을 증폭시키고 있지만, 앞에서 설명한 다섯 가지 난제를 해결하는 것이 핵심 과제이다.

Chapter 8

스페이스X의 경쟁력

스페이스X는 어떻게 창업 20여 년 만에 세계 최대 발사 서비스 기업이자 위성 인터넷 서비스 기업으로 성장할 수 있었는가. 그 답은 세 가지 핵심 요소의 결합에 있다. 첫째는 독특한 기업 문화와 개발 방법론이고, 둘째는 수직 통합을 통한 비용 혁신이며, 셋째는 두 명의 핵심 리더가 만들어내는 비전과 실행의 균형이다.

이 세 요소가 상호 강화하는 방식으로 작동하기 때문에, 스페이스X의 경쟁 우위는 단순히 기술 몇 가지를 복제하는 것으로는 따라올 수 없는 깊이를 가진다. 경쟁사들이 스페이스X를 추격하는 동안, 스페이스X는 이미 다음 세대의 기술과 시장을 향해 나아가고 있었다. 이것이 바로 스페이스X가 단순한 성공 기업을 넘어, 우주산업의 패러다임 자체를 바꾼 기업으로 평가받는 이유다.

█ 실패는 옵션이다: 빠른 반복과 학습

전통 항공우주산업과의 차이: 폭포수 vs 애자일

전통적인 항공우주 개발 방법론은 '폭포수 모델(Waterfall Model)'에 가깝다. 요구 사항 정의 → 설계 → 제작 → 시험 → 배치의 각 단계가 순서대로 이루어지며, 각 단계에서 이전 단계의 승인이 없으면 다음 단계로 넘어갈 수 없다.

NASA나 록히드마틴, 보잉 같은 기업들의 대형 우주 프로그램은 이 방법론에 따라 설계 심사, 중간 단계 검토, 최종 검토 등 수십 차례의 공식 검토 절차를 거친다. 이 방법론의 장점은 각 단계에서 결함을 조기에 발견하여 시제품 제작 단계에서의 실패를 최소화한다는 것이다. 단점은 속도가 느리다는 것이다. 각 검토 절차마다 수개월의 시간이 소요되며, 설계 변경은 연쇄적인 문서 수정과 재승인을 요구한다.

스페이스X는 소프트웨어 개발에서 사용하는 애자일(Agile) 방법론을 하드웨어 개발에 적용한다. 빠르게 시제품을 만들고, 실제로 시험하고, 실패에서 배운 뒤 개선하여 다시 시험한다. 이 사이클을 가능한 한 빠르게 반복한다. 설계 문서가 완벽하지 않아도 일단 만들어보고 문제를 파악한다. 실패는 프로그램의 실패가 아니라 학습의 기회다. 이 방법론에서는 폭발이 나쁜 결과가 아니라 '비싼 데이터 수집'이다.

이 차이가 개발 속도에서 극적인 차이를 만든다. 전통적 방법론으로 새 로켓을 개발하는 데 통상 10~15년이 걸린다. 스페이스X는 팰컨 1 창업 후 첫 발사까지 약 4년, 팰컨 9 개발에 약 5년, 스타십은 공식 발표 후 첫 통합 시험까지 약 4년이 걸렸다.

하드웨어를 소프트웨어처럼 만든다

스페이스X의 또 다른 핵심 원칙은 '하드웨어를 소프트웨어처럼 만든다'는 것이다. 소프트웨어는 버전 업데이트가 쉽다. 오늘 릴리즈된 소프트웨어에 버그가 발견되면 내일 패치를 릴리즈하면 된다. 하드웨어는 전통적으로 그렇지 않다. 한번 제작된 로켓 엔진의 설계를 바꾸려면 새로운 금형, 새로운 제조 공정, 새로운 시험이 필요하다.

스페이스X는 이 한계를 소프트웨어로 극복한다. 엔진의 물리적 설계는 최대한 단순하고 모듈화하여 하드웨어 변경 필요성을 최소화하는 한편, 엔진의 성능 최적화는 연소 제어 소프트웨어를 통해 이루어진다. 멀린 엔진의 추력이 버전이 올라갈 때마다 향상된 것도 상당 부분 소프트웨어 최적화의 결과이다. 마찬가지로 팰컨 9의 자율 착륙 알고리즘은 각 착륙 시도에서 수집된 데이터로 지속적으로 업데이트된다. 착륙에 성공하든 실패하든, 수집된 데이터는 다음 알고리즘 업데이트에 반영된다.

수직 통합 전략의 위력

엔진부터 발사대까지 자체 제작

스페이스X의 수직 통합 범위는 놀라울 정도로 광범위하다. 로켓 엔진(Merlin, Raptor), 터보펌프, 연료 탱크, 구조물, 탄소섬유 복합재 페어링

(fairing), 항공전자기기(avionics), 비행 소프트웨어, 지상 지원 장비, 드론십(ASDS), 발사대 인프라, 그리고 위성 제조 및 사용자 단말기까지 스페이스X가 자체적으로 설계하고 제조한다. 심지어 스타링크 위성의 핵심 부품인 위상 배열 안테나도 자체 개발했다.

이 수직 통합의 결과로 스페이스X는 외부 공급업체에 지불하는 중간 마진을 절감할 수 있다. 또한 공급망 문제로 인한 생산 지연을 최소화할 수 있다. 팰컨 9의 제조 비용 중 외부 조달 비율은 약 30%로, 전통 항공우주 기업들의 70~80% 외부 조달 비율과 대비된다. 이 차이가 결국 발사 비용에서의 경쟁력으로 나타난다.

전통 방산업체(록히드마틴, 보잉)와의 비용 구조 비교

전통 방산업체들의 비용 구조와 스페이스X를 비교하면 극명한 차이가 있다. ULA(보잉과 록히드마틴의 합작)가 운용했던 아틀라스 V 로켓의 1회 발사 비용은 약 1억~2억 달러 수준이었다. 이 비용의 상당 부분은 수직 비통합 구조, 즉 수백 개의 하청업체에 납품을 의존하는 방식에서 발생하는 비효율이었다.

이에 더해 정부 계약에서 일반적으로 적용되는 비용 가산(Cost-Plus) 방식은 계약업체가 비용을 절감할 인센티브를 약화시키기 때문에, 전통 방산업체들의 비용 관리 의지가 민간 상업 기업에 비해 낮은 구조적 문제도 있다. 스페이스X는 정부 계약에서도 고정 가격(Fixed-Price) 방식을 선호하여, 비용 절감이 이익으로 직결되는 인센티브 구조를 유지한다.

그윈 숏웰과 브렛 존슨

머스크 뒤의 실력자들

스페이스X의 성공은 일론 머스크 개인의 비전만으로 이루어진 것이 아니다. 머스크의 전략적 비전을 실제 사업 성과로 전환하는 두 명의 핵심 리더가 있다. 최고운영책임자(COO) 그윈 숏웰과 최고재무책임자(CFO) 브렛 존슨(Bret Johnsen)이다(멀린 엔진을 개발해 온 톰 뮬러(Tom Mueller)는 2020년 11월 스페이스X에서 은퇴했다).

그윈 숏웰은 스페이스X의 7번째 직원으로 합류한 뒤, 회사의 상업적 성장을 이끌어온 핵심 인물이다. 그녀는 팰컨 9의 상업 시장 개척, NASA 및 정부 계약 체결, 스타링크 사업 모델 구체화 등 스페이스X의 모든 주요 사업 거래에서 중심 역할을 담당했다.

브렛 존슨 CFO는 스페이스X의 재무 전략을 담당하며, 2025년 투자자들에게 발송한 서한에서 IPO 계획의 윤곽을 공식화했다. CFO가 투자자에게 직접 IPO 계획을 서면으로 전달했다는 사실 자체가, 스페이스X의 IPO 준비가 구체적인 실행 단계로 진입했음을 시사하는 중요한 신호였다.

COO와 CFO의 역할: 비전과 실행의 균형

스페이스X를 분석할 때 투자자들이 자주 묻는 질문 중 하나는 "머스크가 없어지면 어떻게 되는가"이다. 이른바 키맨 리스크(Key Man Risk)다. 머스크가 테슬라, xAI, 보링컴퍼니, 뉴럴링크 등 여러 기업을 동시에 관장하고, 정치적 활동(DOGE 참여 등)에도 시간을 쏟고 있다는 점에서 이 우려는 타당하다.

그러나 스페이스X의 조직 구조를 보면, 숏웰 COO와 존슨 CFO가 각각 운영과 재무를 실질적으로 이끌고 있어, 머스크가 모든 세부 의사결정을 직접 내리는 것이 아님을 알 수 있다. 머스크는 큰 방향의 기술 비전과 전략적 우선순위를 설정하지만, 실제 사업 운영은 숏웰과 존슨이 주도한다. 이 삼각 균형 구조가 스페이스X가 머스크의 단독 리더십보다 더 강한 조직 탄력성을 가지게 하는 요인이다. 다만 머스크의 대외 이미지와 발언이 기업가치에 미치는 영향은 여전히 크기 때문에, 이 균형 자체가 완전한 답은 아니다.

스타베이스: 텍사스의 로켓 도시

보카 치카에서 스타베이스로

스페이스X가 텍사스주 보카 치카(Boca Chica)에 발사 시설을 구축하기 시작한 것은 2014년이었다. 처음에는 소규모 발사장으로 시작했지만, 스타십 개발이 본격화되면서 이 지역은 '스타베이스(Starbase)'라는 이름의 거대한 로켓 도시로 변모했다.

스페이스X는 지역 주민들의 이주를 지원하고 토지를 매입하여 시설 면적을 대폭 확장했다. 2023년에는 스타베이스가 텍사스주로부터 공식 도시 인정을 받아 독자적인 행정구역이 되었다.

스타베이스 야경.
스타십을 발사장으로 옮기는 모습이다.
(Credit: SpaceX)

스타베이스에는 스타십 조립 시설, 랩터 엔진 시험 설비, 발사대, 연료 공장, 직원 숙소, 교육 시설, 의료 시설이 갖추어져 있다. 이 시설 전체는 스페이스X의 스타십 발사 빈도를 현재의 연간 수회 수준에서 장기적으로 수백 회 수준으로 끌어올리는 것을 목표로 설계되었다.

스타베이스 개발 과정의 갈등

스타베이스의 발전 과정에서 스페이스X는 미국 연방항공청(FAA)과 지속적인 갈등을 경험했다. 스타십의 시험 발사 허가를 받기 위한 환경 평가 및 규제 검토가 수차례 지연되었으며, 각 시험 비행마다 별도의 허가를 받아야 했다.

2022~2023년 사이 첫 번째 통합 시험 비행 허가를 받기까지 수개월의 지연이 발생했고, 이 지연에 대해 머스크는 공개적으로 불만을 표시하며 FAA의 규제 구조 개혁 필요성을 강조했다. 트럼프 행정부 출범 이후 FAA의 규제 절차 합리화가 부분적으로 이루어진 것으로 알려지지만, 환경 규제와 공역 관리 규정은 여전히 발사 빈도를 제약하는 요인으로 남아 있다.

연간 25회에서 100회 이상 발사로

스페이스X는 궁극적으로 스타베이스에서 연간 100회 이상의 스타십 발사를 목표로 하고 있으며, 이를 위해 발사대 추가 구축과 프로세스 자동화를 추진하고 있다. 100회 이상의 발사가 실현된다면, 스타십 1기 발사로 팰컨 9 약 6회분의 화물을 궤도에 올릴 수 있으므로 스페이스X의 궤도 화물 투입 역량은 현재보다 수배 이상 증가하게 된다.

비용·빈도·네트워크: 세 겹의 해자

재사용 로켓이 만든 발사 비용 구조의 혁신

팰컨9 부스터는 새로 제작하는 비용의 단 10%만으로 재정비가 가능하며, 수 주 이내에 다시 발사대에 세울 수 있다. 그 결과 팰컨 9의 kg당 내부 발사 비용은 1,500달러(외부 고객은 4,250달러)까지 내려왔다. 이것은 단순한 가격 차이가 아니라 구조적 비용 혁명이다. 발사 단가가 낮아지면 고객이 늘고, 고객이 늘면 발사 횟수가 증가하며, 발사 횟수가 늘수록 부스터당 상각 비용이 더 떨어진다. 경쟁사들은 이 선순환의 바깥에 있다.

압도적 발사 빈도가 만드는 학습 선순환

2024년 스페이스X는 팰컨 9, 팰컨 헤비를 총 134회를 발사했다. 같은 해 전 세계 나머지 모든 발사 사업자의 합산을 넘어선 수치다. 2025년에는 팰컨 9 발사 횟수가 167회로 늘었다.

발사 횟수는 곧 엔진 연소, 귀환 착륙, 페이로드 분리의 데이터 축적량이다. 매 발사가 다음 발사를 더 정확하게 만든다. 경쟁사가 수년에 걸쳐 쌓을 운용 경험을 스페이스X는 몇 달 안에 축적한다.

스타링크 네트워크 효과와 선점 우위

스타링크는 2026년 4월 기준, 전 세계 궤도 위성의 약 65%를 운용하며, 150개 이상의 국가/마켓에서 서비스 중이다. 벌어들이는 수익은 스타십 개발과 차세대 위성 제작을 뒷받침한다. 위성 간 레이저 통신(ISL) 기술은 지상 기지국 없이 위성끼리 직접 데이터를 중계해 낮은 지연 속도를 구현한다. 항공사, 선박, 군사 통신망에 스타링크가 표준으로 자리 잡으면, 후발 경쟁자는 가격만으로는 이 고객들을 빼앗을 수 없다. 장비 교체 비용과 계약 잔여 기간이 전환 장벽으로 작동하기 때문이다.

정부 계약 네트워크(NASA·국방부)의 제도적 해자

스페이스X는 NASA와 미국 국방부 양쪽에 깊이 뿌리내렸다. NASA와는 팰컨 9 발사 및 스타십 개발 계약을 포함해 총 150억 달러 이상을 계약했다. 국방 분야에서는 발사 서비스와 군사용 스타링크 서비스(Starshield)를 합산해 연간 수십억 달러 규모의 계약이 추산된다. 금액 이상으로 중요한 것은 계약 수행 과정에서 내부에 쌓이는 노하우다. 국가안보 관련 운용 데이터와 긴급 대응 프로토콜은 자금만으로 복제할 수 없다. 정부 입장에서도 수년간 신뢰를 쌓은 사업자를 교체하는 것은 그 자체로 리스크다.

스타십: 다음 세대 비용 혁명의 예고

스타십은 1단 슈퍼헤비와 2단 우주선 모두를 회수·재사용하는 완전 재사용 체계를 목표로 한다. 이론상 발사 비용이 한 번 더 수십분의 1로 떨어질 수 있다. 탑재 능력도 차원이 다르다. 저궤도 기준 최대 100~150톤으로, 블루 오리진 뉴 글렌(45톤)이나 로켓랩 뉴트론(13톤)과는 사실상 다른 범주의 발사체다. 대형 통신 위성부터 우주 데이터센터 모듈, 달·화성 임무까지 단일 플랫폼으로 커버한다. 스타십이 표준이 되는 시대에는 스페이스X와 나머지 사업자들 사이의 간극이 지금보다 훨씬 더 벌어질 것이다.

스페이스X의 경쟁자들

스페이스X는 로켓을 만드는 회사였다. 재사용 가능한 로켓으로 발사 비용을 혁신적으로 낮추고, 민간 우주산업의 판도를 바꾼 발사 서비스 기업이었다.

그러나 2026년 현재, 스페이스X는 그 정의가 무색할 만큼 방대한 기업으로 변모했다. 발사 서비스를 넘어 전 세계 수천만 명에게 인터넷을 공급하는 통신 사업자가 됐고, xAI 합병을 통해 오픈AI, 구글과 정면으로 겨루는 AI 기업이기도 하다.

사업 영역이 넓어진다는 것은 경쟁자도 그만큼 다양해진다는 뜻이다. 스페이스X는 지금 세 개의 전선에서 동시에 싸우고 있다. 발사 서비스 분야에서는 블루 오리진, 로켓랩, ULA, 아리안스페이스 등 전통적인 우주 발사 사업자들과 경쟁한다. 위성 인터넷 분야에서는 아마존 LEO, 원웹, 중국의 치엔판 등 후발 주자들이 스타링크의 시장 지위를 위협하고 있다. AI 분야에서는 오픈AI, 구글 딥마인드, 앤트로픽 등 이미 막대한 자원을 투입한 강자들이 즐비하다.

이 세 전선의 경쟁 강도는 각기 다르다. 발사 서비스에서 스페이스X의 지위는 압도적이지만, 위성 인터넷은 경쟁이 본격화하는 초입에 있고, AI는 이제 막 진입한 후발주자에 가깝다. 스페이스X가 각 분야에서 맞닥뜨린 경쟁자들이 누구인지, 그리고 그 경쟁이 투자자에게 어떤 의미를 갖는지를 차례로 살펴본다.

스페이스X의 3가지 경쟁 무대

우주에서 AI까지의 경쟁 구도

로켓 발사 서비스

로켓 발사 서비스 신흥 강자들과의 경쟁

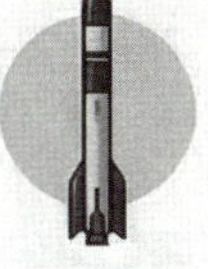
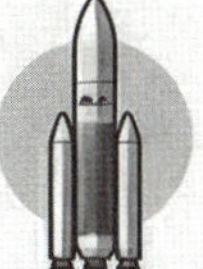

블루 오리진의 뉴글렌, 로켓랩의 일렉트론, ULA의 벌컨 센타우르,
릴래티비티 스페이스의 테란-R과 경쟁

위성 인터넷(스타링크)의 추격자들

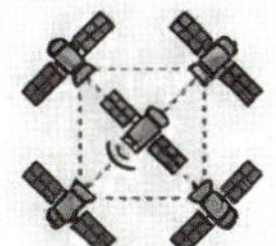
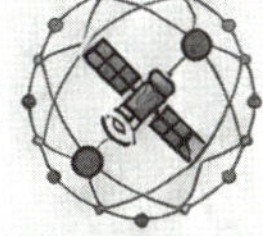
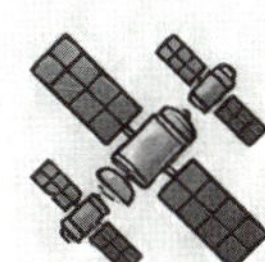

아마존 LEO의 프라임 생태계, 유텔셋·원앱의 위성 서비스,
바이아셋의 위성 인터넷 서비스와 경쟁

기술의 최선전 AI 서비스

막강한 자본과 기술력을 가진 AI 거인들

AI 분야에서 ChatGPT, Gemini, Claude, Perplexity 등
막대한 자원을 투입한 선두 주자들과 경쟁

스페이스X vs 블루 오리진: 로켓 발사 패권 전쟁

스페이스X가 발사 시장을 완전히 재편하는 동안, 그 맞은편에서 묵묵히 기반을 다져온 기업이 있다. 바로 아마존 창업자 제프 베조스가 2000년에 설립한 블루 오리진(Blue Origin)이다.

창업 시점만 놓고 보면 블루 오리진은 스페이스X(2002년 창업)보다 2년 앞서 탄생한 기업이다. 그러나 세상은 블루 오리진을 스페이스X의 '만년 추격자'로 기억해 왔다. 이 인식에는 근거가 없지 않다. 스페이스X가 팰컨 1의 궤도 진입(2008년), 팰컨 9의 상업 운용(2010년), 부스터 재착륙(2015년)을 연달아 달성하는 동안, 블루 오리진은 뉴셰퍼드(New Shepard) 준궤도 로켓으로 우주 관광객을 태우는 데 집중했기 때문이다.

그러나 2025년과 2026년에 걸쳐 블루 오리진의 지위는 달라지기 시작했다. 뉴글렌(New Glenn)이라는 이름의 중대형 궤도 발사체가 연속 비행에 성공하면서, 이 회사는 비로소 진지한 경쟁자 반열에 올랐다.

2025년 11월 3일, 성공적 발사와 성공적 부스터 회수를 달성한 블루 오리진의 뉴글렌

(Credit: Blue Origin)

제프 베조스와 블루 오리진의 창업 철학

베조스는 아마존 창업과 성장에서 얻은 부를 체계적으로 우주 사업에 투입해 왔다. 2023년 말 기준으로 그는 블루 오리진에 이미 100억~200억 달러를 투자했다고 직접 밝혔으며, 아마존 주식을 연간 10억 달러 규모로 매각하여 블루 오리진에 지속 투자하겠다는 의사를 공개적으로 천명한 바 있다.

블루 오리진의 기업 철학은 스페이스X와 미묘하게 다르다. 스페이스X가 화성 식민지를 최종 목표로 삼고 기술 개발을 폭발적으로 밀어붙이는 방식이라면, 블루 오리진은 "Gradatim Ferociter(한 걸음씩 맹렬하게)"라는 라틴어 모토처럼 단계적이고 신중한 접근을 택해왔다.

베조스의 비전은 지구를 보호하기 위해 인류의 산업과 에너지 소비를 우주로 이전해야 한다는 것으로, 달에 사람이 거주하며 지구 귀환이 자유로운 미래를 그린다. 이 비전은 머스크의 화성 이주론과 방향은 비슷하지만, 달을 중간 기지로 삼는다는 점에서 전략적 차이가 있다.

뉴글렌: 세계에서 두 번째로 궤도급 부스터를 재착륙시킨 로켓

뉴글렌은 최초의 미국인 우주 궤도 비행사인 존 글렌(John Glenn)의 이름을 따서 명명된 중대형 발사체다. 높이 98m, 직경 7m의 페어링을 갖춘 이 로켓은 저궤도(LEO)에 최대 45,000kg의 화물을 투입할 수 있는 능력을 보유하고 있다. 첫 번째 단(GS1)에는 블루 오리진이 자체 개발한 BE-4 엔진 7기가 장착되어 있고, 두 번째 단(GS2)에는 BE-3U 엔진 2기가 탑재되어 있다.

뉴글렌의 발사 역사는 짧지만 의미심장하다. 2025년 1월 16일, 뉴글렌은 첫 번째 테스트 발사(NG-1 미션)에서 궤도 진입에 성공했다. 블루 오리진의 블루링 패스파인더 탑재체를 중지구궤도에 성공적으로 올리는 데 성공했으나, 1단 부스터는 대기권 재진입 과정에서 회수에 실패했다. 그러나 이 단 한 번의 시험으로 궤도 진입에 성공한 것은 블루 오리진 역사에서 전례 없는 도약이었다.

두 번째 발사(NG-2 미션)는 2025년 11월 13일에 이루어졌다. 이 미션에서 뉴글렌은 NASA의 ESCAPADE 쌍둥이 우주선을 화성 궤도를 향한 경로에 올려놓는 데 성공했으며, 영화 스타워즈에서 한 솔로의 대사인 '확률 따위 필요 없어(Never Tell Me the Odds)'라는 이름이 붙은 GS1 부스터는 해상 드론십에 수직 착륙하는 데 성공했다.

1단을 우주 궤도에 올려놓은 후 재클린이라는 드론십에 착륙한 뉴글렌의 1단 부스터

(Credit: Blue Origin)

이로써 블루 오리진은 스페이스X에 이어 세계에서 두 번째로 궤도급 로켓 부스터의 수직 착륙에 성공한 기업이 되었다. 스페이스X가 팰컨 9 부스터의 첫 착륙을 위해 수십 번의 실패를 반복한 것을 감안하면, 블루 오리진이 두 번째 시도에서 대형 부스터 착륙을 성공시킨 것은 상당한 기술적 성취다.

뉴글렌 발사 기록(2025~2026)

미션	발사일	탑재체	부스터 착륙	비고
NG-1	2025.01.16	블루링 패스파인더	실패 (대서양 소실)	첫 궤도 발사 성공
NG-2	2025.11.13	NASA ESCAPADE(화성탐사) + Viasat	성공 (해상 착륙)	세계 2번째 궤도급 부스터 재착륙
NG-3	2026년 상반기(예정)	AST 스페이스모바일 블루버드 위성	–	NSSL 인증 비행

뉴글렌의 발사 기록에는 또 하나 주목할 만한 측면이 있다. 블루 오리진은 뉴글렌의 다음 미션이 AST 스페이스모바일의 차세대 블록 2 블루버드 위성을 저궤도에 올리는 임무가 될 것이라고 발표했다. 이 미션은 블루 오리진이 상업 고객의 실제 운용 위성을 발사하는 첫 사례로, NSSL 인증* 과정의 세 번째 비행을 겸하게 된다.

---

* NSSL(National Security Space Launch) 인증은 미국 국가안보 위성을 발사할 수 있는 로켓의 신뢰성과 성능을 미 공군/우주군이 공식적으로 검증하는 절차이다.

뉴글렌의 기술 사양과 업그레이드 계획

블루 오리진은 2025년 11월 뉴글렌의 현행 버전에 'New Glenn 7×2'라는 공식 명칭을 부여하고, 차기 버전 'New Glenn 9×4'를 발표했다. 9×4 버전은 1단에 BE-4 엔진 9기, 2단에 BE-3U 엔진 4기를 탑재하며, 저궤도 투입 능력이 70,000kg 이상으로 향상된다. 이는 스페이스X 팰컨 헤비의 저궤도 투입 능력인 약 63,800kg(소모 모드 기준)을 상회하는 수준이다.

블루 오리진이 자체 개발한 BE-4 엔진은 뉴글렌에만 사용되는 것이 아니라는 점도 중요하다. BE-4 엔진은 ULA(유나이티드 론치 얼라이언스)의 벌컨 센타우르(Vulcan Centaur) 로켓에도 탑재되어, 블루 오리진은 자사 로켓과 경쟁사 로켓 모두에 엔진을 공급하는 독특한 위치에 있다. 이는 블루 오리진이 로켓 제조사이자 엔진 공급업체로서 발사 생태계에 이중적인 방식으로 참여하고 있음을 의미한다.

국가안보 우주발사(NSSL) 계약과 정부 수주

2025년 4월, 미국 우주군 우주시스템사령부(Space Systems Command)는 NSSL Phase 3 Lane 2 계약의 세 번째 제공업체로 블루 오리진을 선정했다. 계약 규모는 7회 비행, 총 예상 가치 24억 달러이며, 이로써 국가안보 위성 발사 시장은 스페이스X·ULA·블루 오리진의 3자 구도가 형성되었다.

NSSL 공식 인증을 위해서는 총 4회 발사를 완료해야 한다. 2025년 말 기준 NG-1과 NG-2가 완료된 상태이며, NG-3과 NG-4가 성공적으로 진행되면 블루 오리진은 세 번째 공식 인증 제공업체로 확정된다.

블루문과 아르테미스 프로그램: 달 착륙의 핵심 플레이어

NASA는 블루 오리진을 아르테미스 V 미션의 유인 달 착륙 시스템 개발업체로 선정하며 총 34억 달러 규모의 계약을 체결했다. 이는 스페이스X에 이어 두 번째 달 착륙 시스템 공급사로 선정된 것으로, 블루 오리진이 아르테미스 프로그램의 핵심 수혜 기업이 되었음을 의미한다.

블루문(Blue Moon) 착륙선은 두 가지 버전으로 개발 중이다. 무인 화물용 Mark 1은 뉴글렌 단독 발사로 달 표면까지 도달하도록 설계되었으며, 유인용 Mark 2는 최대 4명의 우주비행사를 최장 30일간 달에 체류시킬 수 있는 착륙선으로 아르테미스 V(2030년 예정)에 투입된다.

2026년 2월 NASA는 아르테미스 프로그램 구조를 개편하며, 최초 유인 달 착륙 시점을 이르면 2028년으로 조정했다. 재러드 아이작먼 NASA 국장은 달 착륙선을 먼저 준비하는 회사가 핵심 파트너가 될 것이라고 밝히며, 스페이스X와 블루 오리진 간 경쟁을 적극 촉진하겠다는 의사를 표명했다.

블루 오리진 주요 정부 계약 현황

계약	규모	내용	시점
NASA 아르테미스 V HLS	34억 달러	블루문 마크 2 유인 달 착륙선 개발	2023년 5월 계약
NSSL Phase 3 Lane 2	24억 달러 (추정)	국가안보 위성 발사 7회	2025년 4월 선정
NASA CLPS VIPER 로버 미션	1억 9천만 달러	블루문 마크 1 화물 달 착륙 서비스	2025년 9월 연구 계약

발사 빈도 확장 계획: 2026년 목표 10~12회

스페이스X가 2025년에 약 165회 발사를 달성한 것과 비교하면, 블루 오리진의 2025년 2회 발사는 초라해 보일 수 있다. 블루 오리진은 2026년 발사 횟수를 12~24회까지 늘릴 계획이다.

재무 현황과 기업가치: 불투명성의 경제학

블루 오리진은 전 세계에서 가장 많은 주목을 받는 비상장 기업 중 하나이면서, 재무 정보는 거의 공개하지 않는 기업이다. 스페이스X가 2025년 12월 2차 주식 거래에서 8,000억 달러로 평가된 것과 달리, 블루 오리진의 기업가치는 공식 평가 기록이 없으며, 발사 빈도와 정부 계약 수주 패턴을 근거로 분석가들은 500억~1,000억 달러 수준으로 추정하고 있다.

블루 오리진과 스페이스X 주요 지표 비교(2025년 기준)

항목	블루 오리진	스페이스X
창업 연도	2000년	2002년
주요 주주	제프 베조스(사실상 100%)	일론 머스크(~40%)
상장 여부	비상장	비상장(2026년 IPO 추진)
추정 기업가치	500억~1,000억 달러(추정)	1조 7,500억 달러(목표)
2025년 연간 발사	2회(뉴글렌 기준)	약 165회(팰컨 9 기준)
주요 매출원	정부 계약, 뉴셰퍼드 관광	스타링크, 발사 서비스
수익성	미달성	달성(EBITDA 흑자)
최대 LEO 투입 능력	45,000kg(뉴글렌)	약 150,000kg(스타십 목표)
핵심 엔진	BE-4, BE-3U	랩터, 멀린

스페이스X vs 로켓랩: 중형 발사 서비스의 격돌

스페이스X의 발사 서비스 경쟁자 가운데 가장 현실적인 위협은 대형 방산·우주 기업이 아니라 뉴질랜드 출신의 작은 회사에서 나왔다. 나스닥 상장사인 로켓랩(Rocket Lab)은 스페이스X가 지배하는 발사 시장에서 유일하게 독자적인 발사 실적과 수익을 갖춘 상업 경쟁자다.

로켓랩의 일렉트론(Electron) 로켓은 2026년 1월 기준 75회 이상의 궤도 임무를 성공적으로 완수해, 전 세계에서 가장 많이 운용된 소형 발사체가 됐다. 미국 내에서 로켓랩은 스페이스X에 이어 두 번째로 많이 이용되는 발사 회사로 자리매김했다.

2026년 3월 6일 발사한 로켓랩의 Insight At Speed Is A Friend Indeed

(Credit: Roket Lab)

재무 성과도 가파르게 성장하고 있다. 2025년 연간 매출은 6억 200만 달러로 전년 대비 38% 성장했으며, 분기 최고 매출인 1억 8,000만 달러를 기록했다. 2025년 한 해 동안 일렉트론 및 하스테(HASTE) 임무를 합쳐 총 21회를 발사했으며, 100% 성공률을 달성했다.

스페이스X와의 경쟁에서 로켓랩의 핵심 과제는 '소형'의 한계를 넘는 것이다. 일렉트론의 저궤도(LEO) 탑재 한계는 300kg으로, 팰컨 9의 22,800kg과는 비교 자체가 어렵다. 이를 돌파하기 위한 카드가 중형 발사체 뉴트론(Neutron)이다.

뉴트론은 저궤도에 최대 13,000kg을 투입할 수 있는 재사용 중형 발사체로, 메가 콘스텔레이션 배치와 심우주 임무를 목표로 설계됐다. 다만 2026년 1월 1단 탱크 수압 시험 중 파손이 발생해 제조 결함이 확인됐고, 이로 인해 초도 발사 목표가 2026년 4분기로 연기됐다.

로켓랩 재무 분석

항목	수치(2025년 기준)
연간 매출	6억 200만 달러
매출 성장률	전년 대비 38%
연간 발사 횟수	21회(100% 성공률)
수주 잔고	18억 5,000만 달러
최대 단일 계약	SDA 위성 제조 계약 8억 160만 달러
뉴트론 첫 발사 목표	2026년 4분기(연기)

스페이스X와 로켓랩의 관계는 정면 충돌보다는 시장 분할에 가깝다. 로켓랩은 스페이스X가 채산성이 낮아 직접 나서지 않는 소형 전용 발사 수요를 흡수하며 성장했다. 그러나 뉴트론이 중형 시장에 진입하면 팰컨

9의 하단부 고객층과 겹치기 시작한다. 뉴트론의 성공 여부가 로켓랩이 스페이스X의 진정한 경쟁자로 올라설 수 있는지를 결정하는 분수령이 될 것이다.

스페이스X vs ULA: 정부 시장의 경쟁자

스페이스X가 민간 상업 발사 시장을 장악하는 동안, 미국 정부 발사 시장에서 끝까지 자리를 지킨 경쟁자가 있다. ULA(United Launch Alliance)는 보잉과 록히드 마이 2006년 합작 설립한 발사 서비스 전문 기업이다. 설립 이후 미국 국가안보, NASA, 상업 고객을 위한 발사 임무를 수행해 왔으며, 단 한 번의 임무 실패 없이 100% 성공률을 유지하고 있다.

ULA의 벌컨 센타우르. 높이 약 61.6~67.3m, 직경 5.4m의 2단 로켓이다.

(Credit: ULA)

ULA의 주력 발사체는 벌컨 센타우르(Vulcan Centaur)다. 벌컨은 저궤도에 최대 27,200kg을 투입할 수 있으며, 발사 비용은 약 1억 1,000만 달러로 킬로그램당 약 4,044달러 수준이다.

ULA가 스페이스X와 정면 가격 경쟁을 피하는 대신 선택한 영역은 신뢰성과 고에너지 궤도 임무다. 벌컨 센타우르는 2025년 3월 국가안보 임무에 대한 인증을 획득했다. 미국 국방부와 정보기관이 발주하는 고가치 위성 임무는 비용보다 신뢰성을 최우선으로 요구하는 시장이다. 수십억 달러짜리 군사 위성 하나가 발사 실패로 소실되는 리스크를 감수하기보다, 발사 비용을 조금 더 지불하더라도 검증된 발사체를 선택하는 것이 합리적인 판단이다. ULA는 바로 이 심리를 기반으로 시장에서 살아남았다.

그러나 ULA의 내부 사정이 순탄하지만은 않다. 2025년 3월 ULA는 발사 횟수를 기존 20회에서 12회로 40% 줄인다고 발표했으며, 이는 2025년 약 8억 달러의 매출 감소로 이어질 수 있다는 분석이 나왔다.[*] 스페이스X의 시장 지배력이 강화되면서 상업 고객 확보가 갈수록 어려워지고 있음을 반영한다.

더 근본적인 구조 문제도 있다. ULA는 보잉과 록히드 마틴이라는 두 거대 방산 기업의 합작사이므로, 스타트업처럼 빠르게 기술을 혁신하거나 비용을 낮추기 어렵다. 재사용 기술 도입도 현재로서는 계획에 없다. 스페이스X가 팰컨 9 부스터를 20회 이상 재사용하며 비용을 낮추는 동안,

---

[*] https://aerospacelab-journal.org/2025/08/12/the-biggest-space-companies-who-really-rules-orbit-in-2025/

ULA는 여전히 1회용 발사 비즈니스 모델에 머물러 있다.

결국 ULA는 스페이스X를 위협하는 경쟁자라기보다, 미국 정부가 단일 공급자 의존 리스크를 피하기 위해 유지하는 '전략적 대안'에 가깝다. 국가안보 발사 시장에서의 입지는 당분간 유지되겠지만, 상업 시장에서의 점유율 회복은 재사용 기술 없이는 어렵다.

ULA 기술과 핵심 고객

항목	내용
설립	2006년(보잉+록히드 마틴 합작)
주력 발사체	벌컨 센타우르(Vulcan Centaur)
저궤도 탑재 최대	27,200kg
발사 비용	약 1억 1,000만 달러(kg당 약 4,044달러)
재사용 기술	없음
핵심 고객	미국 국방부, NASA, 정보기관
임무 성공률	100%

스페이스X vs 파이어플라이 에어로스페이스: 발사와 달 착륙의 격돌

파이어플라이 에어로스페이스(Firefly Aerospace)는 텍사스주 오스틴(Austin)에 본사를 둔 미국 민간 우주 기업이다. 소형~중형 발사체 개발과 달 착륙 서비스를 동시에 추구하는 이중 전략이 특징이다. 2025년 8월 나스닥에 상장했으며, 소형~중형 발사와 달 착륙 역량을 동시에 보유한 드문 기업으로 평가받는다.

발사 서비스 분야에서는 소형 발사체 알파(Alpha)를 운용하며, 노스럽 그러먼(Northrop Grumman)과 공동 개발 중인 이클립스(Eclipse)가 차세대 발사체로 대기 중이다.

달 착륙 분야의 성과도 주목할 만하다. 2025년 3월 블루 고스트(Blue Ghost) 달 착륙선이 달 표면에 성공적으로 연착륙해 NASA 장비를 2주간 운용했으며, NASA는 1억 7,670만 달러 규모의 후속 계약을 체결했다. 파이어플라이는 규모 면에서 스페이스X와 직접 겨루기보다, 틈새시장과 달 탐사 영역에서 독자 생태계를 구축하는 전략이다.

스페이스X vs 릴래티비티 스페이스: 3D 프린팅 로켓 제조의 경쟁자

릴래티비티 스페이스(Relativity Space)는 캘리포니아주 롱비치(Long Beach)에 본사를 둔 미국 우주 스타트업으로, 2015년 설립됐다. 핵심 기술 차별점은 3D 프린팅(적층 제조) 기반의 로켓 제조 방식이다. 기존 항공우주 부품 조달 방식을 탈피해 제조 비용과 개발 기간을 대폭 줄이겠다는 구상이다.

랠리티비티 스페이스는 소형 로켓 테란-1(Terran-1) 개발을 중단하고 중형 재사용 발사체 테란-R(Terran R)로 전략을 전환했다. 2026년 테란-R의 첫 발사를 목표로 개발을 진행 중이다. 테란-R이 목표대로 성공한다면 중형 시장에서 스페이스X의 팰컨 9과 로켓랩의 뉴트론(Neutron) 사이의 수요를 흡수할 가능성이 있다.

그러나 3D 프린팅·재사용 기술 콘셉트는 혁신적이지만 현재까지 궤도 발사 실적이 없다는 점은 투자자가 유의해야 할 리스크다. 기술 콘셉트와 실제 발사 실적 사이의 간극이 여전히 크다.

금속 3D 프린터로 제작한 테란-1 엔진

(Credit: Relativity Space)

스페이스X vs 아리안스페이스: 강자의 시대가 저물다

아리안스페이스는 1980년 프랑스에서 설립된 세계 최초의 상업 발사 서비스 기업이다. 발사 기지는 남미 프랑스령 기아나(French Guiana)의 기아나 우주센터(CSG)를 사용하며, 유럽우주국(ESA)과 프랑스 국립우주연구센터(CNES)가 인프라를 소유·관리한다. 설립 이후 45년간 355회 이상의 임무를 수행하며 1,100기 이상의 위성을 궤도에 올렸다.

한때 아리안스페이스는 상업 발사 시장의 절대 강자였다. 2017년 이전까지 전 세계 상업 발사 시장의 약 60%를 점유하며 독보적인 지위를 누렸다. 그러나 스페이스X가 재사용 로켓으로 발사 비용을 혁신적으로 낮추면서 상황은 급변했다. 스페이스X의 저가 공세에 밀린 아리안스페이스는 2010년대부터 인력을 감축하고 비용 절감에 집중해야 했다.

현재 아리안스페이스의 주력 발사체는 아리안 6(Ariane 6)이다. 2024년 7월 첫 발사에 성공하며 유럽의 독자적 우주 접근권을 재확보했지만, 근본적인 약점은 여전하다. 재사용 기술이 없다. 스페이스X 팰컨 9의 재사용 발사 비용이 내부 사용 기준 킬로그램당 1,500달러(외부 고객은 4,250달러) 수준인 반면, 아리안 6는 이 가격 경쟁력을 따라가기 어렵다. 발사 빈도에서도 격차가 크다. 스페이스X가 2025년 165회 이상의 발사를 소화하는 동안, 아리안 6는 3~4회에 그치고 있다.

결국 아리안스페이스는 상업 시장의 경쟁자이기보다 유럽 각국 정부와 ESA가 미국에 발사를 의존하지 않기 위해 보조금으로 유지하는 전략 자산에 가깝다. 스페이스X의 진정한 비즈니스 경쟁자라기보다, 유럽의 우주 주권을 지키는 정치적 존재로 이해하는 것이 정확하다.

스타링크 vs 아마존 LEO: 위성 인터넷 패권 전쟁

저궤도(LEO) 위성 인터넷 시장에서 스페이스X의 스타링크와 아마존의 LEO가 정면으로 맞붙고 있다. 두 서비스는 같은 시장을 노리지만 전략은 뚜렷하게 다르다.

2026년 3월 기준으로 스타링크는 위성 10,000기 이상을 궤도에 올려놓고 월간 활성 사용자 1,000만 명을 확보했다. 저궤도 위성 인터넷 시장 점유율은 85% 이상이다. 반면 아마존 LEO는 아직 서비스 시작 단계로, FCC 규정에 따라 2026년 말까지 전체 계획 위성 3,236기의 50%를 궤도에 올려야 하는 압박을 받고 있다.

아마존의 위성 인터넷 서비스 '아마존 LEO' (Credit: Amazon)

두 서비스의 경쟁력 차이를 가장 명확하게 드러내는 지표는 발사 비용이다.

스페이스X의 스타링크와 아마존 LEO의 발사 비용

항목	스타링크	아마존 LEO
kg당 발사 비용	1,500달러(내부 사용 기준)	5,000~10,000달러(외부 로켓)
위성 총 발사 비용	10억 달러 미만 (10,000기)	50억~200억 달러 (3,236기 달성 시 추정)
발사 횟수	주 5회 이상	분기 20회 목표(지연 중)
위성 수(2026. 3 기준)	10,000+	100+, 2025년 말 27기 첫 발사

스타링크는 팰컨 9의 재사용 기술 덕분에 킬로그램당 내부 발사 비용을 1,500달러 수준으로 낮춘 것으로 추정된다. 아마존 LEO는 ULA와 블

루 오리진(Blue Origin) 등 외부 발사체에 의존하기 때문에 같은 기준으로 5,000~10,000달러가 든다. 위성 수는 스타링크가 세 배나 많지만 총 발사 비용은 아마존 LEO의 5분의 1 이하다. 스타십의 본격 상용화가 이루어지면 스타링크의 발사 비용은 현재보다 10분의 1 수준으로 추가 절감될 것으로 전망된다.

두 서비스는 돈을 버는 방식도 다르다.

스페이스X의 스타링크와 아마존 LEO의 비즈니스 모델

항목	스타링크	아마존 LEO
주요 수익원	가정·이동형 구독(월 80~120달러)+군용·항공 계약	기업·정부 클라우드 연동(AWS 통합), 하드웨어 판매
월간 활성 사용자	1,000만 명(2026.3 기준)	2026년 말 서비스 시작 목표
2025년 매출	약 104억 달러	1~5억 달러(초기 목표)
사용자당 월평균 매출(ARPU)	약 94달러 이상	기업 고객 500달러 이상

스타링크는 단말기 초기 판매와 월정액 구독을 결합한 안정적인 현금 흐름 모델을 구축했다. 2025년에 흑자 전환을 이뤘고, 스페이스X 전체 매출 155억 달러 중 스타링크가 약 104억 달러로 67%를 차지했다.

아마존 LEO는 가입자 수보다 기업 고객 1인당 단가가 높은 B2B 모델을 지향한다. AWS 클라우드와 연동하여 기업 데이터 전송, 항공사 기내 인터넷 등 고부가가치 시장을 공략하는 전략이다. 제트블루(JetBlue) 등과의 기업 계약이 대표적이다.

현재로서는 스타링크의 우위가 압도적이다. 그러나 아마존이 100억 달러 규모의 투자를 집행하고 있고, AWS와의 시너지를 통해 기업 시장에서 차별화된 서비스를 제공할 수 있다는 점은 무시하기 어렵다. 아마존 LEO가 2027년까지 저궤도 인터넷 시장의 20% 점유율을 달성한다면 경쟁은 본격적으로 심화될 것이다. 발사 비용과 가입자 규모에서는 스타링크, 클라우드 통합과 기업 고객 공략에서는 아마존 LEO가 각각 우위를 가져가는 구도가 형성될 것으로 보인다.

유텔셋/원웹: 위성 인터넷의 경쟁자

유럽의 유텔셋(Eutelsat)은 2023년 영국의 원웹(OneWeb)을 합병하여 저궤도 위성 서비스에 진출했다. 원웹의 위성 성단은 약 630기로, 스타링크의 2026년 3월 기준 10,000기에 비하면 규모가 작다.

전략 측면에서 유텔셋/원웹은 일반 소비자 시장 직접 공략보다는 기업·정부 B2B 시장에 집중한다. 주요 사업 영역은 비디오 방송, 고정 연결성, 모바일 연결성(해양·항공), 정부 서비스 등 네 개 부문으로 구성되어 있으다.

유텔셋은 현재 운용 중인 위성 654기 대부분이 2020~2023년 사이에 발사되어 설계 수명이 2027~2028년에 집중되어 있다. 위성 교체 비용으로만 22억 유로가 필요한 상황으로, 에어버스에 440기의 신형 원웹 위성을 발주했다. 유텔셋은 중장기적으로는 유럽연합의 위성통신 주권 프로젝트인 IRIS²에 약 20억 유로를 분담하며, 유럽의 스타링크 대항마 역할을 맡는다는 구상이다.

AST 스페이스모바일: 휴대폰 위성통신의 경쟁자

AST 스페이스모바일(AST SpaceMobile)은 텍사스주 미들랜드(Midland)에 본사를 두고 있으며 나스닥에 상장되어 있는 기업으로 스타링크 모바일(구 Ditrct-to-Cell) 서비스와 직접적으로 경쟁한다.

AST는 기존의 일반 LTE 스마트폰으로 직접 위성과 통신하는 '다이렉트 투 디바이스(Direct-to-Device)' 서비스를 목표로 한다. 이 기술이 실현된다면, 사용자가 안테나를 별도로 구매할 필요 없이 기존 스마트폰만으로 위성 인터넷 서비스를 이용할 수 있게 된다.

AST는 2025년에 블루버드(BlueBird) 위성 성단을 배치하기 시작했으며, AT&T, 버라이즌(Verizon), 보다폰(Vodafone), 라쿠텐(Rakuten) 등 글로벌 통신사들과 파트너십을 맺고 있다.

위성 인터넷 경쟁사 비교: 스타링크·아마존 LEO·원웹·AST

항목	스타링크 (스페이스X)	아마존 LEO (Amazon)	유텔셋/원웹 (Eutelsat)	AST 스페이스모바일
계획 위성 수	4만 2,000기	3,236기	~648기	~168기(블루버드)
운용 위성 수	10,000기 이상	초기 배치 단계	~600기	초기 배치 단계
궤도 고도	550~1,200km	590~630km	1,200km	500~520km
서비스 시작	2020년	2026년 이후 예상	2023년	2025년
단말기 요구	전용 안테나	전용 안테나 예정	전용 안테나	기존 스마트폰
주요 타깃	개인·기업·정부	개인·기업	기업·개인	개인(기존 폰)
상장 여부	비상장 (IPO 예정)	비상장 (아마존 자회사)	상장 (파리 ETR)	상장 (나스닥: ASTS)

※ 스타링크는 전용 안테나 없이 기존의 LTE 스마트폰으로 위성 인터넷 이용이 가능한 '스타링크 모바일(Direct-to-Cell)' 서비스 확대 중

xAI vs AI의 거인들(OpenAI, Google, Anthropic)

후발주자의 질주, Grok

2023년 11월 출시된 Grok은 불과 2년 만에 AI 챗봇 시장의 판도를 흔들었다. Grok의 미국 챗봇 시장 점유율은 2025년 1월 1.9%에서 2026년 2월 17.8%로 1년 만에 10배 가까이 급등했다(글로벌 점유율은 3.4%). xAI의 2025년 말 기준 전 세계 월간 활성 사용자(MAU)가 6,400만 명에 달한다고 알려졌다.[*] 이는 2025년 4월 중순 3,510만 명 대비 200% 증가한 수치다.

매출 측면에서는 2025년 3분기 8,800만 달러를 기록해 전 분기 대비 35.3% 성장했고, 2025년 연간 매출은 약 3억 달러로 추정된다. 2026년 Grok의 독립 매출 전망치는 20억 달러다.[**]

Grok의 성장 동력은 X(구 트위터)와의 통합이다. X의 4억 명 사용자에게 마케팅 비용 없이 도달할 수 있고, 실시간 소셜 데이터를 학습에 활용할 수 있다. xAI는 현재 인프라와 모델 훈련에 월 10억 달러를 지출하고 있으며, 최신 모델인 Grok 4 개발에만 컴퓨팅 비용 5억 달러가 투입됐다고 알려졌다.

거인들의 현재 위치

웹 트래픽 분석 기관인 Similarweb의 2026년 1월 데이터에 따르면 ChatGPT는 AI 글로벌 챗봇 시장의 64.5%를 점유하고 있으며, 1년 전

---

[*]　https://famewall.io/statistics/grok-ai-stats/

[**]　https://famewall.io/statistics/grok-ai-stats/

86.7%에서 크게 하락했다. Google Gemini는 21.5%로 급부상했고, DeepSeek가 3.7%로 3위, Grok은 3.4%로 이어 4위권에 자리 잡았다.[*]

Grok, ChatGPT, Genini, Claude 주요 지표

항목	Grok (xAI)	ChatGPT (OpenAI)	Gemini (Google)	Claude (Anthropic)
월간 활성 사용자 수	6,400만 명	8억 명+	6억 5,000만 명	1,890만 명 (소비자)
일일 쿼리	1억 3,400만 건	25억 건	–	–
웹 방문(월)	2억 3,440만 회	57억 회	11억 8,200만 회	1억 7,612만 회
2025년 매출	~3억 달러	~200억 달러	독립 집계 없음	~90억 달러
기업가치	~2,000억 달러	5,000억 달러	알파벳 2조 달러	3,800억 달러
시장 점유율	3.4%	64.5%	21.5%	2.0%

OpenAI는 2025년 총매출 약 200억~250억 달러를 기록한 것으로 추정되어 자체 목표인 130억 달러를 초과 달성했으며, 2026년 294억 달러를 목표로 한다. Anthropic의 Claude는 소비자 사용자 수는 적지만, 2025년 약 90억 달러의 매출을 기록하며 엔터프라이즈 시장에서 29%의 점유율을 차지한다. 또한 '누적 다운로드당 수익'이 약 3달러(2025년 10월 기준)로 ChatGPT(약 3.14달러)에 근접하며, Grok(0.75달러)을 크게 웃돈다.

---

[*]   https://x.com/Similarweb/status/2008805674893939041

Grok은 X 플랫폼 의존도가 높아 X 이탈 시 성장세가 꺾일 수 있다는 구조적 취약점을 안고 있다. 엔터프라이즈 침투율도 ChatGPT나 Claude에 비해 낮다. 그러나 미국 국방부와 2억 달러 규모의 계약을 체결해 정부 AI 플랫폼에 Grok을 도입하는 등 B2G 영역에서의 확장도 본격화하고 있다.

그런데 스페이스X IPO가 한창 논의되던 2026년 3월, 일론 머스크는 X 포스트에서 "xAI는 처음부터 제대로 만들어지지 않았다. 토대부터 다시 짓고 있다"는 말을 남겼다. 코딩 AI 분야에서 Anthropic의 Claude Code와 OpenAI의 Codex에 크게 뒤처진다는 것이 직접적인 도화선이었다. 창업진 12명 중 9명이 이탈한 상태에서 이미지 생성 총괄 공동창업자도 퇴사를 밝혔다.

딥페이크 스캔들로 EU와 미국 의회의 규제 압박까지 겹치면서 Grok의 신뢰도는 급격히 추락했다. 머스크는 코딩 스타트업 Cursor 출신 엔지니어를 영입하고 전사 회의를 소집했으며, 테슬라와 스페이스X 간부를 투입해 xAI 전반에 대한 감사와 대규모 정리해고를 단행했다. 스페이스X와 합병한 직후 IPO를 앞둔 시점에서 스페이스X 기업가치 스토리에도 부담 요인이 되고 있다.

로켓을 발사할 때 보이는
거대한 흰 구름의 정체

카운트다운이 끝나고 점화가 이루어지는 순간 발사장은 거대한 흰 구름이 뒤덮힌다. 로켓 발사를 처음 보는 사람들은 흰 구름이 로켓 연료가 타면서 배출하는 연기로 생각하곤 한다.

흰 구름의 정체

로켓 발사 직전, 발사대에는 엄청난 양의 물이 분사된다. 이 시스템을 음향 억제 시스템(Acoustic Suppression System)이라고 부른다. 로켓 엔진이 점화되는 순간 발생하는 굉음은 단순한 소음이 아니라 물리적 충격파다. 이 충격파가 발사대 구조물과 로켓 동체 자체, 그리고 탑재된 위성이나 우주선에 진동 손상을 줄 수 있다. 물은 이 음향 에너지를 흡수하는 역할을 한다.

엔진에서 뿜어져 나오는 가스의 온도는 수천 도에 달한다. 이 열기가 분사된 물을 순식간에 기화시키고, 그 수증기가 주변의 찬 공기와 만나 응결되면서 거대한 흰 구름처럼 보이는 것이다. 연소 생성물이 아니라 순수한 수증기다. 그래서 색깔이 희고 깨끗하다.

그렇다면 진짜 연기는 어디 있나

로켓 연료의 종류에 따라 다르다. 스페이스X의 팰컨 9은 액체 케로신(RP-1), 스타십은 액체 메탄을 연료로 사용하는데, 이들 로켓의 연소 생성물은 주로 이산화탄소와 수증기다. 반면 고체 연료를 쓰는 로켓(예: 과거 NASA 우주왕복선의 고체 로켓 부스터)은 알루미늄 산화물 등의 입자가 포함된 짙은 회백색 연기를 뿜어낸다. 우주왕복선 발사 영상을 보면 흰 수증기 구름과 함께 측면 부스터에서 나오는 뿌연 연기가 따로 보이는 것을 확인할 수 있다.

물의 양이 어마어마하다

스페이스X 스타십 발사대의 경우 '워터델루지(Water Deluge)', 직역하면 '물 대홍수' 시스템이라고 부를 만큼 물을 퍼붓는다. 스타십 1차 통합 비행 시험 당시 발사대가 분화구처럼 파괴된 경험을 바탕으로, 이후 발사대 아래에 강철판을 깔고 초당 수백 리터의 물을 분사하는 시스템을 구축했다. 발사 순간 수십 초 만에 올림픽 규격 수영장 물의 상당 부분에 해당하는 양이 소비된다. 결국 발사 순간의 그 장엄한 흰 구름은 연료의 불꽃이 아니라, 로켓과 발사대를 지키기 위해 희생되는 물이 만들어낸 장면이다.

발사 대기 중에 나오는 흰 수증기

스타십 발사 장면을 보면 발사 대기 중에도 부스터 몸체와 지면에 흰 구름이 깔린다. 이것은 액체 산소(Liquid Oxygen, 산화제)가 기화된 증기이다. 스타십의 경우 연료는 액체 메탄이고, 산화제가 액체 산소다. 우주 공간에는 산소가 없기 때문에 로켓은 연료를 태울 산소를 직접 싣고 올라가야 한다. 둘을 합쳐서 추진제(Propellant)라고 부른다.

액체 산소의 온도는 영하 183도에 달한다. 이렇게 차가운 액체를 탱크에 주입하는 과정에서 일부가 기화하여 로켓 외부로 배출되는데, 이 극저온 기체가 주변의 따뜻하고 습한 공기와 만나면 공기 중의 수분이 순간적으로 응결하여 흰 안개처럼 지면에 깔린다.

Chapter 9

스페이스X의 재무 분석

스페이스X는 오랫동안 비상장 기업이었기 때문에 공식적인 재무제표가 공개된 적이 없다. 그러나 2025년 말부터 2026년 초에 걸쳐 IPO 준비가 본격화되면서, 비로소 스페이스X의 재무 윤곽이 언론과 투자 분석기관을 통해 세상에 알려지기 시작했다.

2026년 1월 로이터(Reuters)와 야후파이낸스(Yahoo Finance)는 "스페이스X가 2025년 기준으로 약 150억~160억 달러의 매출에 약 80억 달러의 EBITDA(세금·이자·감가상각 전 이익)를 기록했다"고 보도했다.[*] 이는 이 분야에서 공개된 가장 구체적이고 신뢰도 높은 수치로, 월스트리트 주요

---

[*] https://www.reuters.com/business/finance/spacex-generated-about-8-billion-profit-last-year-ahead-ipo-sources-say-2026-01-30/

은행들이 스페이스X의 IPO 가치를 1조 5,000억 달러 이상으로 평가하는 근거가 되었다.

이 장에서는 스페이스X의 매출 구조, 수익성, 밸류에이션 역사, 그리고 동종업계 비교를 통해 이 회사가 어떤 재무적 실체를 가진 기업인지 심층적으로 분석한다.

매출 구조와 성장 추이

2024년 131억 달러 → 2025년 155억 달러 → 2026년(E) 220억~240억 달러

스페이스X의 매출 성장 궤적은 항공우주산업 역사상 유례를 찾기 어려울 만큼 가파르다. 2025년 1월 추정에 따르면, 스페이스X는 2024년에 약 131억 달러(한화 약 18조 원)의 매출을 기록했다.[*] 이는 전년도인 2023년의 87억 달러에서 약 51% 성장한 수치다.

2022년 매출이 약 46억 달러 수준이었음을 고려하면, 스페이스X는 불과 2년 만에 매출을 3배 가까이 끌어올린 셈이다. 스타트업이나 소규모 기업이 아니라, 수천 명이 종사하는 우주 발사체 제조 및 위성 서비스 기업이 이 속도로 성장한다는 것은 기술 기업의 영역에서도 이례적인 일이다.

2026년 매출 전망에 대해서는 스페이스X 경영진이 직접 220억~240억 달러를 시사한 것으로 알려졌다. 이 전망이 실현된다면, 스페이스X는

---

[*] https://payloadspace.com/estimating-spacexs-2024-revenue/

단 2년 만에 매출을 다시 두 배 가까이 성장시키는 것이다.

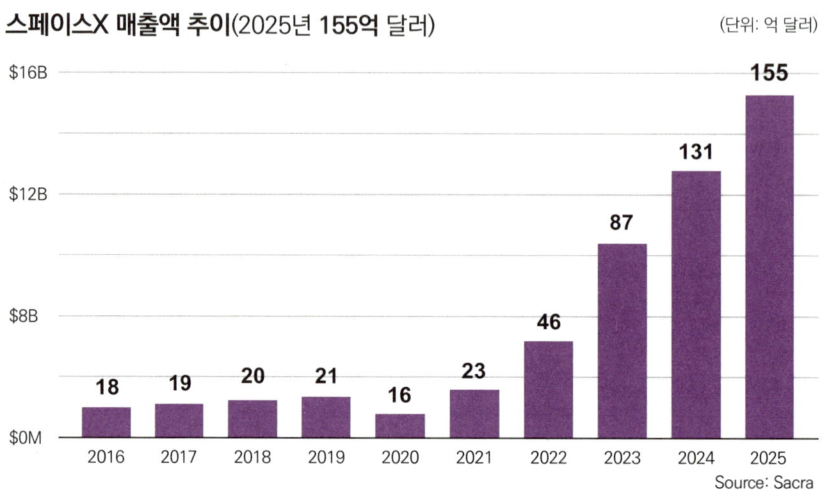

이 성장의 가장 강력한 엔진은 스타링크(Starlink) 위성 인터넷 서비스다. 2024년 스타링크 매출은 약 79억 달러로 전체 매출의 약 60%를 차지했고, 2025년에는 약 104억 달러로 증가하여 전체 매출의 약 67%를 담당했다. 발사 서비스 매출은 2024년 약 42억 달러에서 2025년 약 44억 달러로 소폭 증가에 그쳤다. 증가율은 약 5%로, 스타링크 매출 증가율(약 27%)의 5분의 1 수준이다. 나머지 약 7억 달러는 NASA 달 착륙선(HLS) 개발, 우주복 제작, 궤도 내 연료 보급 기술 등 기타 계약에서 발생한 수익이다.

이 매출 구조의 변화는 스페이스X가 단순한 로켓 발사 회사에서 위성 인터넷 구독 서비스 기업으로 빠르게 전환하고 있음을 보여준다. 로켓 발사는 이제 스타링크 위성을 궤도에 올리기 위한 수단이기도 하고, 외부 고객의 페이로드를 운반하여 수익을 올리는 사업이기도 하다.

발사 서비스 매출 비중이 2023년 40%, 2024년 32%, 2025년 28%로 지속적으로 하락하는 반면, 스타링크 매출 비중은 2023년 48%, 2024년 60%, 2025년 67%로 꾸준히 상승하는 추세는 스페이스X의 본질이 바뀌고 있음을 수치로 증명한다.

2026년 전망을 구체적으로 살펴보면, 스타링크 가입자가 2025년 말 920만 명에서 2026년 말 2,500만 명*으로 증가할 경우, 신흥국 비중 확대에 따른 가입자당 월평균 매출(ARPU) 하락을 감안하더라도 스타링크 단독 매출은 약 220억~250억 달러에 달할 수 있다. 이는 스타링크의 총매출 비중이 2026년에는 82~85% 수준까지 상승할 수 있음을 의미한다. 발사 서비스 매출은 팰컨 9의 연간 발사 횟수가 2025년 165회에서 정체하거나 소폭 증가하는 데 그칠 것으로 예상되어, 2026년에도 약 46억~48억 달러 수준으로 완만한 성장을 유지할 것으로 관측된다.

스타링크의 매출 비중: 67%(2025) → 82~85%(2026 추정치)

스타링크가 스페이스X 전체 매출에서 차지하는 비중은 매년 빠르게 높아지고 있다. 이는 단순히 스타링크가 잘 팔리기 때문만이 아니다. 구조적으로 스타링크는 구독 기반의 반복 수익(Recurring Revenue)을 창출하는 사업이기 때문에, 한번 가입한 고객이 매달 자동으로 수익을 발생시킨다.

---

*   2026년 3월, 스페인 바르셀로나에서 열린 모바일 월드 콩그레스 2026(MWC 2026)에서 마이클 니콜스 스페이스X 스타링크 부문 수석부사장(SVP)은 2026년 3월, 스타링크 월간 활성 사용자 수가 1,000만 명이라고 발표했다.

이는 로켓 발사처럼 프로젝트 단위로 수익이 발생하는 방식과 근본적으로 다르다. 발사 서비스는 계약이 있을 때만 매출이 발생하지만, 스타링크는 1,000만 명의 월간 활성 사용자(2026년 3월 기준)가 매달 요금을 납부하는 구조이기 때문에 예측 가능성이 훨씬 높다.

가입자당 평균 월 평균 수익(ARPU)의 변화도 주목해야 한다. 스타링크의 주거용(Residential) ARPU는 2023년 약 149달러에서 2025년 약 94달러로 약 37% 하락했다. 이는 스페이스X가 신흥국 시장을 공략하기 위해 요금을 적극적으로 인하했기 때문이다. 아프리카, 동남아시아, 인도, 중남미 등 저소득 국가에서 가입자 수를 빠르게 늘리기 위해 단말기 가격과 월 이용료를 모두 낮췄다.

단기적으로는 ARPU 하락이 수익성에 부담을 주는 요인이지만, 장기적으로는 전 세계 80억 인구 중 아직 인터넷에 접속하지 못하는 수십억 명을 고객으로 만들기 위한 전략적 투자로 볼 수 있다.

발사 서비스 매출 성장 둔화

발사 서비스 매출이 스타링크 대비 성장이 더딘 이유는 복합적이다.

첫째, 전체 팰컨 9 발사 횟수 중 스타링크 위성을 싣는 내부 임무의 비중이 절반 이상을 넘으면서, 외부 고객으로부터 발사 수익을 올릴 수 있는 발사 슬롯이 상대적으로 줄어들었다. 2024년 기준 팰컨 9 전체 발사의 약 66%가 자체 스타링크 위성 투입 미션이었으며, 이 미션들은 외부 매출을 발생시키지 않는다.

둘째, 경쟁 입찰에서 가격을 낮게 책정하여 시장 점유율을 극대화하는 전략을 추구하고 있기 때문에, 발사 단가 자체가 과거보다 낮아지는 경향이 있다.

셋째, 스타십(Starship)이 상업 운용 단계에 진입하기 전까지 팰컨 9의 발사 용량 자체가 물리적으로 제한되어 있다.

그러나 발사 서비스가 스타링크 매출에 비해 성장이 느리다는 사실이 이 사업의 중요성을 낮추지는 않는다. 발사 서비스는 스페이스X 전체 사업의 기반 인프라이자, 스타링크 위성을 지속적으로 궤도에 올릴 수 있게 하는 핵심 역량이다.

스타링크가 기하급수적으로 성장하기 위해서는 수천 기의 위성을 추가로 발사해야 하며, 이를 저비용으로 수행할 수 있는 스페이스X의 발사 능력은 경쟁자들이 도저히 따라올 수 없는 구조적 해자(Moat)를 형성한다.

스페이스X 각 사업 부문 매출액 추이와 스타링크 비중

연도	총매출	스타링크	발사 서비스	기타	스타링크 비중
2022	46억 달러	14억 달러	30억 달러	6억 달러	22%
2023	87억 달러	42억 달러	35억 달러	10억 달러	48%
2024	131억 달러	77억 달러	42억 달러	7억 달러	63%
2025	155억 달러	104억 달러	44억 달러	7억 달러	67%
2026E	220~240억 달러	170~190억 달러	46~48억 달러	7~8억 달러	약 75~79%

※ 출처: Payload Space(2025.1), Sacra(2026.1), Reuters/Yahoo Finance(2026.1.30), Fintool(2026.1). 2026E는 스페이스X 경영진 시사 및 분석기관 추정치.

2025년 추정 EBITDA 80억 달러

수익성 측면에서 스페이스X는 2025년을 기점으로 명실상부한 대형 수익 창출 기업의 반열에 올랐다. 2026년 1월 30일, 로이터와 야후파이낸스는 복수의 내부 관계자를 인용하여 "스페이스X가 2025년에 약 150억~160억 달러의 매출에 약 80억 달러의 EBITDA[*]를 기록했다"고 보도했다.[**]

이 수치가 사실이라면 스페이스X의 EBITDA 마진율은 약 50%에 달하는 것으로, 전통적인 항공우주 기업을 넘어 선, 대부분의 소프트웨어 기업을 능가하는 수준의 수익성이다.

EBITDA가 80억 달러라는 것은 어떤 의미인가. 미국의 대형 통신사인 AT&T의 2025년 EBITDA가 약 430억 달러, 컴캐스트(Comcast)가 약 380억 달러인 점을 감안하면, 스페이스X는 통신사 절반에도 못 미치는 매출 규모로 이들의 약 20% 수준에 해당하는 EBITDA를 올린 셈이다. 그러나 AT&T와 컴캐스트는 성숙 시장에서 매년 2~5% 성장하는 기업인 데 반해, 스페이스X는 매년 20~50% 이상의 매출 성장을 이어가고 있다. 따라서 EBITDA의 절대 규모보다 성장 속도와 궤적이 훨씬 더 중요한 평가 지

---

[*] 이자비용, 법인세, 감가상각비, 무형자산 상각비를 차감하기 전의 영업이익으로 기업의 현금 창출 능력을 보기 위해 사용하는 수익 지표이다.

[**] https://www.reuters.com/business/finance/spacex-generated-about-8-billion-profit-last-year-ahead-ipo-sources-say-2026-01-30/

표가 된다.

EBITDA 80억 달러를 분해하면 대부분은 스타링크에서 발생한다. 위성 제조비와 발사비를 어떻게 처리하느냐에 따라 스타링크의 부문별 이익률은 달라지지만, 전반적으로 스타링크는 한계 비용이 낮은 구독 서비스 특성상 가입자 수가 일정 규모를 넘어선 이후에는 추가 수익의 대부분이 이익으로 전환되는 구조를 갖는다. 스페이스X가 팰컨 9로 스타링크 위성을 자체적으로 발사하기 때문에 외부 발사 비용이 발생하지 않는다는 점도 스타링크 마진 개선에 결정적으로 기여한다.

발사 서비스 부문의 수익성은 스타링크보다 낮지만, 재사용 로켓 체계가 완성된 이후 꾸준히 개선되고 있다. 팰컨 9 1단 부스터를 15~20회 이상 재사용하면서 부스터 1기당 제조 비용을 여러 발사에 분산시킬 수 있게 되었고, 이는 발사당 비용 구조를 획기적으로 낮추었다. 팰컨 9의 발사 가격은 2026년 기준 공개 시장에서 약 7,400만 달러 수준이다. 팰컨 9 발사의 정확한 원가는 공개돼 있지 않지만, 일론 머스크는 재사용 부스터를 활용한 발사의 한계비용이 약 1,500만 달러[*] 수준이라고 언급한 바 있으며, 외부 분석들도 대체로 이와 비슷한 수준으로 추정한다.

잉여현금흐름(FCF) 약 20억 달러

EBITDA가 80억 달러라는 숫자는 인상적이지만, 실제로 기업의 건강

---

[*]　https://www.elonx.net/how-much-does-it-cost-to-launch-a-reused-falcon-9-elon-musk-explains-why-reusability-is-worth-it/

성을 나타내는 더 중요한 지표는 잉여현금흐름(Free Cash Flow, FCF)이다. EBITDA에서 설비투자(Capital Expenditure)와 세금, 이자 비용 등을 차감한 잉여현금흐름은 기업이 실제로 현금을 얼마나 자유롭게 사용할 수 있는지를 보여준다. 스페이스X는 스타십 개발, 스타링크 위성 제조 및 발사, 스타베이스 발사장 인프라 확충 등에 대규모 자본을 지속적으로 투자하고 있기 때문에, EBITDA 대비 잉여현금흐름의 비율이 상당히 낮다.

2025년 기준 스페이스X의 잉여현금흐름은 약 20억 달러 수준으로 추정된다.[*] EBITDA 80억 달러의 25%에 불과한 이 수치는, 스페이스X가 연간 수십억 달러를 스타십, 스타링크 위성 생산 시설 등 미래 성장 인프라에 쏟아붓고 있다는 것을 의미한다. 다시 말해, 스페이스X는 현재 엄청난 규모의 미래 투자를 집행하는 기업이며, 이는 단기 현금 흐름보다 장기 성장 가치에 무게를 두는 투자 판단을 요구한다.

스타십의 완전한 재사용 체계가 확립되어 발사 비용이 급격히 하락하고, 스타링크 가입자 기반이 확대되면서 추가 설비투자 부담이 줄어드는 시점이 오면, 잉여현금흐름은 빠르게 증가할 것으로 예상된다.

스타링크 총이익률: 7%(2024) → 25%(2026E)

스타링크의 총이익률(Gross Margin)은 2024년 약 7% 수준으로 매우 낮았다. 이는 스타링크가 아직 손익분기점을 갓 넘긴 초기 단계였으며, 위성

---

[*] Morningstar·TSG Invest 등 민간 분석 기관 추정치 기준, 2025년 9월의 에코스타 스펙트럼 인수 관련 현금 지출 제외 조건. 스페이스X가 비상장 기업으로 공식 재무제표를 공개하지 않는 만큼, 이 수치는 제3자 추정치이다.

제조비, 발사비, 지상 게이트웨이 인프라 구축비, 단말기 생산 보조비 등 막대한 비용이 발생했기 때문이다. 스페이스X는 단말기를 원가 이하로 공급하여 가입자를 빠르게 모으는 전략을 취했으며, 이는 단기 수익성을 희생하는 대신 시장 점유율을 극대화하는 방식이었다.

그러나 2026년으로 가면서 스타링크의 총이익률은 약 25% 수준으로 빠르게 개선될 것으로 분석기관들은 전망한다.* 가입자 기반이 커질수록 고정비를 분산시키는 효과가 커지고, 단말기 생산 단가도 대량 생산을 통해 하락하며, 스타베이스(Starbase)에 구축한 인쇄회로기판(PCB) 공장의 연간 생산 능력이 550만 개에 달할 만큼 규모의 경제가 본격화되고 있기 때문이다. 스타링크 가입자가 2,000만 명을 넘어서는 시점이 되면 총이익률은 40~50% 수준까지 상승할 수 있으며, 이는 통신사 수준의 안정적인 수익 구조로의 전환을 의미한다.

특히 스타링크 모바일(Direct-to-Cell) 서비스의 도입이 본격화되면 스타링크의 수익 구조는 근본적으로 달라질 것이다. 별도의 스타링크 단말기 없이 기존 스마트폰으로 위성에 직접 연결하는 서비스가 상용화되면, 단말기 보조비라는 가장 큰 비용 항목이 사라지고 소프트웨어와 통신망 운용에 가까운 수익 모델로 전환되기 때문이다.

이 서비스의 가입자당 월평균 매출(ARPU)과 마진 구조는 아직 확정되지 않았으나, 단말기 비용이 없는 순수 연결 서비스라는 점에서 기존 주거

---

*   https://www.ainvest.com/news/spacex-starlink-blueprint-high-margin-space-infrastructure-asset-class-2507/

용 서비스보다 높은 마진을 기대할 수 있다.

▎ 밸류에이션 히스토리

330억 달러(2019) → **3,500억 달러**(2024) → **8,000억 달러**(2025.12)

스페이스X의 밸류에이션 역사는 그 자체로 현대 벤처 자본주의의 가장 극적인 성공 서사 중 하나다. 2002년 창업 이후 오랫동안 스페이스X는 파산의 위기를 오가는 소규모 벤처 기업이었다. 팰컨 1 발사 실패가 반복되던 시기, 이 회사의 생존 가능성을 믿는 투자자는 많지 않았다. 그러나 2008년 팰컨 1의 궤도 진입 성공과 NASA 계약 체결을 계기로 회사의 운명이 바뀌었고, 이후 밸류에이션은 지속적으로 상승했다.

2019년 스페이스X의 기업가치는 약 330억 달러(한화 약 44조 원)로 평가되었다. 이 시기는 팰컨 9의 재사용이 일상화되고 스타링크 위성 발사가 막 시작된 때였다. 매출 대비 약 12.2배의 밸류에이션은 항공우주 기업치고는 높은 수준이지만, 기술 기업의 평균과 비교하면 결코 과도한 수준이 아니었다. 당시 스페이스X는 여전히 발사 서비스 중심의 기업이었으며, 스타링크가 가져올 구독 수익의 잠재력은 시장에 충분히 반영되어 있지 않았다.

이후 몇 년간의 밸류에이션 상승은 매우 빨랐다. 2021년 크루 드래곤(Crew Dragon)의 유인 비행 성공, 스타링크 베타 서비스 개시, 그리고 무엇보다 스타링크 가입자 수의 폭발적 증가가 시장의 재평가를 이끌었다.

Sacra의 기록에 따르면, 2023년 말 스페이스X의 직원 주식 매각을 통한 내부 거래에서 기업가치는 약 1,800억 달러로 평가되었다. 이어 2024년 6월 약 2,100억 달러로 상승했고, 2024년 12월에는 주당 185달러에 실시된 2차 주식 매각(Secondary Share Sale)에서 3,500억 달러의 가치를 인정받았다.[*]

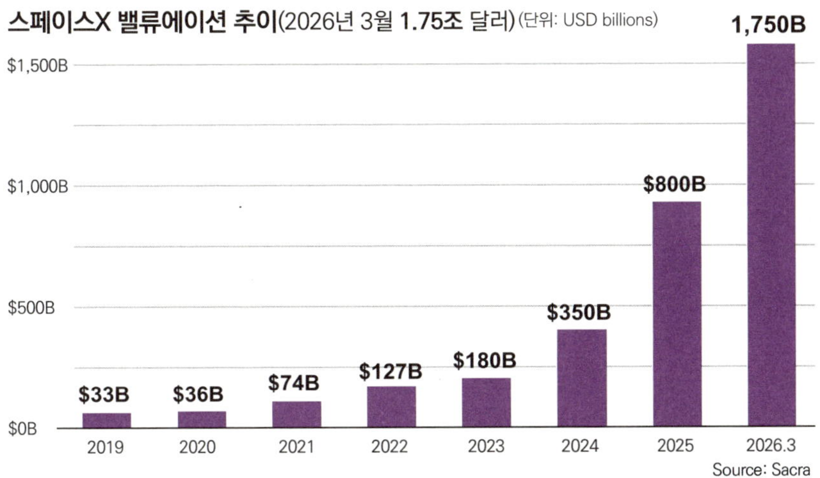

그러나 가장 극적인 밸류에이션 상승은 2025년에 일어났다. 2025년 스타링크 가입자가 연중 920만 명으로 늘어나고, 연간 매출이 155억 달러, EBITDA가 80억 달러에 달한다는 사실이 알려지면서, 2025년 12월에 실시된 직원 주식 매각에서 스페이스X의 가치는 주당 421달러, 총 기업가

---

[*]　　https://sacra.com/c/spacex/valuation/

치 약 8,000억 달러로 평가되었다.[*]

불과 1년 만에 기업가치가 3,500억 달러에서 8,000억 달러로 2.3배 급등한 것이다. 이와 함께 스페이스X는 최대 25억 6,000만 달러 규모의 자사주 매입 프로그램도 동시에 실시했다.

2026년 초, IPO 준비가 본격화되면서 밸류에이션 기대치는 다시 한번 도약했다. 스페이스X는 IPO 시점에 약 1조 5,000억 달러의 기업가치를 목표로 하고 있으며, 최대 500억 달러를 공모할 계획이다.

이후 스페이스X가 2026년 3월 중 S-1 등록을 추진하고 있으며, 목표 밸류에이션이 최대 1조 7,500억 달러로 상향될 수 있다고 알려졌다. 밸류에이션 목표가 몇 주 만에 수천억 달러씩 상향 조정되는 이 상황은, 스페이스X의 IPO가 그야말로 투자 세계 전체의 이목이 집중된 단 하나의 이벤트가 되었음을 보여준다.

매출 대비 밸류에이션 변화: 12.2배(2019) → **62~68배**(IPO 예상)

밸류에이션을 매출 대비로 환산하면 그 변화가 더욱 선명하게 드러난다. 2019년에 약 12.2배였던 주가매출비율(PSR)은 2025년 말 약 51배(8,000억 달러 / 155억 달러)로 상승했으며, IPO 목표 가치 1조 5,000억 달러를 2026년 예상 매출 약 220억 달러에 적용하면 약 68배에 달한다.

---

[*]　https://www.bloomberg.com/news/articles/2025-12-13/spacex-sets-insider-share-deal-at-about-800-billion-valuation. 스페이스X CFO Bret Johnsen의 12월 12일 주주 레터에서 확인한 니용이다. 직원 주식 매각(Secondary Share Sale/Tender Offer)은 비상장 기업의 직원/초기 투자자의 주식을 회사 또는 기존 투자자가 사들이는 방식을 말한다.

심지어 보수적인 200억 달러 매출을 가정하면 75배다. 이 수치는 통상적인 항공우주 기업의 PSR 1~3배는 물론, 소프트웨어 기업의 평균 15~20배와 비교해도 압도적으로 높다. 2026년 초 기준, PSR 60배 이상을 기록하는 미국 상장 기업은 손에 꼽을 정도다.

스페이스X의 기업가치 변화

연도	기업가치	당해 매출	PSR 배수	주요 이벤트
2019	약 330억 달러	약 27억 달러	약 12배	스타링크 구상 발표, 팰컨 9 재사용 본격화
2021	약 740억 달러	약 23억 달러	약 32배	크루 드래곤 유인 비행 성공, 스타링크 베타 개시
2023.12	약 1,800억 달러	약 87억 달러	약 21배	직원 주식 매각
2024.6	약 2,100억 달러	약 131억 달러	약 16배	내부 거래
2024.12	약 3,500억 달러	약 131억 달러	약 27배	$185/주 2차 주식 매각
2025.12	약 8,000억 달러	약 155억 달러	약 52배	$421/주 2차 주식 매각
2026 (E, IPO)	약 1.5조~1.75조 달러	약 220억~240억 달러	약 62~80배	IPO 목표 가치

※ 출처: Sacra(2026.1), Reuters(2026.1.30), Financial Times(2026.1.28), CryptoBriefing (2026.2.27), TechCrunch(2025.12.9). 직원 주식 매각이란 스페이스X 내부자의 주식을 회사에서 매입하거나 외부투자자가 살 때 거래된 가치를 뜻함.

이러한 프리미엄 밸류에이션의 근거는 두 가지다.

첫째, 스타링크가 단순한 통신 서비스를 넘어 글로벌 위성 인터넷의 독점적 인프라로 자리 잡았다는 시장의 판단이다. 2026년 기준 스타링크에 필적하는 저궤도 위성 인터넷 서비스를 상용화한 경쟁자는 사실상 없다.

둘째, 스타십이 완성되었을 때의 발사 비용 혁명, 화성 미션, 우주 데이터센터 등 현재 매출에는 전혀 반영되어 있지 않은 미래 가치에 대한 기대가 밸류에이션을 추가로 끌어올리고 있다. 이 두 요소가 결합되어 스페이스X를 로켓 회사도, 통신사도 아닌 완전히 새로운 범주의 기업으로 인식하게 만들고 있다.

동종업계 비교

다른 로켓 발사 기업 대비 프리미엄

스페이스X는 로켓 발사 부문에서 단순한 시장 선도자가 아니다. 여러 축에서 경쟁사가 따라잡기 어려운 구조적 우위를 확보하고 있다.

압도적 발사 빈도와 시장 점유율

스페이스X는 2025년 글로벌 상업 발사 시장의 82%를 점유했으며, 전체 196건의 상업 발사 중 161건을 수행했다. 2025년 미국의 궤도 발사 192건 중 스페이스X가 165건을 담당했으며, 미국 전체 발사의 약 86%를 혼자 책임진 것이다. 경쟁사인 ULA는 9건, 블루 오리진의 뉴글렌은 단 2건에 그쳤다.

비용 우위: 재사용 로켓이 만든 가격 해자

스페이스X의 팰컨 9 재사용 로켓은 발사 비용은 킬로그램당 약 4,250달러(발사 비용 7,400만 달러, 외부 고객 기준)이다. 한편 1회 발사 비용은 경쟁사들이 1억 5천만 달러 이상을 청구하는데 비해 스페이스X 팰컨 9의 재사용 기준 비용은 2026년 3월 기준, 약 7,400만 달러 수준이다.

발사체	운영사	발사 비용(공표가)	kg당 비용(외부 고객)
Falcon 9	스페이스X	약 7,400만 달러(재사용)	약 4,250달러
Falcon Heavy	스페이스X	약 9,700만 달러(재사용)	약 2,300~3,500달러
Vulcan Centaur	ULA	약 1억 1,000만 달러	약 4,044달러
Ariane 6	아리안스페이스	약 1억~1억 5,000만 달러	약 3,560달러
Electron	로켓랩	약 750만 달러	약 25,000달러
SLS	NASA	약 20억 달러 이상	수만 달러/kg

재사용을 기준으로 한 스페이스X의 내부 발사 원가는 킬로그램당 약 1,500달러로 추정된다. 고객에게 청구하는 가격의 약 3분의 1에 불과한 수준으로, 여기서 발생하는 마진이 스페이스X의 강력한 가격 방어력을 뒷받침한다.

신뢰성: 검증된 성공률

팰컨 9의 전체 발사 성공률은 99.4%이며, 최신 Block 5 버전은 99.77%에 달한다. 부스터 회수와 재사용 실적도 경쟁사와 비교할 수 없게 높은 수준이다.

스페이스X의 1단 부스터는 2025년까지 누적 300회 이상 착륙에 성공했고, 200회 이상 재비행했다. 일부 부스터는 동일 기체로 20회 이상 비행한 기록을 보유한다.

수직 계열화: 비용과 속도를 동시에 잡다

스페이스X는 부품의 85~90%를 캘리포니아 호손과 텍사스 맥그레거 등 자체 시설에서 생산하는 수직 계열화 전략을 구사하며, 이를 통해 외부 조달 대비 비용을 절감하고 신속한 설계 변경이 가능하다. ULA나 아리안스페이스가 외주 파트너에 의존하는 것과 근본적으로 다른 구조다.

스타십: 다음 세대의 비용 혁명

현재의 가격 우위를 넘어, 스타십은 발사 경제학을 다시 쓸 잠재력을 갖고 있다. 스타십이 완전 재사용 체계로 정착하면 발사 비용이 200만~1,000만 달러 수준으로 낮아질 것으로 전망된다. 스페이스X는 2030년까지 저궤도 운송 비용으로 킬로그램당 100달러 이하를 목표로 한다.

이는 현재 팰컨 9 내부 사용 기준(약 1,500달러)의 15분의 1에 해당하는 수치로, 경쟁사 입장에서는 스타십이 상용화되기 전에 시장에서 자리를 잡지 못하면 구조적 퇴출 위기에 처할 수 있다.

경쟁사가 넘기 어려운 이유

스페이스X의 우위는 단일 기술이 아니라, 재사용·수직 계열화·발사 빈도·신뢰성이 서로를 강화하는 선순환 구조에서 비롯된다. 발사 빈도가 높을수록 부스터 상각 비용이 낮아지고, 비용이 낮아지면 더 많은 고객을 유치하며, 고객이 늘수록 다시 발사 빈도가 높아지는 구조다.

전통 통신사(AT&T, 컴캐스트) 대비 프리미엄

스페이스X의 밸류에이션을 이해하기 위해서는 비교 대상을 어디에 두느냐가 결정적으로 중요하다. 만약 스페이스X를 전통 항공우주 기업 또는 전통 통신사와 비교한다면, 현재의 밸류에이션은 도저히 정당화될 수 없다.

AT&T는 2026년 3월초 기준 약 2,000억 달러의 시가총액을 형성하고 있으며, 2025년 매출은 약 1,256억 달러에 달한다. 즉 PSR 배수가 약 1.56배에 불과하다. 미국 최대의 케이블 통신·미디어 복합 기업인 컴캐스트는 연 2025년 매출 약 1,240억 달러에 시가총액은 약 1,100억 달러로 역시 PSR 1배 수준이다. 이들과 비교하면 스페이스X의 PSR 62~80배는 60배 이상의 프리미엄이다.

그러나 이 비교가 정당하지 않은 이유가 있다. AT&T와 컴캐스트는 성숙한 시장에서 제한적인 성장을 하고 있으며, 매년 매출이 1~3% 증가하는 것이 전부다. 이들은 새로운 시장을 만드는 게 아니라, 기존 시장 내에서 경쟁하는 기업이다.

반면 스페이스X는 지구상에 존재하는 인터넷 접속 인프라가 전혀 없는 지역에 새로운 통신망을 깔고 있으며, 전 세계 80억 인구 중 아직 제대로 된 인터넷을 쓰지 못하는 30억~40억 명을 잠재 고객으로 보는 기업이다. 이 시장 잠재력의 차이가 밸류에이션 차이를 정당화하는 핵심 논거다.

성장주 밸류에이션으로 봐야 하는 이유

스페이스X는 전통 통신사가 아니라 고성장 플랫폼 기업으로 분류해야 한다. 매출이 매년 20~50% 성장하면서도 50% 수준의 EBITDA 마진을 유지하는 기업은 극히 드물다. 수십 년 역사를 가진 위성 인터넷 양대 강자 휴즈넷과 바이어샛의 가입자를 합산하면 약 104만 명(2025년 초 기준)에 불과하다. 스타링크는 서비스 개시 약 5년 만에 이 두 회사를 합친 것보다 10배 많은 1,000만 명을 돌파했다(2026년 3월 기준).

월간 구독료를 받는 수익 모델이라는 점에서 투자자들은 스타링크를 넷플릭스와 유사한 렌즈로 바라보기도 한다. 넷플릭스는 콘텐츠 제작비가 들지만 서버 한 대를 추가한다고 한계비용이 크게 늘지 않는다. 스타링크도 위성망이 일단 구축되고 나면, 가입자가 한 명 늘 때마다 발생하는 추가 비용은 제한적이다.

넷플릭스는 소프트웨어 비용 구조를 갖는 반면 스타링크는 위성 하드웨어 비용이 수반된다는 차이가 있지만, 핵심 논리—가입자가 늘수록 단위당 비용이 줄고 영업이익률이 올라가는 구조—는 두 사업 모두에 적용된다. 투자자들이 스타링크에 높은 멀티플을 부여하는 배경에는 이 확장성에 대한 기대가 자리한다.

구글(알파벳), 아마존, 메타와 같은 플랫폼 기업들이 IPO 초기 또는 고성장 시기에 받았던 밸류에이션과 비교하는 것도 하나의 분석 방식이다. 아마존은 닷컴 버블 절정기에 PSR 20~30배로 거래되었으며, 현재는 3~5배 수준으로 낮아졌지만 주가는 당시보다 수십 배 이상 높다. 성장 기업의 초기 밸류에이션은 현재 실적이 아니라 미래 이익을 선취하는 방식으로 형성되기 때문에, 기존 재무 지표로는 그 타당성을 판단하기 어렵다.

테슬라 IPO 당시와의 비교

투자자들이 스페이스X의 밸류에이션을 이해하는 데 가장 자주 사용하는 비교 대상은 테슬라다. 테슬라는 2010년 IPO 당시 매출 대비 약 10~15배의 밸류에이션을 받았으며, 그 후에도 오랫동안 흑자를 내지 못하면서도 수십 배의 PSR을 유지했다.

테슬라에 대한 시장의 평가는 단순한 자동차 회사가 아니라 청정에너지와 자율주행 혁명을 이끌 플랫폼 기업이라는 믿음에 기반했다. 결과적으로 테슬라의 2010년 IPO에서 주식을 샀던 투자자들은 2021년 최고점 기준으로 약 200배 이상의 수익을 올렸다.

구분	스페이스X (2026E IPO)	테슬라	록히드마틴	AT&T	컴캐스트
시가총액(억 달러)	15,000 ~17,500(목표)	8,000 (2026.3 기준)	1,300	1,500	1,400
연매출(억 달러)	220~240	970	680	1,200	1,240
매출성장률(YoY)	40~55%	10~15%	5~8%	1~3%	2~4%
PSR 배수	약 62~80배	약 8배	약 1.9배	약 1.25배	약 1.1배
EBITDA 마진	약 50%	약 15%	약 12%	약 35%	약 31%
성장 특성	초고성장	고성장	안정	성숙	성숙

※ 출처: 각사 공시 및 분석기관 추정치 종합(2026.3 기준). 스페이스X는 IPO 목표 수치.

스페이스X와 테슬라의 유사점은 명확하다. 두 기업 모두 일론 머스크가 이끌며, 기존 산업의 비효율성을 파괴하는 혁신 기업이라는 정체성을 갖는다. 두 기업 모두 오랫동안 불가능하다고 여겨진 기술 과제(전기차의 대중화, 로켓의 재사용)를 현실화했다. 그리고 두 기업 모두 현재 매출과 이익만으로는 설명되지 않는 미래 잠재력에 대한 프리미엄 밸류에이션을 받고 있다.

그러나 중요한 차이점도 있다. 테슬라가 IPO를 할 때 전기차 시장은 아직 소비자들에게 낯선 새로운 것이었고, 테슬라는 진정한 선구자였다. 스페이스X가 IPO를 하는 2026년, 스타링크는 이미 1,000만 명의 실제 고객을 보유한 검증된 사업이다.

단말기를 직접 설치하고 인터넷에 접속해서 유튜브를 보는 실제 사용자가 수백만 명이라는 사실은, 스타링크 사업의 현실성에 대해 어떤 의심도 허용하지 않는다. 이 측면에서 스페이스X의 IPO는 테슬라 IPO보다 오히려 리스크가 낮다고 평가할 수도 있다.

반면 스타십, 화성 미션, 우주 데이터센터 등 미래 사업은 테슬라의 자율주행 FSD(Full Self-Driving)처럼 아직 증명되지 않은 영역이다. 이 미래 가치의 실현 가능성을 어떻게 평가하느냐에 따라 스페이스X의 적정 기업가치 범위는 1조~3조 달러까지 크게 달라질 수 있다.

우주선의 묘지: 포인트 네모

남태평양 한가운데, 아무도 없는 바다 밑에 우주의 역사가 잠들어 있다.

지구상에서 육지로부터 가장 멀리 떨어진 해역이 있다. 남위 48도, 서경 123도 부근에 위치한 이 지점은 '포인트 네모(Point Nemo)'라는 이름을 가진다. 가장 가까운 해안선까지의 거리가 약 2,700킬로미터 이상으로, 인간이 거의 접근하지 않는 완벽한 고립 지대다. 그런데 이 외딴 바다 밑에는 수십 년 치의 우주 잔해가 쌓여 있다. 사람들이 이 지점에 '우주선의 묘지(Spacecraft Cemetery)'라는 이름을 붙인 이유다.

수명을 다한 인공위성이나 우주정거장은 그냥 버려지지 않는다. 대기권으로 재진입하는 과정에서 대부분은 마찰열에 타버리지만, 엔진 블록이나 연료 탱크, 두꺼운 금속 구조물은 연소를 견디고 지표면까지 낙하한다. 이 잔해가 인구 밀집 지역이나 항로 위로 떨어질 경우 인명 피해와 재산 피해가 발생할 수 있다. 각국 우주기관이 포인트 네모를 낙하 지점으로 지정하는 이유는 바로 이 때문이다. 사람도, 선박도, 항공기도 거의 없는 이 해역이야말로 가장 안전한 처리장이 된다.

2001년에는 러시아 우주정거장 미르(Mir)가 약 15년간의 임무를 마치고 이곳으로 유도 낙하했다. 일본의 무인 화물선 HTV와 러시아의 화물선 프로그레스(Progress) 시리즈도 임무 종료 후 같은 방식으로 이곳에 가라앉았다. 그리고 머지않아 역사상 가장 큰 우주 구조물도 이 묘지에 합류할 예정이다. NASA를 비롯한 참여국들은 국제우주정거장(ISS)을 2030년 전후에 포인트 네모로 유도 낙하시킬 계획을 세우고 있다.

항목	내용
정식 명칭	포인트 네모(Point Nemo)
위치	남위 48°, 서경 123° 부근(남태평양)
특징	지구상 육지에서 가장 멀리 떨어진 해역
가장 가까운 육지까지 거리	약 2,700km 이상
대표 낙하 사례	러시아 미르(2001), 일본 HTV, 러시아 프로그레스
향후 계획	국제우주정거장(ISS), 2030년 전후 낙하 예정

PART 3

상장이
모든 것을 바꾼다

Chapter 10

IPO의 구조와 일정

스페이스X가 IPO를 통해 최대 500억 달러를 공모하고 기업가치 1조 5,000억~1조 7,500억 달러를 인정받는다면, 이는 인류 역사상 단 한 번도 없었던 규모의 주식시장 데뷔가 된다. 단순한 주식 상장이 아니라, 우주 시대의 개막을 알리는 역사적 이정표가 될 것이다.

20여 년간 비공개 기업으로 남아 있던 스페이스X가 마침내 공개 시장의 문을 두드리는 것은, 단순히 자금 조달의 필요 때문만이 아니다. 스타링크가 2026년 3월, 전 세계 1,000만 명의 월간 활성 사용자를 확보하며 연간 104억 달러 규모의 매출을 올리는 현금 창출 엔진으로 자리잡았고, 스타십 개발과 우주 데이터센터 구축이라는 차세대 사업에는 공모 시장만이 제공할 수 있는 규모의 자본이 필요하다.

이 장에서는 스페이스X IPO의 추진 배경, 상장 구조, 그리고 투자자들이 반드시 알아야 할 변수들을 상세히 살펴본다.

역대급 IPO를 추진하다

IPO를 거부했던 스페이스X, 상장을 결심한 이유

일론 머스크는 오랫동안 스페이스X를 상장하지 않겠다는 입장을 고수했다. 그 이유는 분명했다. 상장 기업이 되면 분기 실적을 시장에 공개해야 하고, 주주들의 단기 이익 요구에 끊임없이 시달리게 되며, 스타십 개발이나 화성 미션처럼 10년, 20년의 시야가 필요한 장기 프로젝트에 대한 투자가 어려워진다는 것이었다. 스페이스X의 COO 그윈 숏웰은 2018년 5월, CNBC와의 인터뷰에서 "스페이스X가 화성에 가는 길을 확보할 때까지 상장하지 않겠다"고 말한 적도 있다.[*]

그러나 2025년 말에 이르러 상황이 달라졌다. 스페이스X의 급격히 증가한 기업가치와 스타링크의 성공으로 인해 더 이상 IPO를 미룰 경제적 이유가 없어진 것이다.

스페이스X는 현재 자체 현금 흐름으로 스타십 개발을 충분히 지원할 수 있으며, IPO를 통한 대규모 자금 조달을 통해 우주 데이터센터 구축, 화

---

[*]　https://www.cnbc.com/2018/08/09/musk-reportedly-no-longer-considering-spacex-ipo-plans.html

성 임무 준비, 스타링크 위성 추가 발사 등 한 단계 더 큰 도약을 위한 재원을 마련할 수 있다. 또한 xAI와의 합병 이후, 확장된 기업 구조를 공공 시장에서 투명하게 공개할 필요성도 생겼다.

CFO 브렛 존슨의 투자자 서한

스페이스X의 최고재무책임자(CFO) 브렛 존슨(Bret Johnsen)은 2025년 12월부터 기존 민간 투자자들과 줌(Zoom) 화상 회의를 지속해왔으며, 2026년 중반을 잠정적인 IPO 시점으로 논의했다. 이 과정에서 스페이스X가 처음으로 외부에 구체적인 재무 수치(EBITDA 80억 달러 등)를 공유한 것으로 알려졌다.[*]

브렛 존슨은 스페이스X의 재무 구조를 수년간 관리해온 핵심 인물로, 그가 직접 투자자를 만나며 IPO 로드쇼의 사전 작업을 진행했다는 사실은 IPO가 단순한 소문이 아닌 실질적인 준비 단계에 들어갔음을 의미한다.

4대 월스트리트 은행 선정: 모건 스탠리의 마이클 그라임스 복귀

스페이스X가 IPO 주간사로 선정한 것으로 알려진 은행들은 월스트리트를 대표하는 4대 투자은행이다. 모건 스탠리(Morgan Stanley), 골드만 삭스(Goldman Sachs), JP모건(JPMorgan), 뱅크오브아메리카(Bank of America)가 이 역대급 IPO의 주관사 역할을 맡을 예정이다.[**]

---

[*]　https://www.reuters.com/business/spacex-talks-share-sale-that-would-boost-valuation-800-billion-wsj-reports-2025-12-05/

[**]　https://www.itiger.com/news/1141793218

이 네 은행은 미국 증시에서 가장 큰 발행 역량과 기관 투자자 네트워크를 보유한 기관들로, 이들 모두가 단일 거래에 집결한다는 사실 자체가 이 IPO의 규모와 중요성을 대변한다.

특히 주목할 인물은 모건 스탠리로 복귀한 마이클 그라임스(Michael Grimes)다. 모건 스탠리는 그라임스를 투자은행 부문 회장으로 재영입했으며, 그는 스페이스X IPO에서 핵심 역할을 맡을 것으로 예상된다.[*] 그라임스는 링크드인(LinkedIn), 트위터(Twitter), 스냅챗(Snapchat) 등 수많은 주요 기술 기업 IPO를 성공시킨 전설적인 기술 분야 딜메이커로, 모건 스탠리와 머스크 생태계 사이의 오랜 관계를 상징하는 인물이다.

IPO 로드맵: 두 가지 시나리오

Yahoo Finance는 스페이스X가 2026년 3월 중으로 SEC에 비공개(confidential) S-1 서류를 제출할 준비를 하고 있다고 보도했다.[**] 이 보도를 기준으로 하면, 스페이스X의 IPO 시점으로 거론되는 6월 상장은 단순한 희망 사항이 아니라 실제로 가능한 일정이다. SEC 비공개 제출 → SEC 심사 → 공개 S-1 → 의무 대기 15일 → 글로벌 로드쇼 → 상장의 순서를 거쳐

---

[*]　https://simplywall.st/stocks/us/diversified-financials/nyse-ms/morgan-stanley/news/morgan-stanley-rehires-grimes-as-spacex-ipo-role-meets-valua

[**]　https://sg.finance.yahoo.com/news/spacex-weighing-confidential-ipo-filing-195649199.html

야 하는데, 3월 제출을 기점으로 계산하면 6월 중순이 최단 상장 가능 시점
이다.

시나리오 1: 2026년 6월 상장 — 우주의 길일

일론 머스크가 두 가지 이유로 6월 중순을 선호한다고 알려졌다. 첫째
는 목성과 금성이 3년여 만에 처음으로 하늘에서 불과 엄지손가락 너비만
큼 가깝게 보이는 우주 정렬이 6월 8~9일에 일어난다는 것이고, 둘째는
머스크의 55번째 생일이 6월 28일이라는 것이다. 숫자·날짜에 의미를 새
기는 것을 즐기는 머스크의 성향을 감안하면, 충분히 개연성 있는 스토리
이다.

2026년 6월 중순 상장을 가정하여 역순으로 IPO 로드맵을 살펴보자.

2026년 6월 중순 상장을 기준으로 한 IPO 로드맵

단계	예상 시점	내용
① SEC 비공개 S-1 제출	2026년 3월	Bloomberg 2.27 보도 기준, 이미 준비 완료 단계
② SEC 심사	2026년 3~4월	통상 4~8주 소요. xAI 통합 복잡성으로 길어질 수 있음
③ 공개 S-1 발표	2026년 4~5월	처음으로 재무제표 전면 공개. 시장 반응 결정적
④ 의무 대기 15일	공개 S-1 후	SEC 규정상 공개 후 최소 15일 경과 후 로드쇼 가능
⑤ 글로벌 로드쇼	2026년 5월 말~6월 초	BofA·골드만삭스·JP모건·모건스탠리 주관. 기관 수요 조사
⑥ 공모가 결정 및 상장	2026년 6월 중순	행성 정렬(6월 8~9일), 생일(6월 28일) 사이의 어느 날

2026년 6월 상장이 현실이 되려면 세 가지가 충족되어야 한다. 첫째, S-1 서류에서 xAI와의 합병 후 통합 재무제표가 투자자에게 납득 가능한 수준으로 제시되어야 한다. 둘째, 스타십 3세대 발사(블록3)가 성공적으로 진행되어 기술적 신뢰를 확인시켜야 한다. 셋째, 미국 증시가 활황이고 투자자들이 공격적으로 매수할 의향이 있는 상태를 유지해야 한다

시나리오 2: 6월 무산 — 2026년 하반기 또는 2027년

일부 은행가와 투자자들은 6월 중순 상장이 지나치게 낙관적이라고 경고했다. 실제로 《The Information》은 스페이스X가 투자자에게 '2026년 하반기'를 목표로 전달했다고 보도해(2025년 12월 6일), 처음부터 6월보다 후반을 염두에 두고 있음을 시사했다.

2026년 하반기 또는 2027년 상장의 이유

위험 요인	내용	영향도
xAI 통합 복잡성	xAI 18억 달러 부채, 통합 후 현금 소모 확대. 투자자들이 우주 기업이 아닌 AI 부채 기업으로 볼 수 있음	높음
SEC 심사 지연	xAI 합병 관련 거래 공정성, 관련자 거래 문제 등 SEC가 추가 자료를 요청할 가능성	높음
스타십 지연	2026년 3월 예정된 블록3 발사 결과가 부진할 경우 기술 실증 전 상장이라는 약점 노출	중간
시장 변동성	거시경제 충격(금리, 무역 갈등, 이란과의 전쟁)으로 500억 달러 수요 자체가 흔들림	중간
듀얼 클래스 구조 협상	기관 투자자들이 의결권 희석에 강하게 반발할 경우 조건 협상이 길어짐	낮음~중간
머스크 리스크	DOGE 활동, 정치적 논란으로 인한 브랜드 훼손이 수요에 영향을 줄 수 있음	낮음~중간

6월 일정이 밀릴 경우, 미국 IPO 시장의 가을 시즌(9~11월)이 차선책이다. SEC 심사가 여름까지 지속되고, 9월에 공개 S-1을 발표한 뒤 10~11월에 상장하는 구조다.

시나리오 3: 2026년 6월 상장이 무산되고 이후 일정이 불투명해질 경우

xAI 통합 재무제표가 복잡하게 얽혀 SEC 심사가 6개월 이상 길어지거나, 증시 전반이 급락하면 2027년 이후로 밀릴 수 있다. 스페이스X는 이 경우에도 현재의 현금흐름(EBITDA 약 80억 달러)만으로 스타십 개발을 지속할 수 있기 때문에 자금 압박으로 인한 무리한 상장 가능성은 낮다.

'스페이스X IPO 무산과 이후 일정 불투명' 시나리오의 파급 효과

스페이스X의 IPO가 무산될 경우 우리나라 증시에서 '스페이스X 테마주'에 미치는 영향을 두 가지 시나리오로 예상할 수 있다.

첫째는 '스페이스X 테마주'에 속해 **급등한 관련 주식의 폭락**이다. 상상하기 싫은 상황이지만 현실성이 있다. 스페이스X 테마주 열풍으로 52주 주가범위가 4만원 대에서 20만원 대로 상승한 한 회사의 대표는 자사의 주가가 지나치게 급상승했다며, 스페이스X의 IPO가 무산될 경우 투자자들에게 미칠 위험성을 지적한 바 있다.

둘째는 스페이스X가 '2026년 하반기 또는 2027년 상장을 준비 중'이라는 소문이 계속 유통되고, 그 과정에서 새로운 소재들이 끊임없이 등장하면서 급락→반등→급락→반등을 반복하면서도 **장기 우상향 추세를 유지**하는 상황이다. 그러다가 실제 IPO가 완료되면 재료 소진으로 인해 하락 전환하는 시나리오이다. 두 번째 시나리오가 가장 현실성 있다.

현재까지의 모든 상황을 종합하면, 2026년 중 IPO는 높은 확률로 실현된다고 볼 수 있다. 다만 6월이냐 가을이냐의 차이는 xAI 통합 서류를 SEC가 얼마나 빨리 통과시키느냐에 달려 있다. 머스크의 상징 집착과 천문학적 길일 선호를 고려하면, 6월을 목표로 모든 준비를 전력 질주하다가 조금 밀리면 10~11월로 착지하는 구조가 가장 현실적인 시나리오다.

상장 구조 시나리오

스페이스X 전체 상장 vs 스타링크 분리 상장설

스페이스X IPO를 둘러싼 가장 큰 논의 중 하나는 상장 구조에 관한 것이었다. 수년간 시장에서는 스타링크(Starlink) 사업 부문만을 분리하여 별도로 상장하는 시나리오가 유력하게 거론되었다.

스타링크의 가입자 성장과 구독 수익 모델은 기술 투자자들에게 매력적인 스토리이며, 로켓 발사라는 하드웨어 사업과 묶이지 않고 독립적인 플랫폼 기업으로 평가받는다면 더 높은 밸류에이션을 받을 수 있다는 논리였다. 실제로 2020년에는 '스타링크 단독 IPO가 스페이스X 전체 상장보다 먼저 이루어질 것'이라는 보도가 여러 차례 나오기도 했다.[*]

그러나 2025년 말부터 보도되는 내용들은 분리 상장 가능성을 사실상 배제하고 있다. 스페이스X는 로켓 발사, 스타링크, 그리고 합병된 xAI까

---

[*] https://edition.cnn.com/2020/02/06/tech/spacex-starlink-public-ipo

지 포함하는 통합 법인 전체를 하나의 주식으로 상장하는 방향으로 가닥을 잡았다.

통합 상장을 선택한 이유는 합산 기업가치의 극대화에 있다. 스타링크, 발사 서비스, xAI의 AI 플랫폼이 각각의 밸류에이션을 주장하는 것보다, 하나의 통합된 우주 인터넷-AI 인프라 기업으로 포지셔닝할 때 시장에서 더 높은 프리미엄을 받을 수 있다는 판단이다. 투자자 입장에서도 스페이스X라는 브랜드와 머스크라는 이름이 가지는 상징성을 한 번에 온전히 살 수 있다는 점에서 통합 상장 방식이 더 매력적이다.

xAI 합병 이후의 복잡한 기업 구조

그러나 통합 상장의 경우 기업 구조의 복잡성이라는 도전이 따른다. 2026년 2월, 스페이스X가 머스크의 인공지능 기업 xAI를 합병했다는 사실이 공식 확인되면서, IPO 대상 법인의 자산 구성이 훨씬 복잡해졌다.

합병 법인에는 스페이스X의 로켓 발사·제조 사업, 스타링크 위성 인터넷 서비스, xAI의 Grok AI 플랫폼, 소셜미디어 X(구 트위터), 그리고 콜로서스(Colossus) AI 데이터센터가 포함된다. 이 각각의 사업 부문은 수익 구조, 성장 단계, 리스크 프로파일이 모두 다르다.

SEC 등록 신청서(S-1) 작성 과정에서 이 복잡한 기업 구조를 어떻게 표현하느냐, 각 사업 부문 간 내부 거래(특수관계자 거래)를 어떻게 공시하느냐가 핵심 과제가 될 것이다. 예를 들어, 스페이스X가 xAI의 콜로서스 데이터센터에 전력이나 서버 랙을 제공한다면 이것이 정당한 시장 거래인지, 아니면 머스크가 두 기업 간에 자원을 자의적으로 이전하는 것인지에 대한 투자자와 규제 당국의 의문이 제기될 수 있다. 이러한 복잡성을 어떻게 투명하게 공시하느냐가 IPO 성공의 관건 중 하나다.

예상 공모 규모: 최대 500억 달러

스페이스X는 최대 500억 달러를 공모할 계획이다. 이는 사우디 아람코가 2019년 세운 역대 최대 IPO 공모 조달액인 약 290억 달러를 크게 상회하는 수치다. 공모 방식은 신주 발행(Primary Offering)과 기존 주주의 구주 매출(Secondary Offering)의 혼합 형태가 될 것으로 예상된다.

신주 발행을 통해 조달된 자금은 스페이스X가 직접 사용하는 성장 자본이 되고, 구주 매출을 통해 기존 투자자들과 직원들은 보유 주식 일부를 현금화할 수 있다.

단, 최대 500억 달러라는 수치가 모두 신주 발행을 통해 조달되는 것은 아닐 가능성이 높다. 2025년 12월 기준 기업가치 8,000억 달러의 약 6%에 해당하는 약 480억 달러를 신주로 발행하면 기존 주주의 지분이 그만큼 희석되기 때문에, 실제로는 신주 발행과 구주 매출의 비율을 적절히 조율할 것이다.

정확한 IPO 구조(신주 비율, 구주 비율, 의결권 구조 등)는 S-1 등록 신청서가 제출되어야 비로소 공식화된다. 그럼에도 공모 총액이 500억 달러 수준에 달한다면, 이는 당일 하루에만 수백억 달러 규모의 주식 거래가 이루어지는 역사적인 장면을 만들어낼 것이다.

SEC 등록 신청서(S-1) 공개 후 확인사항

한국 투자자를 포함한 개인 투자자들이 스페이스X IPO에 참여하기 위해 가장 먼저 해야 할 일은 S-1 등록 신청서를 꼼꼼히 읽는 것이다. S-1은 미국 증권거래위원회(SEC)에 제출하는 IPO 신청서로, 기업의 재무 현황, 사업 모델, 리스크 요인, 경영진 보상, 지배 구조 등 모든 핵심 정보가 담겨 있다.

스페이스X가 2026년 3월 중 비밀 신청(Confidential Filing)을 진행한 뒤 공개 S-1을 제출하면, 비로소 공식적인 재무제표와 구체적인 사업 세부 정보가 처음으로 일반에 공개된다. S-1이 공개된 이후 투자자들이 가장 먼저 확인해야 할 내용은 다음과 같다.

- 스타링크의 실제 부문별 재무제표(수익, 비용, 이익)
- 스타십 프로그램의 현재까지 투자 규모와 향후 계획
- xAI 합병의 구체적 조건과 내부 거래 내역
- 머스크의 지분율과 의결권 구조
- 핵심 임원들의 스톡옵션 구조
- 임원, 이사, 기존 주요 주주의 락업 기간

락업 기간: 5~10년 가능성

스페이스X IPO에서 가장 이례적인 조건 중 하나로 예상되는 것이 락업(Lock-up) 기간이다. 일반적인 IPO에서는 상장 후 90일 또는 180일의 락업 기간을 두어, 내부자와 초기 투자자들이 그 기간 동안 보유 주식을 매도하지 못하도록 제한한다. 일반적으로 S-1 등록 신청서에는 'Lock-Up Agreements' 또는 'Shares Eligible for Future Sale' 섹션에 락업 조건이 명시된다. 주요 기재 사항은 다음과 같다.

S-1 등록 신청서에 기재되는 락업 관련 내용

항목	내용
락업 대상자	임원, 이사, 기존 주요 주주
락업 기간	통상 180일(6개월) – 업계 표준
락업 주체	인수단(underwriter)과의 계약
조기 해제 조건	인수단 동의 시 조기 해제 가능 여부
락업 대상 주식 수	보통주, 전환 가능 증권 포함 여부

스페이스X의 경우, 머스크를 비롯한 핵심 내부자들의 락업 기간이 5년 또는 심지어 10년에 달할 수 있다는 분석이 나오고 있다. 이는 머스크가 화성 이주라는 초장기 미션을 위해 스페이스X를 운영하는 이상, 단기적인 주식 현금화보다 장기적 사업 발전에 집중하겠다는 의지를 표명하는 수단이 될 수 있다.

내부자 락업 기간이 길다는 것은 일반 투자자 입장에서 긍정적인 신호다. 핵심 인물이 상장 직후 주식을 팔아 이익을 실현하지 않는다는 것은 회사의 미래에 대한 강한 확신을 내포하기 때문이다. 반면 기관 투자자나 사모펀드처럼 특정 수익률을 달성한 뒤 투자 회수가 필요한 투자자들에게는 긴 락업이 불편한 조건이 될 수 있다. 락업 기간 만료 이후 대량의 주식이 시장에 나올 경우 주가에 하락 압박이 가해질 수 있다는 점도 투자자들이 반드시 인지해야 할 리스크다.

머스크 지분율(40% 이상)과 의결권 구조

스페이스X의 지배 구조에서 가장 중요한 변수는 일론 머스크의 지분율과 의결권이다. 머스크는 스페이스X 주식의 약 42~44% 이상을 보유[*]하고 있는 것으로 알려져 있으며, IPO 이후에도 압도적인 의결권을 유지할 것으로 예상된다. S-1이 공개되면 실제 투자 테이블도 함께 공개된다.

스페이스X 투자 지분(추정)

투자자	지분율(추정)	형태
Elon Musk	~42%	창업자/CEO
Fidelity Investments	~2%	뮤츄얼 펀드
Founders Fund(Peter Thiel)	~1-2%	벤처 캐피탈
Sequoia Capital	~1%	벤처 캐피탈
Gigafund(Luke Nosek)	<1%	벤처 캐피탈
Valor Equity Partners	<1%	성장 단계 투자
a16z(Andreessen Horowitz)	<1%	벤처 캐피탈
Google(Alphabet)	<1%	전략 투자자
Various sovereign wealth funds	비공개	국부 펀드

※ 지분율은 공개 보고서 기반 추정치이며, 스페이스X는 전체 자본 테이블을 공개하지 않은 상태이다.

---

[*]   https://www.revenuememo.com/p/who-owns-spacex

많은 실리콘밸리 기업들이 채택하는 이중 주식 구조(Dual-Class Share Structure)*를 적용하면, 머스크가 보유한 주식에는 일반 주주보다 수십 배 많은 의결권이 부여되어, 주주 총회에서 그의 의사가 항상 관철될 수 있는 구조가 된다. 이는 테슬라, 메타(페이스북), 구글, 스냅 등 다수의 기술 기업이 채택한 방식이다.

이중 주식 구조는 창업자의 장기적 비전을 단기 주주 압박으로부터 보호한다는 장점이 있다. 머스크가 화성 이주에 수십 억 달러를 투자하겠다는 결정을 내릴 때, 일반 주주들이 이에 반대하더라도 그의 의사결정을 막기가 어렵다는 의미다. 반면 이는 일반 투자자에게 의결권 측면에서 실질적인 경영 참여가 불가능한 구조를 만들어, 순수하게 머스크를 신뢰하고 사업 성과에 베팅하는 방식의 투자가 된다는 점을 명심해야 한다.

---

* 이중 주식 구조(Dual-Class)는 회사가 주식을 두 종류로 나누되, 창업자 주식에는 일반 주식보다 훨씬 많은 의결권을 부여하는 구조이다. 그래서 창업자는 지분이 많지 않아도 회사 의사결정을 계속 주도할 수 있다. 한국의 우선주는 보통 배당을 더 받는 대신 의결권이 없거나 제한되는 형태이다. 한국 우선주는 돈(배당) 우선, 실리콘밸리의 이중 주식 구조는 권한(의결권) 우선이라는 점이 다르다.

정지위성은 달리고,
이동위성도 달린다

이름이 거짓말을 한다

위성의 세계에는 이름이 행동이 맞지 않는 두 존재가 있다. 정지위성과 이동위성이다.

정지위성이라고 하면 대부분의 사람들은 하늘 어딘가에 멈춰 가만히 있는 위성을 떠올린다. 그러나 정지위성은 지금 이 순간도 초속 약 3km로 지구 주위를 맹렬히 달리고 있다. 멈춰 있는 것이 아니다. 반대로 이동위성은 어떨까. 이동위성도 정지위성과 마찬가지로 일정한 속도로 정해진 궤도를 따라 지구 주위를 돈다.

둘 다 사실은 맹렬히 달리고 있는데, 하나는 정지위성이고 하나는 이동위성이다. 왜 그럴까?

정지위성: 지구와 같은 속도로 도는 위성

정지위성은 반드시 ❶적도 상공에서 ❷적도면과 같은 평면의 원형 궤도를 따라, ❸약 35,786km 고도에서 지구를 공전한다. 이 세 조건을 모두 만족하는 궤도를 정지궤도(Geostationary Earth Orbit, GEO)라고 부른다.

위성은 원래 직선으로 날아가려는 관성을 가지고 있다. 그러나 지구의 중력이 계속 위성을 끌어당기면서 방향을 조금씩 꺾는다. 그 결과 위성은 지구 주위를 원형에 가까운 궤도로 계속 돌게 된다. 즉, 위성을 궤도에 붙잡아 두는 구심력은 지구의 중력이다.

핵심은 고도와 공전 속도의 관계다. 고도가 낮으면 중력이 강해서 위성이 빠르게 돌아야 궤도를 유지할 수 있다. 고도가 높아질수록 중력이 약해지고, 위성은 더 느리게 돌아도 된다. 그런데 약 35,786km 고도에서는 중력에 의해 결정되는 공전 주기가 지구 자전 주기와 정확히 일치한다. 뉴턴의 중력 법칙이 정해 놓은 결과다.

그래서 위성이 지구와 같은 방향으로, 같은 주기로 돌게 되면 지상에서 바라볼 때 위성이 하늘의 한 지점에 고정된 것처럼 보인다. 이것이 '정지'의 실체다. 실제로는 정지위성도 초속 약 3km로 계속 지구를 돌고 있다.

여기서 중요한 제약이 하나 있다. 정지위성은 반드시 적도 바로 위에만 위치할 수 있다. 지구의 자전이 적도면을 중심으로 이루어지기 때문에, 위성이 지구 자전과 완전히 동기화되려면 위성의 궤도면도 적도면과 일치해야 한다. 만약 궤도가 조금이라도 기울어지면 위성은 하루에 한 번씩 남북으로 흔들리는 운동을 하게 되어, 지상에서 '정지'해 보이는 조건이 깨진다. **따라서 전 세계 정지위성은 적도 상공 약 35,786km의 가상의 원을 따라 같은 방향으로 공전하며 분포한다. 이 궤도는 매우 중요한 자원이기 때문에 국제전기통신연합이 국가별로 궤도 위치와 주파수를 배분해 관리한다.**

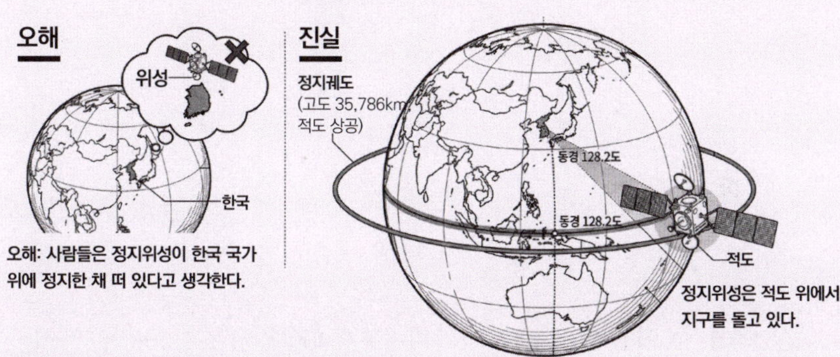

오해: 사람들은 정지위성이 한국 국가 위에 정지한 채 떠 있다고 생각한다.

정지위성은 적도 위에서 지구를 돌고 있다.

이동위성: 이동하는 단말과 통신하는 위성

이동위성이라는 이름에서도 흔한 오해가 있다. 위성이 스스로 엔진을 켜고 하늘을 날아다닌다고 생각하는 것이다. 그러나 정지위성이든 이동위성이든 모든 위성은 중력과 관성에 의해 대부분의 시간은 궤도를 따라 공전하고, 궤도 조정, 충돌 회피 등 필요할 때만 작은 추진기를 사용해 궤도를 미세하게 조정한다.

통신 분야에서 말하는 이동위성은 사실 궤도 종류가 아니라 서비스 개념이다. 이동하는 단말—예를 들어 선박, 항공기, 차량, 휴대 단말—과 통신하는 위성 서비스를 Mobile Satellite Service라고 부른다. 이런 서비스는 보통 저궤도나 중궤도 위성망을 이용한다. 예를 들어 Iridium satellite constellation 같은 위성망은 고도 수백~천 km 정도의 저궤도를 돌며 지구를 약 90~100분에 한 바퀴 공전한다. 속도는 초속 약 7~8km에 이른다.

지상에서 보면 이런 위성은 하늘을 가로질러 빠르게 움직이며 지나간다. 그래서 '이동위성'이라는 이름이 붙었지만, 실제로는 이 위성들도 정지위성과 마찬가지로 중력에 의해 정해진 궤도를 따라 공전할 뿐이다.

Chapter 11

IPO 밸류에이션 심층 분석

스페이스X의 IPO 목표 기업가치 1조 5,000억~1조 7,500억 달러는 어떻게 이해해야 하는가. 이 숫자는 정당한가. 투자자로서 이 질문에 답하기 위해서는 단순히 '비싸다' 또는 '싸다'고 단정 짓기보다, 이 밸류에이션을 지지하는 논거와 이를 반박하는 논거를 모두 살펴보아야 한다.

어떤 대형 IPO든 장밋빛 서사와 현실적 우려가 공존한다. 스페이스X는 그 어떤 기업보다 양쪽의 논거가 극단적으로 강하다. 낙관론자들은 스타링크가 전 세계 인터넷 인프라를 독점할 것이라 말하고, 비관론자들은 현재 매출의 68배에 달하는 밸류에이션은 어떤 성장률로도 정당화되기 어렵다고 주장한다. 현명한 투자를 위해 이 장에서는 양쪽의 논거를 모두 정밀하게 검토한다.

1.5조~1.75조 달러 밸류에이션은 정당한가

매출 대비 62~68배의 의미

IPO 목표 가치 1조 5,000억 달러를 2026년 예상 매출 약 220억~240억 달러로 나누면 주가매출비율(PSR)은 약 62~68배가 된다. 앞서 살펴보았듯이 이는 통상적인 기업 분석 틀로는 설명이 안 되는 수치다.

주가수익비율(PER) 기준으로 보면 더욱 극단적이다. 2025년 EBITDA가 80억 달러이며, 감가상각, 이자, 세금을 차감한 순이익(Net Income)은 이보다 훨씬 작을 것이다. 스페이스X는 현재 대규모 설비 투자로 인해 감가상각비가 막대하고, 스타십 개발 비용이 순이익을 크게 압박하고 있어, 순이익 기준 PER은 수백 배에 달할 것으로 추정된다.

이러한 밸류에이션이 성립하기 위해서는 스페이스X가 앞으로 오랜 기간 동안 높은 성장률을 유지하면서 수익성이 획기적으로 개선되어야 한다. 구체적으로, 현재 155억 달러인 매출이 2030년까지 400억~1,000억 달러 수준으로 증가해야 하며, EBITDA 마진 역시 50% 이상을 유지해야 한다는 가정이 필요하다. 이는 달성 불가능한 목표가 아니지만, 수많은 가정이 모두 긍정적인 방향으로 실현되어야 한다는 전제가 붙는다.

스타링크 가입자 성장을 핵심으로 한 시나리오별 기업가치

스페이스X의 기업가치를 가장 합리적으로 산정하는 방법 중 하나는 현금흐름할인법(DCF)*을 적용하되, 스타링크 가입자 수를 핵심 변수로 삼는 것이다. 스타링크의 매출은 가입자 수×ARPU로 결정되며, 가입자 수의 성장 경로에 따라 기업가치가 크게 달라진다.

낙관 시나리오에서는 스타링크 가입자가 매년 100% 성장을 지속하여 2030년에 3억 명에 도달하고, ARPU가 50달러 수준을 유지한다면, 스타링크 단독 연매출이 약 1,800억 달러에 달하게 된다. 발사 서비스·스타쉴드(군사용 위성통신 서비스) 등을 합산한 스페이스X 총매출은 약 2,200억 달러에 이른다. 넷플릭스 수준의 PSR 배수를 적용하면 기업가치는 2조~3조 달러 이상이며, 스타십의 잠재적 옵션가치를 별도로 반영할 경우 5조 달러 이상도 논리적으로 가능한 시나리오다.

중립 시나리오에서는 2030년 가입자 1억 명, ARPU 70달러 유지 시 스타링크의 연매출이 약 840억 달러가 된다. 비관 시나리오에서는 경쟁 심화와 ARPU 하락으로 2030년 가입자 3,000만 명, ARPU 60달러에 그쳐 스타링크 연매출이 약 216억 달러가 된다.

스타링크 가입자 성장 시나리오별 2030년 기업가치 추정

시나리오	2030년 스타링크 가입자	2030년 스타링크 매출	2030년 스페이스X 총매출	적정 PSR(배)	2030년 기업가치
낙관	3억 명	약 1,800억 달러	약 2,200억 달러	10~15배	2.2조~3.3조 달러
중립	1억 명	약 840억 달러	약 1,050억 달러	8~12배	8,400억~1.26조 달러
비관	3,000만 명	약 216억 달러	약 270억 달러	5~8배	1,350억~2,160억 달러

※ 출처: Sacra(2026.1), ARK Invest(2025.5), Fintool(2026.1) 등 분석기관 추정치로 재구성

---

* 현금흐름할인법은 미래에 벌 돈을 오늘 기준의 가치로 환산해 기업가치를 계산하는 방식이다. 즉, 미래의 돈은 현재보다 가치가 낮다는 점을 반영해 현재 가치로 할인하여 기업가치를 구하는 방법이다

스페이스X 전체 매출을 기준으로 한 시나리오별 기업가치

스페이스X 전체 사업을 고려하면, 2030년 매출은 어떤 시나리오에서도 상당한 규모에 달할 것으로 예상된다. 스타링크 외에도 스타십 상업화에 따른 발사 서비스 매출 급증, 스타쉴드 정부 계약 매출 확대, 그리고 2026년 2월 인수가 완료된 xAI의 Grok 서비스 매출 등이 연결 매출에 합산되기 때문이다.

가장 보수적인 비관 시나리오에서도 2030년 스페이스X 총매출은 600억~800억 달러 수준에 달할 것으로 분석기관들은 본다. 낙관 시나리오에서는 2,000억 달러를 넘는 것도 이론적으로 가능하다.

ARK Invest는 2025년 공개한 스페이스X 모델에서 2030년 예상 기업가치를 약 2조 5,000억 달러(기대값 기준)로 산출했으며, 강세 시나리오에서는 3조 1,000억 달러, 약세 시나리오에서도 1조 7,000억 달러를 제시했다.[*]

스페이스X 전체 매출을 기준을 한 낙관·중립·비관 시나리오별 기업가치 추정

구분	2026년(IPO)	2028년	2030년
낙관시 기업가치	1.5조 달러	2.2조 달러	3.1조 달러
중립시 기업가치	1.0~1.5조 달러	1.5~2조 달러	2.5조 달러
비관시 기업가치	7,000억~1조 달러	1조~1.3조 달러	1.7조 달러

※ 출처: ARK Invest(2025년 6월), Sacra.com, Payload Space, 2026년 2월 기준. 낙관과 비관의 2030년 수치는 ARK Invest의 강세(75퍼센타일)·약세(25퍼센타일) 시나리오값이며, 2026년, 2028년 수치는 현재 사모시장 밸류에이션(약 1조 2,500억 달러)을 기준점으로 추정한 것이다.

---

[*]　https://www.ark-invest.com/articles/valuation-models/ark-expected-value-spacex-2030. 캐시 우드가 이끄는 Ark Invest는 스페이스X 친화적인 성향이다.

스타링크의 매년 100% 가입자 성장

낙관론자들이 가장 먼저 제시하는 근거는 스타링크의 폭발적인 가입자 성장이다. 스타링크 가입자는 2021년 베타 개시 이후 1만 명 → 100만 명(2022) → 230만 명(2023) → 460만 명(2024) → 920만 명(2025 말)으로 매년 약 100%씩 증가했다. MWC 2026에서 마이클 니콜스 스페이스X 스타링크 부문 수석부사장(SVP)은 2026년 3월 기준 스타링크 월간 활성 사용자가 1,000만 명을 달성했다고 발표했다.[*]

이 성장 속도는 넷플릭스, 스포티파이(Spotify), 우버(Uber) 등 역사상 가장 빠르게 성장한 구독 서비스들과 어깨를 나란히 한다. 특히 이 성장이 단순한 선진국 내 수요가 아니라, 인도·인도네시아·아프리카·동남아시아 등 신흥국에서의 새로운 인터넷 인프라 수요에 기반한다는 점이 중요하다. 이 시장의 잠재 고객 규모는 선진국 시장보다 몇 배 이상 크다.

만약 스타링크가 2026~2030년에 매년 80~100%의 성장을 이어간다면, 2030년에는 가입자가 수억 명에 달할 가능성도 배제할 수 없다. 전 세계 인터넷 미접속 인구가 약 30억~40억 명이고, 이들 중 대부분이 스타링크 서비스 범위에 들어온다는 사실을 고려하면, 시장 자체의 크기는 충분하다. 문제는 ARPU, 즉 이 가입자들이 얼마의 요금을 낼 용의가 있느냐다.

---

[*] https://www.pcmag.com/news/spacex-makes-starlink-mobile-official-not-competing-with-carriers-mwc-2026

스타링크 모바일의 시장 잠재력

스타링크 모바일(Direct-to-Cell)은 스타링크의 차세대 성장 동력으로, 일반 LTE 스마트폰이 기지국 대신 저궤도 위성에 직접 연결되어 통화, 문자, 데이터 서비스를 받는 것이다. 이 서비스가 본격화되면 스타링크의 잠재 고객은 기존 단말기 구매 고객 1,000만 명(2026년 3월 월간 활성 사용자수 기준)에서 전 세계 스마트폰 사용자로 기하급수적으로 확대된다.

스마트폰은 이미 있으니 별도의 장비가 필요 없고, 통신사가 위성 로밍 요금을 스타링크에 지불하는 B2B 모델로 작동하기 때문에, 개인이 스타링크에 직접 가입하지 않아도 연결이 된다. 이 모델에서 스타링크는 전 세계 수십 개 통신사와 도매 계약을 맺어 위성 연결 서비스를 제공하고, 통신사는 자사 고객에게 이를 재판매하는 구조다.

우주 데이터센터 프리미엄

xAI 합병 이후 스페이스X는 AI 컴퓨팅 인프라 사업으로의 진출 가능성을 열었다. 만약 우주 데이터센터 비전이 현실화된다면, 스페이스X는 AWS(아마존 웹서비스), 마이크로소프트 애저(Azure), 구글 클라우드(Google Cloud)와 경쟁하는 우주 클라우드 기업이 된다.

현재 글로벌 클라우드 서비스 시장 규모는 약 7,000억 달러(2025년 기준)이며, 2030년에는 2조~2.4조 달러로 성장할 것으로 예상된다. 스페이스X가 이 시장의 일부만 차지하더라도 그것이 밸류에이션에 미치는 영향은 막대하다.

정부 계약 확대(국방예산 1조 달러 시대)

미국의 국방 예산은 2026년 기준 약 8,500억 달러를 넘어섰으며, 우주 관련 예산의 비중이 빠르게 늘고 있다. 미국 우주군(U.S. Space Force)의 예산은 매년 30% 이상 증가하고 있으며, 스타링크의 군사 버전인 스타쉴드(Starshield)는 정보기관과 군이 활용하는 위성통신·지구 관측·안전한 데이터 전송 서비스를 제공한다.

트럼프 행정부의 출범 이후 방산 및 우주 분야 예산 증가가 더욱 두드러지고 있어, 스타쉴드를 포함한 정부 계약 매출이 빠르게 증가할 전망이다. 골든 돔(Golden Dome) 미사일 방어 프로그램에서도 스페이스X가 역할을 맡을 것으로 알려지고 있어, 정부 계약 영역의 성장 가능성은 상당하다.

비관론의 근거

ARPU 하락 추세(149달러 → 94달러)

비관론자들이 가장 먼저 지적하는 것은 스페이스X의 주요 매출원인 스타링크의 ARPU(사용자 1명당 월평균 매출) 지속적인 하락이다. Sacra에 따르면 스타링크 주거용 ARPU는 2023년 약 149달러에서 2025년 약 94달러로 불과 2년 만에 37% 하락했다.[*] 이 추세가 계속된다면, 가입자 수가 폭발적으로 증가하더라도 매출 증가율이 둔화될 수 있다.

---

[*]　https://sacra.com/c/spacex/

예를 들어 가입자가 2,000만 명으로 두 배가 되더라도 ARPU가 50달러로 수준으로 하락한다면, 스타링크 매출은 현재와 크게 달라지지 않는다. ARPU 하락은 단말기 가격 인하, 신흥국 시장 개척, 경쟁 심화 등 여러 요인의 복합 결과이며, 이 추세를 역전시키기 위해서는 스타링크 모바일(DTC)이나 기업·정부 대상 고가 서비스의 급격한 확대가 필요하다.

기업가치 순위 대비 소소한 매출액

1조 7,500억 달러 가치로 IPO가 이루어진다면 시가 총액이 미국 상장 기업 중 엔비디아, Alphabet(구글), 애플, 마이크로소프트, 아마존에 이어 6위에 해당한다.

그런데 2025년 엔비디아의 매출액은 2,160억 달러(FY2026), 마이크로소프트는 2,817억 달러(FY2025), 아마존은 7,169억 달러이다. 이에 비해 스페이스X의 2025년 매출액은 155억 달러로 추정된다.

상위 5개 기업과의 2025년 매출액 비교

회사	2025 매출
아마존	약 7,170억 달러
애플	4,161억 달러(FY2025)
Alphabet(구글)	4,028억 달러
마이크로소프트	2,817억 달러(FY2025)
엔비디아	2,159억 달러(FY2026)
스페이스X	**약 155억 달러(추정)**

시가 총액 6위에 해당하는 기업의 1년 매출액(추정액)이 유사한 순위에 랭크되어 있는 기업에 비해 1/4~1/46이다. 우주, AI, 위성 인터넷을 포괄하는 기업이라는 특수성을 감안하더라도 지나친 프리미엄이다.

스타십 개발 지연 리스크

스타십(Starship)은 스페이스X 밸류에이션의 핵심 미래 가치 중 하나다. 스타십이 완전한 재사용 체계로 운용되면 발사 비용이 팰컨 9 대비 10분의 1 이하로 떨어지고, 이는 스타링크 V3 위성의 대규모 배치와 비용 혁명으로 이어진다. 그러나 스타십은 아직 완전한 상업 운용 단계에 진입하지 못했다.

2026년 3월 기준, 시험 비행이 거듭되고 있으며, 각 비행마다 기술적 개선이 이루어지고 있지만 FAA 인허가 문제와 기술적 과제가 여전히 남아 있다. 스타십 상업화가 2027년 이후로 밀린다면, 스페이스X 전체 비용 구조 개선과 스타링크 V3 확장 속도 모두 차질을 빚게 된다.

xAI 합병으로 인한 부담

AI 모델을 개발하고 운영하는데는 인프라 구축과 R&D 등에 천문학적인 비용이 든다. OpenAI가 2025년에 130억~200억 달러의 매출을 기록했음에도 80억 달러라는 현금 소진액, 마이크로소프트에 지불하는 컴퓨팅 비용(매출의 20% 정도), GPU 인프라 비용(GPU 구매 및 사용자의 질문이 있을 때마다 행해지는 추론 비용), R&D 비용으로 인해 이익이 제한되고 있다.

xAI도 상당한 속도로 현금을 소진하고 있으며, 이러한 인프라 비용을 스페이스X가 흡수하면, 스페이스X가 어렵게 벌어들인 수익이 일론 머스크의 AI 구축으로 전환될 수 있다.

또한 유럽, 인도, 말레이시아에서 xAI를 대상으로 한 규제 조사와 xAI가 서비스하는 Grok의 이미지 생성기에 대한 캘리포니아 법무장관의 조사[*]도 스페이스X가 짊어져야 할 부담이다.

아마존 LEO의 위성 인터넷 추격

아마존의 LEO(구 프로젝트 카이퍼)는 스타링크의 가장 위협적인 경쟁자다. FCC 허가를 유지하기 위해 아마존은 2026년 7월 30일까지 1,600기의 위성을 발사해야 하는 규제 일정을 안고 있다(다만, 2026년 3월에 100기 미만 발사로 연장 요청 중이다).

2026년 3월 기준, 아마존은 자체 발사체가 없어(아마존 창립자 제프 베조스 소유 블루 오리진의 뉴글렌 로켓은 상업발사 지연 중) ULA 벌컨(Vulcan), 유나이티드 론치 얼라이언스, 유럽의 아리안스페이스 등 외부 발사 서비스에 의존하고 있으며, 아이러니하게도 경쟁사인 스페이스X에 일부 발사를 맡기고 있다.

아마존이 LEO 위성 배치에 성공하고 프라임(Prime) 생태계[**]와 연계한 요금제로 시장에 진입한다면, 북미 시장을 중심으로 스타링크와 치열

---

[*]   https://www.pipc.go.kr/np/cop/bbs/selectBoardArticle.do?bbsId=BS105&mCode=D060030000&nttId=11800

[**]   Amazon의 Prime 생태계란 Amazon Prime(멤버십 구독 서비스), Prime Video(스트리밍 서비스), Amazon Music(음악 스트리밍), Prime Gaming(게임 혜택), Prime Reading(전자책 서비스), 무료·빠른 배송(전자상거래 핵심 혜택) 등 콘텐츠·쇼핑·디지털 서비스가 하나의 구독에 묶여 있는 구조를 말한다.

한 가격 경쟁이 벌어질 것이다. 아마존은 수천억 달러의 재무 여력과 AWS 클라우드 인프라를 결합한 강점을 가지고 있어, 단순히 가입자를 뺏는 것을 넘어 위성 인터넷과 클라우드 컴퓨팅을 결합한 새로운 사업 모델을 만들어낼 가능성도 있다.

블루 오리진의 로켓 발사 서비스 추격

뉴글렌(New Glenn) 로켓이 2025년 테스트 발사에 성공하면서 블루 오리진은 더 이상 '억만장자의 취미'가 아니라는 것을 증명했다. 뉴글렌의 재사용 1단 부스터는 팰컨 9과 유사한 회수 후 재사용 방식을 채택하고 있으며, 탑재 능력은 저궤도 기준 45톤으로 팰컨 9(22.8톤)의 두 배에 달한다.

미국 정부는 이미 블루 오리진의 손을 들어주기 시작했다. NSSL Phase 3 Lane 2 계약에서 블루 오리진은 7회 비행, 24억 달러 규모의 국가안보 발사 임무를 수주했고, NASA 아르테미스 V의 달 착륙 시스템 공급사로도 34억 달러 규모의 계약을 체결했다. 정부 계약 시장에서 스페이스X의 독점적 지위가 조금씩 희석되고 있는 것이다.

제프 베조스의 자금력은 스페이스X가 쉽게 무시할 수 없는 변수다. 베이조스는 블루 오리진에 매년 수십억 달러를 투입해왔으며, 아마존이라는 거대한 수익 기반이 이를 뒷받침한다. 스페이스X가 IPO 이후 주주 수익성을 의식해야 하는 상황에 놓인다면, 비상장 회사인 블루 오리진은 오히려 더 공격적인 가격 경쟁을 펼칠 여력을 유지할 수 있다. 장기전에서 자본력은 결정적인 변수가 된다.

로켓랩의 로켓 발사 서비스 추격

로켓랩(Rocket Lab)은 소형 발사체 시장에서 팰컨 9이 진입하기 어려운 틈새를 정밀하게 공략하고 있다. 일렉트론(Electron) 로켓은 소형 위성 전용 맞춤 발사 서비스를 제공하며, 고객 맞춤형 전용 발사 수요를 흡수하고 있다.

더 큰 위협은 중형 발사체 뉴트론(Neutron)이다. 뉴트론은 재사용 가능한 1단 부스터를 갖춘 중형 발사체로, 팰컨 9의 주력 시장인 중형 위성 발사·소형 성좌 배치 영역에 직접 도전장을 내미는 포지셔닝이다. 뉴트론이 예정대로 서비스에 진입하면, 팰컨 9의 핵심 상업 고객층 일부를 잠식할 가능성이 있다.

로켓랩은 발사체 기업을 넘어 '우주 시스템 기업'으로 빠르게 변모하고 있다는 점도 주목해야 한다. 위성 부품 제조, 우주선 설계·제작, 지상 시스템까지 수직 통합 전략을 구사하며 수익 기반을 다각화하고 있다. 이는 스페이스X의 비즈니스 모델과 점점 닮아가는 구조로, 중장기적으로 스페이스X가 누려온 '원스톱 우주 솔루션' 프리미엄을 나눠 가질 경쟁자가 등장하고 있음을 뜻한다.

중국 상업 발사체의 추격

중국은 스타링크에 대응하기 위해 '구오왕(Guowang)'이라는 국가 지원 저궤도 위성 인터넷 프로젝트를 추진하고 있다. 또한 '란장(Lanjiang)' 등 민간 우주기업들도 위성 발사 서비스를 빠르게 확대하고 있다.

중국의 발사 비용은 정부 보조금과 저렴한 제조 비용 덕분에 스페이스

X와 경쟁할 수 있는 수준에 근접하고 있다. 물론 현재 중국의 발사체 기술과 신뢰성은 팰컨 9에 미치지 못하며, 스타링크와 같은 글로벌 서비스 네트워크도 갖추지 못했다.

그러나 중국 내수 시장은 물론 '일대일로' 관련 국가들을 대상으로 위성 인터넷 서비스를 제공한다면, 스타링크의 신흥국 시장 개척 전략을 상당 부분 잠식할 수 있다. 이는 특히 아프리카, 중앙아시아, 동남아시아 일부 국가에서 현실화될 수 있는 리스크다.

머스크 리스크(정치 활동, DOGE 논란)

스페이스X 투자에서 가장 고유한 리스크 중 하나는 일론 머스크 개인에 대한 것이다. 머스크는 2025년부터 트럼프 행정부의 정부효율부(Department of Government Efficiency, DOGE)를 이끌며 미국 연방 정부의 인력과 예산을 대폭 삭감하는 작업을 주도했다. 이 활동은 미국 내에서뿐 아니라 유럽 등 해외에서도 거센 비판을 받았다.

키맨(Key-Man) 리스크의 본질은 스페이스X가 머스크 개인의 비전과 에너지에 지나치게 의존한다는 것이다. 스페이스X에서 머스크의 역할은 단순한 CEO가 아니다. 그는 스타십 설계 회의에 직접 참여하고, 발사 판단에 개입하며, 엔지니어들과 함께 기술 문제를 해결하는 핵심 인물이다.

그윈 숏웰(Gwynne Shotwell) COO가 일상적인 운영을 담당하고 있어 머스크가 자리를 비워도 단기적으로는 회사가 돌아가지만, 장기적인 기술 혁신과 전략적 방향 설정에서 머스크의 부재는 회사에 치명적일 수 있다. 테슬라 CEO직을 맡으면서 트위터를 인수하고 DOGE를 이끄는 머스크의 분산된 관심이 스페이스X에 얼마나 할애되고 있는지는 외부에서 파악하기 어렵다.

정치적 리스크도 실재한다. 머스크와 트럼프 행정부와의 밀착 관계는 단기적으로 스페이스X의 정부 계약 수주에 유리하게 작용하지만, 정권이 교체될 경우 이 유리한 지위가 역전될 수 있다. 또한 머스크의 정치적 발언과 행동이 유럽, 캐나다, 호주 등 주요 시장에서 스타링크에 대한 정치적 반감으로 이어지는 경우 사업 확장에 지장을 줄 수 있다. OpenAI와의 소송, 다수의 회사 관련 법적 분쟁도 잠재적인 리스크 요인이다.

개인적 리스크도 무시할 수 없다. 머스크의 소셜미디어(X) 발언은 테슬라를 포함한 머스크 관련 주식의 주가를 수시로 크게 움직이는 변수다. 상장 이후 머스크가 X에서 한 마디를 잘못 내뱉으면 스페이스X 주가가 출렁이는 상황이 비일비재하게 발생할 수 있다.

규제 리스크(FAA, FCC, 국제 규제)

스페이스X는 연방항공청(FAA)으로부터 발사 허가를, 연방통신위원회(FCC)로부터 위성 및 무선 통신 허가를 받아야 한다. FAA의 환경 검토 과정이 지연될 경우 발사 일정이 밀리고, 이는 스타링크 위성 배치와 상업 고객 발사 일정 모두에 영향을 미친다.

스타베이스 발사장이 위치한 텍사스 보카치카 지역의 환경 단체들과의 갈등도 여전히 잠재적인 규제 리스크다. 또한 스타링크 위성이 10,000기 이상으로 늘어나면서 다른 위성과의 충돌 위험이 높아지고, 국제 우주 쓰레기(Space Debris) 규제가 강화될 경우 운영 비용이 상승할 수 있다. 국제

전기통신연합(ITU) 등 국제 기구의 규제 환경도 스타링크의 글로벌 확장에 영향을 줄 수 있다.

역사적 유추: 닷컴 버블과 비교

1999년 아마존과 2026년 스페이스X

스페이스X의 고밸류에이션 IPO를 역사적으로 이해하기 위해 가장 많이 비교되는 사례는 1999~2000년 닷컴 버블 시기의 아마존(Amazon)이다. 1999년 아마존의 주가는 이익은 물론 매출조차 정당화하기 어려운 수준으로 치솟았다. PSR 배수가 30배를 넘었으며, 순손실을 내는 기업에 수백억 달러의 시가총액이 붙었다.

2000년 닷컴 버블 붕괴 이후 아마존의 주가는 90% 이상 폭락했고, 많은 분석가들은 아마존이 살아남지 못할 것이라고 예측했다. 그러나 아마존은 살아남았고, AWS, 프라임, 전자상거래 등을 통해 세계 최대 기업 중 하나로 성장했다. 2000년 버블 붕괴 직전 최고점에서 산 투자자도 10년 이상을 버텼다면 수십 배의 수익을 얻었다.

스페이스X와 1999년 아마존의 차이점도 중요하다. 1999년 아마존은 매출이 수억 달러 수준에 불과했고 이익은 존재하지 않았다. 반면 2026년 스페이스X는 2025년 추정 매출액 155억 달러이고 EBITDA가 80억 달러에 달하는 실질적인 대기업이다.

이익을 내는 고성장 기업에 붙는 고밸류에이션과, 이익도 없는 스타트업에 붙는 고밸류에이션은 성격이 다르다. 그 점에서 스페이스X를 닷컴 버블과 동일선상에 놓는 비교는 정확하지 않을 수 있다. 오히려 2000년대 초의 구글, 2010년대 초의 아마존처럼 고성장 수익 기업에 부여된 프리미엄 밸류에이션과 비교하는 것이 더 적절하다.

고밸류에이션 IPO의 역사적 성적표

역사적으로 고밸류에이션 IPO는 엇갈린 성과를 보였다. 메타(페이스북)는 2012년 IPO 당시 PSR 약 20배로 상장했으며, 상장 후 1년간 주가가 50% 이상 하락했다가 결국 3~5년 후 IPO 가격 대비 수배 이상의 수익을 안겼다.

스노우플레이크(Snowflake)는 2020년 IPO 시 PSR 100배를 넘는 가격으로 상장했으며, 이후 주가가 80% 이상 폭락했다가 아직 IPO 가격을 회복하지 못하고 있다. 알리바바는 2014년 IPO 이후 수년간 좋은 성과를 보였지만 중국 규제 리스크로 인해 결국 크게 하락했다.

스페이스X IPO의 성과를 예단하기 어려운 이유는, 유사한 규모의 선례가 존재하지 않기 때문이다. 기업가치 1조 5,000억 달러를 목표로 하는 기술 기업의 IPO는 역사상 없었다. 이 밸류에이션이 유지될지, 아니면 상장 후 조정이 올지는 결국 스타링크 가입자 성장, 스타십 상업화 일정, 경쟁 환경 변화, 그리고 금리와 시장 전반의 상황에 달려 있다.

Chapter 12

IPO가 시장에 미치는 영향

스페이스X의 기업공개는 스페이스X 단 하나의 주식이 거래소에 새로 올라오는 것이 아니다. 이 이벤트는 전 세계 자본 시장의 구조와 자금 흐름을 바꿀 가능성이 있는 지각 변동이다.

가장 직접적으로 영향을 받는 것은 같은 생태계에 있는 테슬라지만, 파급 효과는 우주 섹터 전반, 글로벌 AI 인프라 투자, 방산 예산, 그리고 한국의 우주항공 관련 주식시장에까지 미친다. 스페이스X IPO가 완성되는 날, 투자자들이 목격하게 될 것은 단순한 주식 공모가 아니라 새로운 산업 패러다임의 상징적인 등장이다.

이날을 기점으로 '우주'는 더 이상 국가 예산의 영역이 아니라 민간 자본이 주도하는 하나의 독립적인 산업 자산군으로 공식 편입된다.

테슬라에 미치는 영향

유동성 확보로 테슬라 주식 매도 필요성 감소

스페이스X IPO가 테슬라 주가에 미칠 영향은 두 방향에서 복잡하게 작용한다. 먼저 긍정적인 측면을 보면, 머스크는 그동안 xAI, 스타십 개발, 보링컴퍼니 등 비상장 자산에 투자하기 위해 테슬라 주식을 정기적으로 매각해왔다. 테슬라 주주들에게 이것은 늘 스트레스 요인이었다. 머스크가 자금이 필요할 때마다 가장 손쉽게 유동화할 수 있는 자산이 테슬라 주식이었기 때문이다. 그러나 스페이스X가 IPO를 통해 수백억 달러의 자금을 조달하고, 머스크 자신의 지분 일부도 현금화할 기회가 생기면, 더 이상 테슬라를 팔아 자금을 마련할 필요가 줄어든다. 이는 테슬라 주가에 구조적인 지지 요인이 될 수 있다.

또한 스페이스X IPO의 성공은 머스크 생태계 전체에 대한 시장의 신뢰를 높이는 효과가 있다. 머스크가 이끄는 또 하나의 비상장 기업이 성공적으로 상장되어 장기 투자자들에게 큰 수익을 안겨준다는 사실은, 테슬라가 약속했지만 아직 완전히 실현되지 않은 자율주행, 에너지 저장, 로봇 사업에 대한 시장의 믿음을 간접적으로 강화한다.

단기 변동성 vs 장기 안정성

단기적으로는 IPO가 테슬라 주가에 부정적으로 작용할 수 있다. 스페이스X IPO에 참여하기 위해 투자자들이 테슬라 주식을 팔아 자금을 마련할 수 있기 때문이다. 역대 대형 IPO가 진행될 때마다 동일 투자자 집단이 보유한 다른 관련 주식에서 자금이 이탈하는 패턴이 반복적으로 관찰되었다. 스페이스X IPO가 300억~500억 달러 규모의 자금을 흡수한다면, 이 자금이 어디서 나오느냐가 중요하다. 기관 투자자들이 포트폴리오를 재조정하는 과정에서 테슬라 주식 일부를 처분할 가능성이 있다.

그러나 장기적으로는 테슬라와 스페이스X가 서로 독립된 상장 기업으로 존재하게 되면, 머스크 리스크가 분산되는 효과가 있다. 현재 테슬라 주가는 머스크 개인에 대한 기대와 우려를 모두 짊어지고 있는데, 스페이스X가 별도로 상장되면 우주·AI 관련 기대가 스페이스X 주식으로 이전되어 테슬라는 순수하게 전기차·에너지·로봇 기업으로 재평가받을 수 있다. 이 재평가가 긍정적으로 작용할지 부정적으로 작용할지는 테슬라의 자율주행과 로봇 사업의 진척 상황에 달려 있다.

우주 섹터 전반의 재평가

스페이스X 인접 트레이드

스페이스X IPO가 현실화되면서 이미 우주 섹터 관련 미국 상장 주식들은 큰 폭으로 상승했다. 이를 시장에서는 '스페이스X 인접 트레이드(SpaceX Adjacency Trade)'라고 부른다.

스페이스X에 직접 투자할 수 없는 상황에서 투자자들이 스페이스X와 가장 유사하거나 관련성이 깊은 상장 기업에 투자하는 현상이다. 로켓랩(Rocket Lab USA, RKLB), AST 스페이스모바일(ASTS), 플래닛랩스(Planet Labs,

PL) 등이 대표적인 수혜주다.

로켓랩 174% 상승, 플래닛랩스 400% 상승의 배경

스페이스X IPO가 논의되면서 로켓랩 주가는 2025년 연간 174% 상승했으며, 플래닛랩스는 400% 상승했다. 특히 플래닛랩스는 2025년 초부터 2026년 1월 중순까지 658%의 주가 상승률을 보여주었다. 이처럼 극단적인 주가 상승의 배경에는 '스페이스X가 상장되면 우주 섹터 전체가 기관 투자자들의 시야에 들어오고, 펀드매니저들이 새로운 자금을 이 섹터에 배분하기 시작할 것'이라는 기대가 깔려 있다.

스페이스X는 그 자체로 우주 경제라는 새로운 자산 클래스를 자본 시장에 처음으로 공식적으로 등록시키는 역할을 한다. 이 과정에서 스페이스X의 규모와 성공 사례가 섹터 전체의 밸류에이션 기준을 끌어올린다.

우주 섹터 전체의 밸류에이션 상향

기존에 우주 관련 주식들은 규모가 작고 수익성이 낮다는 이유로 낮은 밸류에이션을 받는 경향이 있었다. 그러나 스페이스X가 1조 5,000억 달러의 밸류에이션을 공개적으로 인정받으면, 시장은 '우주 인프라 기업은 이 정도 가치를 가질 수 있다'는 새로운 기준을 갖게 된다.

나스닥에 상장된 로켓랩(티커: RKLB)이 소형 발사체와 우주 시스템을 운영하며 연매출 약 4억 달러를 올리는 기업임에도 30억~40억 달러의 시가총액을 인정받는 것도 이 맥락에서 이해할 수 있다. 스페이스X IPO는 섹터 전체의 밸류에이션 상단을 대폭 높이는 효과를 낸다.

우주 경제의 성장: 2035년 1.8조 달러 전망

세계경제포럼(WEF)과 McKinsey가 2024년 4월 공동 발간한 보고서에 따르면, 글로벌 우주 경제 규모는 2023년 6,300억 달러에서 2035년 1조 8,000억 달러로 성장할 전망이다. 이 성장의 주요 동력은 저궤도 위성 인터넷 서비스, 위성 발사 비용 급감과 더불어 공급망 및 운송·농업 최적화·방위산업·소비재·디지털 통신 등 지상 산업의 우주 기술 의존도 심화다. 이 5개 산업이 2035년까지 증가분의 60% 이상을 차지할 것으로 예측된다.

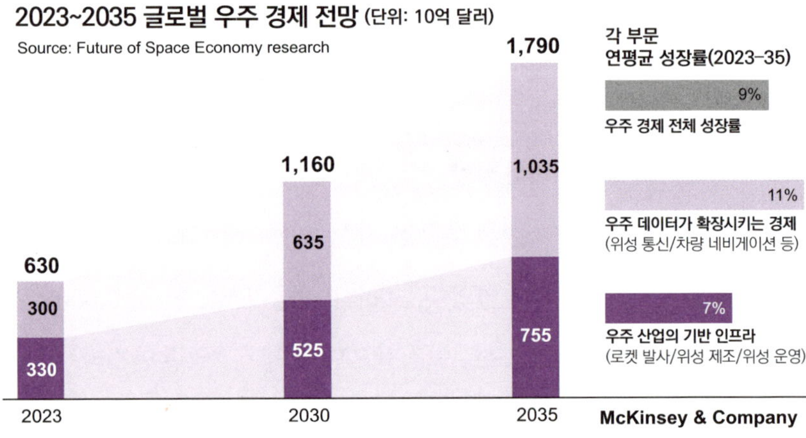

2023년 6,300억 달러였던 우주 경제 규모가 2035년 1조 8,000억 달러에 이른다면, 이는 12년간 연평균 약 9% 성장하는 셈으로 같은 기간 글로벌 GDP 성장률의 약 2배에 달한다.

AI 인프라 투자와 우주산업의 교차점

xAI와의 합병, 그리고 우주 데이터센터 비전의 결합은 AI 인프라 투자와 우주산업이 겹치는 새로운 교차점을 만들어낸다.

2025~2026년 전 세계 AI 데이터센터 투자는 수천억 달러 규모로 폭발적으로 늘어나고 있다. 마이크로소프트, 구글, 메타 등이 AI 컴퓨팅을 위해 막대한 설비투자를 집행하고 있으며, 이 흐름과 스페이스X의 우주 데이터센터 구상이 연결되면 AI 투자 자금의 일부가 우주 섹터로 흘러드는 경로가 생긴다.

방산 예산 확대(미국 우주군 예산 30% 증가)와의 연결

트럼프 행정부의 방위비 증대 기조 아래 미국 우주군(USSF) 예산이 빠르게 증가하고 있다. 스페이스X의 스타쉴드, NSSL 계약, 황금돔 프로그램 등 정부 계약 매출이 동반 성장하면, 스페이스X는 방산주의 성격도 함께 갖추게 된다. 이는 록히드마틴, 노스롭그루먼 등 전통 방산주에 투자하는 기관 자금이 스페이스X로 이전될 가능성을 의미한다.

한국 시장에 미치는 파급

한국 개인 투자자들의 해외 주식 투자 규모는 꾸준히 증가하여 왔다. 테슬라, 엔비디아, 애플 등 미국 대형 기술주가 서학개미 포트폴리오의 핵심을 이루고 있으며, 스페이스X의 상장은 이들에게 또 하나의 대형 이벤트가 될 것이다.

미국 증시에 대한 관심과 참여 상승

스페이스X 상장이 한국 투자자들의 미국 증시 관심을 높이는 기폭제가 될 것이라는 점은 역사적 선례에서 확인할 수 있다. 2020년 테슬라가 S&P500에 편입되던 시기, 한국 개인 투자자들의 미국 주식 순매수 규모는 급격히 증가했다. 당시 테슬라는 서학개미 보유 종목 1위로 올라섰으며, 이 경험은 한국 투자자들이 미국 고성장 기술주에 적극적으로 뛰어드는 학습 효과를 남겼다. 스페이스X 상장은 그보다 훨씬 큰 규모와 화제성을 가진 이벤트다.

서학개미 투자 패턴의 특성상 '이야기가 있는 기업'에 자금이 집중되는 경향이 있다. 스페이스X는 재사용 로켓, 화성 이주, 스타링크 위성망이라는 세계에서 가장 강력한 기술 서사를 보유한 기업이다. 여기에 일론 머스크라는 글로벌 아이콘이 결합되면, 상장 초기 한국 투자자들의 매수 수요는 상당한 수준에 달할 것으로 예상된다.

스페이스X 상장이 미국 증시 전반에 대한 한국 투자자의 관심을 끌어올리는 효과도 주목할 필요가 있다. 스페이스X 관련 뉴스가 국내 주요 언론에 집중적으로 보도되면, 기존에 해외 투자에 소극적이었던 투자자들도 미국 주식 계좌 개설을 검토하게 된다.

스페이스X 상장은 단순히 하나의 종목이 추가되는 사건이 아니다. 한국 개인 투자자들이 미국 우주·방위·첨단기술 섹터 전반으로 시야를 넓히는 계기가 될 것이며, 이는 서학개미 포트폴리오의 다변화와 미국 증시

의존도 심화라는 두 가지 흐름을 동시에 가속할 것이다.

'머스크 유니버스' 내의 자금 이동

스페이스X가 1조 달러 이상의 성장주로 시장에 등장하면, 기존에 테슬라에만 집중되던 머스크 프리미엄이 분산될 수 있다. 한국 개인 투자자들 사이에서 테슬라는 압도적인 해외 보유 종목 1위인데, 스페이스X 상장은 이 자금의 일부가 이동하는 계기가 될 수 있다.

반면 머스크가 IPO로 막대한 유동성을 확보하면 테슬라 주식을 담보로 잡거나 매각할 필요가 줄어들어 오히려 테슬라의 하방 리스크가 완화될 수 있다는 분석도 있다

국내 우주항공주 동반 상승 패턴

스페이스X IPO 보도가 가시화되면서 국내 우주 관련 주식도 동반 상승하는 패턴이 나타났다. 한국항공우주산업(KAI), 한화에어로스페이스, 쎄트렉아이, 인텔리안테크 등의 주가가 스페이스X 관련 호재가 나올 때마다 강세를 보이는 경향이 있다. 이는 한국 시장에서 스페이스X를 우주산업 전반의 지표로 받아들이고, 국내 우주기업들이 그 성장에 수혜를 받을 것이라는 기대를 반영한다.

머스크의 제국: 테슬라, 스페이스X, xAI, 뉴럴링크, 보링컴퍼니는 어떻게 연결되는가

일론 머스크는 스페이스X 외에도 여러 첨단 기술 기업의 최고경영자 또는 최대 주주 지위를 보유하고 있다. 이 기업들은 표면적으로는 독립적으로 보이지만, 실제로는 인재, 기술, 비전 측면에서 깊이 연결되어 있다.

항목	테슬라	스페이스X	xAI	뉴럴링크	보링컴퍼니
설립연도	2003년	2002년	2023년	2016년	2016년
핵심 사업	전기차·에너지 저장·휴머노이드 로봇	발사 서비스·스타링크 위성 인터넷	AI 모델·SNS 플랫폼	뇌-컴퓨터 인터페이스	지하 터널 교통 인프라
기업가치 (추정)	약 8,000억 달러(시가총액 기준)	약 1조 달러 (2026년 2월 xAI 인수 기준)	2,500억 달러 (2026년 2월 인수 당시)	약 97억 달러 (2025년 6월 시리즈 E 기준)	약 57억 달러 (2025년 2차시장 추정)
주요 제품·서비스	Model 3/Y/, 사이버트럭, 옵티머스, 메가팩	팰컨 9, 스타십, 스타링크, 드래곤 캡슐	Grok AI 챗봇, X(구 트위터), Aurora 이미지 생성	N1 임플란트 칩 (PRIME 임상시험)	라스베이거스 루프, 프루프록 굴착기

테슬라(Tesla)는 전기차와 배터리 기술, 자율주행 AI를 개발하는 기업이다. 스페이스X와 테슬라는 배터리 기술(리튬이온 배터리는 로켓 항법 시스템에도 사용됨)과 AI 역량(자율주행 AI는 로켓 자율 착륙 알고리즘과 일부 기술 공유)에서 시너지를 형성한다.

xAI는 2026년 2월 스페이스X에 합병되어 완전 자회사가 되었다. Grok AI 모델과 X 플랫폼, 콜로서스 데이터센터가 주요 자산이다. 이 AI 역량은 스페이스X의 우주 데이터센터 비전과 결합된다.

보링컴퍼니(The Boring Company)는 지하 터널을 이용한 고속 교통 인프라를 개발하는 기업이다. 스페이스X와 직접적인 기술 연결은 약하지만, 같은 인재 풀과 머스크의 '인프라 혁명' 철학을 공유한다.

뉴럴링크(Neuralink)는 뇌-컴퓨터 인터페이스(BCI) 기술을 개발하는 기업이다. 장기적으로 머스크는 인간이 AI와 직접 상호작용하는 미래를 꿈꾸며, 뉴럴링크는 이 비전의 일부다. 화성 식민지에서 인간과 AI의 공존을 위한 인터페이스로도 이 기술이 필요할 것이라는 머스크의 구상도 존재한다.

머스크 제국의 시너지 효과

머스크 제국이 공유하는 가장 명확한 자원은 '인재'이다. 세계 최고 수준의 소프트웨어 엔지니어, 배터리 과학자, 로봇공학 전문가들이 이 기업들 사이에서 유동적으로 이동한다. 테슬라의 4680 배터리 기술은 스타십의 우주선 전력 시스템 개발에 참고 자료가 된다. 스타링크의 통신 기술은 테슬라 자율주행 차량의 OTA(Over-the-Air) 업데이트에 활용된다. xAI의 AI 기술은 보링컴퍼니의 자율 굴착 시스템에 적용될 수 있다.

두 번째 공유 자원은 '제조 철학'이다. 수직 통합, 빠른 반복, 비용 파괴적 혁신이라는 스페이스X의 철학은 테슬라의 기가팩토리(전기차와 배터리를 대량으로 생산하는 초대형 공장) 운영 방식과 정확히 일치한다. 두 회사 모두 "왜 이렇게 비싸야 하는가?"라는 질문에서 출발하여 기존 업계의 상식을 뒤집었다.

세 번째는 '머스크의 정치적 영향력'이다. DOGE 수장으로서 FAA, FCC, NHTSA(미국 도로교통안전국) 등 자신의 기업들을 직접 규제하는 정부 기관들에 대한 영향력을 행사할 수 있다는 점은 커다란 이해충돌 논란을 불러일으키고 있다. 이 논란은 스페이스X IPO를 검토하는 투자자들이 반드시 고려해야 할 리스크 요인이다.

투자자 관점에서 이 '머스크 제국'은 양날의 검이다. 머스크의 주의가 분산되면 각 기업의 실행력이 떨어질 수 있다. 그러나 기술적 시너지와 인재 풀의 공유는 각 기업이 독립적으로 달성하기 어려운 혁신을 가능하게 하기도 한다.

PART 4

한국 투자자를 위한 투자 가이드

Chapter 13

스페이스X IPO 투자 타이밍

투자의 세계에서 타이밍은 가장 매혹적이면서도 가장 위험한 개념이다. '지금 사야 하는가, 기다려야 하는가'는 모든 투자자가 매 순간 자신에게 던지는 질문이다. 스페이스X IPO를 앞두고 수많은 한국 투자자들이 이 질문 앞에 서 있다.

특히 스페이스X처럼 기술 혁신과 독점적 지위를 동시에 갖춘 기업의 경우, 시장의 기대감이 공모가에 이미 과도하게 반영될 가능성이 높다. 흥분한 시장은 종종 단기 모멘텀과 장기 가치를 혼동하며, 그 혼동이 상장 초기의 극심한 변동성으로 이어진다.

냉정한 투자자라면 군중의 열기와 자신의 판단을 분리하는 훈련이 필요하다. 결국 최적의 진입 시점은 시장이 가장 들떠 있을 때가 아니라, 기대와 현실 사이의 간극이 좁혀지는 순간에 열린다.

역사적으로 대형 IPO의 상장 직후 수익률이 반드시 좋았던 것은 아니다. 역사적 사례를 통해 IPO 투자 타이밍의 함정을 살펴보고, 현실적이고 체계적인 진입 전략을 살펴보자.

언제 사야 최선인지는 누구도 모른다

테슬라(2010년 IPO)의 사례

2010년 6월 29일, 테슬라 모터스(Tesla Motors)는 주당 17달러에 나스닥에 상장했다. 당초 공모 예상가는 주당 14~16달러였으나, 최종 공모가는 예상 범위를 넘는 17달러로 결정되었고, 테슬라는 공모에서 1,330만 주를 팔아 약 2억 2,600만 달러를 조달했다.

당시 시가총액은 약 17억 달러 수준이었다. 이는 페이스북 IPO(1,040억 달러)와는 비교할 수 없을 만큼 소규모였지만, 54년 만에 등장한 신생 자동차 기업의 상장이라는 점에서 상징적 의미가 작지 않았다. 1956년 포드(Ford) 이후 처음으로 미국에서 자동차 기업이 기업공개에 나선 것이었다.

그러나 시장의 반응은 냉소와 기대가 뒤섞인 복잡한 것이었다. 테슬라는 상장 당시 단 한 종류의 차량, 2인승 스포츠카인 로드스터(Roadster)만 판매하고 있었다. 당시 테슬라의 누적 매출은 약 1억 5,000만 달러에 불과했으며, 대중 시장을 겨냥한 모델 S는 아직 개발 중이었다.

회사는 적자였고, 수익이 언제 날지 아무도 몰랐다. 월스트리트는 테슬라를 전통 자동차 기업의 잣대로 평가했고, 그 기준에서 테슬라의 주가는 고평가의 극치였다.

상장 첫날의 흥분, 그리고 3년간의 인내

테슬라 주식은 상장 첫날 40.5% 급등하며 23.89달러로 거래를 마쳤다. 상장일에 매수한 투자자들은 단 하루 만에 40%의 수익을 거뒀다. 그러나 그 흥분은 오래가지 못했다.

이후 3년 동안 테슬라 주가는 기대와 실망을 반복하며 좁은 박스권을 오갔다. 2010년 말 주가는 약 26달러로 마감했다. 2011년은 더 가혹했다. 로드스터의 판매는 제한적이었고, 모델 S의 출시는 지연되었으며, 회사의 현금이 바닥날 수 있다는 우려가 끊이지 않았다.

주가는 한때 14달러대까지 하락했으며, 2011년 말에도 26달러 수준에 머물렀다. IPO 공모가였던 17달러 대비로는 플러스였지만, 상장 첫날 고점에서 매수했다면 여전히 원금 회복도 되지 않은 수준이었다. 이 시기에 많은 투자자들이 포기했다.

2012년 들어서도 변화는 더디게 찾아왔다. 모델 S가 마침내 출시되었고, 자동차 전문매체들의 호평이 이어졌지만, 주가는 여전히 30달러대 초반에서 큰 폭의 변동 없이 움직였다. 2012년 말 주가는 약 33~34달러 수준이었다. IPO 공모가 17달러 대비 약 2배였지만, 장미빛 전망 속에서 상장 첫날 23.89달러에 매수한 투자자들은 불과 40% 남짓의 수익을 거뒀을 뿐이었다. **뭔가 대단한 혁명이 일어날 것이라고 기대하며 베팅한 투자자들에게 3년은 길고도 지루한 시간이었다.**

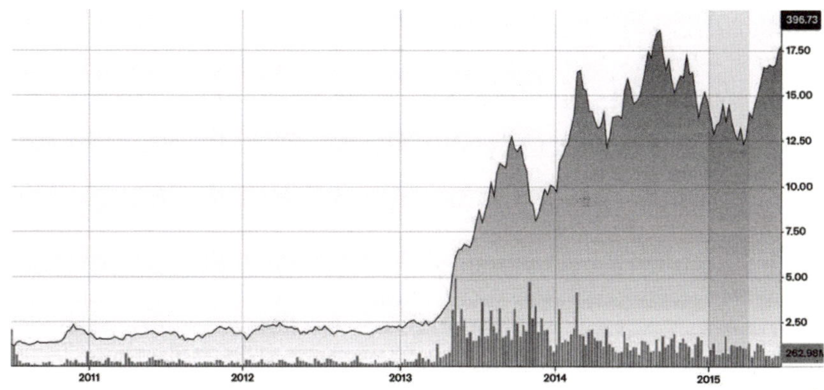

테슬라 IPO(2020.6.29) 이후 5년 주가 흐름

2013년: 역사가 바뀐 해

2013년은 테슬라의 역사에서, 그리고 투자 역사에서도 기억될 한 해였다. 모델 S는 미국 소비자 보고서(Consumer Reports)로부터 역대 최고 점수를 받았고, 동급 최강의 안전 등급을 획득했다. 1분기에는 창업 이래 처음으로 분기 흑자를 달성했다. 일론 머스크의 도전이 단순한 꿈이 아닐 수 있다는 사실을 시장이 비로소 인정하기 시작한 것이었다.

그 결과는 주가에 즉각 반영되었다. 2013년 한 해 동안 테슬라 주가는 344%에 달하는 상승률을 기록했다. 연초 약 34달러였던 주가는 연말에 150달러를 돌파했으며, 한때 194달러의 고점까지 치솟았다. IPO 공모가 17달러 기준으로는 11배 이상의 수익이었다. 단 한 해 만에, 3년을 기다린 인내가 보상받은 것이었다.

2014년과 2015년에도 성장은 계속되었다. 2014년 말 주가는 222달러 수준이었고, 2015년 말에는 240달러 내외였다. 상장 이후 5년이 지난 시점, IPO 공모가 기준으로는 약 14배, 상장 첫날 종가 23.89달러 기준으로 도 약 10배에 달하는 수익이었다.

아래 표는 테슬라 IPO 이후 주요 시점별 주가 추이를 정리한 것이다.

테슬라 IPO 이후 주요 시점별 주가 추이

시점	주가(당시 시점)	주요 사건
IPO 공모가(2010.6.29)	$17.00	1,330만 주 공모, 나스닥 상장
상장 첫날 종가(2010.6.29)	$23.89	첫날 40% 폭등
2010년 말	$26.63	시장 반응 소강
2011년 저점	$14.88	재정 우려, 첫날 매수자 손실 구간
2013년 말	**$150.43**	**344% 단일 연도 상승**
2020년 8월 5:1 주식 분할		
2020년 말	$235.07	S&P500 편입, 8배 급등
2021년 고점	$1,243	상장 첫날 종가 대비 258배 상승
2022년 8월 3:1 주식 분할		
2025년 말	$449.72	FSD 구독 전환. **상장 첫날 종가인 $23.89 달러에 비해 280배 상승**
2026년 3월	약 $395	주가 하락

※ '주가' 항목에 표시된 가격은 당시 투자자가 실제로 본 호가이다.

테슬라가 주는 교훈: 기대와 현실 사이의 간격

테슬라의 IPO 사례가 흥미로운 이유는, 페이스북과 정반대의 패턴처럼 보이지만 본질적으로 동일한 교훈을 전달하기 때문이다. 페이스북은 상장 직후 폭락했지만 테슬라는 상장 첫날 40% 급등했다. 그러나 이후 3년 동안의 주가 흐름은 두 기업이 서로 닮았다. 페이스북은 상장 직후 낙담

한 투자자들이 매도했고, 테슬라는 3년간의 지루한 박스권 속에서 지친 투자자들이 손을 털었다. 어느 경우든, 흔들리지 않고 버틴 장기 투자자들에게는 역사적 수익이 돌아갔다.

특히 주목할 만한 것은 2011년의 국면이다. 당시 상장 첫날 23.89달러에 매수한 투자자가 2011년 저점인 14.88달러를 목격했다면, 장부상 손실은 38%에 달했다. IPO의 흥분 속에서 매수한 투자자 입장에서는 "내가 틀렸던 것인가"라고 자문하기 충분한 국면이었다. 그러나 그 시점에서 손절하고 나온 투자자는 이후 200~300배 이상의 수익을 포기한 셈이 되었다.

테슬라는 IPO 이후 적어도 다섯 차례 30% 이상의 주가 폭락을 경험했으며, 2022년에는 2021년의 고점 대비 약 70%에 달하는 대폭락도 있었다. 이처럼 극심한 변동성이 반복되었음에도 불구하고, 처음부터 끝까지 버텼을 경우의 수익률은 상장 첫날 종가 기준 약 248배에 달했다.

다음 표는 테슬라 IPO 당시와 상장 후 주요 시점의 기업 규모 변화를 비교한 것이다.

테슬라 상장 후 기업 규모 변화

지표	IPO 당시(2010)	5년 후(2015)	10년 후(2020)
시가총액	약 17억 달러	약 310억 달러	약 6,690억 달러
연간 매출	약 1억 1,700만 달러	약 40억 달러	약 315억 달러
판매 차량	로드스터 1종	모델 S, 모델 X	모델 3, Y, S, X
수익성	적자	적자	첫 흑자 전환
직원 수	약 1,400명	약 13,058명	약 70,757명

(출처: Tesla IR 자료)

'상장 첫날 40% 급등'이 함정이 되는 이유

테슬라 사례에서 또 하나 짚어야 할 점은, 공모가와 상장일 주가의 괴리가 투자자에게 미치는 영향이다. 공모가 17달러에 배정받은 투자자와, 상장 당일 23.89달러에 시장에서 매수한 투자자는 출발선이 달랐다.

사실 개인 투자자들이 공모가 17달러에 주식을 배정받는 것은 현실적으로 불가능했다. 개인 투자자 입장에서 현실적인 매수 가격은 상장일 종가 23.89달러에 가까웠다. 이는 IPO 열풍에 동참하려는 개인 투자자들이 피할 수 없는 구조적 불리함이다. 기관 투자자들은 공모가에 배정을 받고 상장 첫날 이 가격에 팔 수 있지만, 개인 투자자들은 이미 급등한 주가에 사야 한다.

이 구조는 스페이스X IPO에서도 반복될 가능성이 높다. 국내에서도 미국 IPO에 청약 가능한 증권사가 있지만 미국의 IPO는 개인에게 배정되는 물량이 극히 적어 한국 개인 투자자는 상장일의 주가를 기준으로 해야 한다. 미국 IPO는 상장일에 상당한 프리미엄이 붙을 수 있으며, 한국 개인 투자자들은 그 프리미엄이 반영된 가격에 매수하게 될 것이다.

테슬라의 사례가 주는 교훈도 다음에 살펴 볼 페이스북과 다르지 않다.

첫째, 혁신적 기업의 상장 직후는 투자의 최적 시점이 아닐 수 있다. 상장 첫날 40% 급등한 가격에 사더라도 이후 3년은 원금 회복에 가까운 수익률만 얻었다.

둘째, 진정한 수익은 기업의 성장이 증명된 이후, 즉 초기의 흥분이 가라앉고 회의론이 지배하는 구간을 버텨낸 이들에게 돌아갔다.

셋째, 상장일에 시장가로 매수한 개인 투자자는 기관 투자자 대비 불리한 출발선에 서지만, 그럼에도 기업이 성장하면 그 차이는 장기적으로 의미를 잃는다. 결국 누가 더 오래 보유했느냐가 수익을 결정한다.

팔란티어(2020년 직상장)의 사례: 국방 관련 기업의 주가 분석

테슬라가 혁신적 제조업 기업의 IPO 패턴을 보여준다면, 팔란티어(Palantir Technologies, NYSE: PLTR)는 국방과 정보기관을 핵심 고객으로 삼은 기술 기업의 상장 패턴이 어떤 모습인지를 잘 보여준다. 스페이스X의 수익 구조에는 스타쉴드와 NSSL 계약을 포함한 막대한 국방 매출이 존재한다. 바로 그 지점에서 팔란티어의 사례는 스페이스X IPO 투자자들에게 직접적인 교훈을 준다.

직상장이라는 선택, 그리고 논쟁

팔란티어는 2020년 9월 30일 뉴욕증권거래소(NYSE)에 티커 'PLTR'로 상장했다. NYSE가 제시한 기준 주가는 주당 7.25달러였으며, 이를 기준으로 한 시가총액은 약 160억 달러였다. 상장 당일 주가는 10달러에서 시작해 9.11달러~11.41달러 범위에서 거래되다가 9.50달러로 마감했다.

주목할 점은 팔란티어가 상장 당시 받은 시선이었다. 팔란티어는 창업 이래 단 한 번도 흑자를 낸 적이 없었다. 2020년 상반기 매출은 4억 8,100만 달러였지만 손실은 1억 6,400만 달러였다. 2019년에는 7억 4,300만 달러 매출에 5억 8,000만 달러의 손실을 냈다. 회사의 최대 강점이자 최대 약점은 둘 다 같은 것이었다. 바로 국방·정보기관 의존도였다.

스페이스X와 팔란티어, 닮은 수익 구조

팔란티어의 주가 흐름을 살피기 전에, 왜 팔란티어가 스페이스X의 참조 모델로 적합한지를 먼저 짚을 필요가 있다.

팔란티어는 두 개의 핵심 플랫폼으로 수익을 낸다. 정부·군사 고객을 위해 개발된 고담(Gotham)과 기업 고객을 겨냥한 파운드리(Foundry)가 그것이다. 정보기관의 테러 추적부터 전장 데이터 분석까지, 고담은 미국 국방 생태계에 깊이 내재화되어 있다. 2025년 팔란티어의 전체 매출은 44억 7,500만 달러였다. 이 중 미국 정부 매출은 18억 5,500만 달러이다. 전체 매출 대비 정부 계약 비중은 미국 정부 매출만으로도 약 41%에 달한다.

스페이스X의 구조도 이와 닮았다. 스페이스X는 NASA, 국방부, 우주군(Space Force), 국가정찰국(NRO), 우주개발청(SDA)에 걸쳐 누적 약 220억 달러의 연방 계약을 보유하고 있으며, 2024년 한 해 비기밀 정부 매출만 33억 달러에 달했다. 현재 활성 연방 계약 잔액은 118억 달러이다.[*]

특히 스타쉴드(Starshield)는 팔란티어의 고담과 유사한 역할을 한다. 스타쉴드는 민간용 스타링크(Starlink)를 군사 목적으로 특화한 사업부다. 2021년 스타쉴드는 미 정부와 18억 달러 규모의 기밀 계약을 체결했으며, 이는 2023년에야 공개되었다. 국가정찰국(NRO)과의 이 계약은 지구 전역을 실시간 감시하는 수백 기의 정찰위성 구축을 위한 것으로, 이 위성들은 2024년 5월부터 운용을 시작했다.

다음 표는 팔란티어와 스페이스X의 국방 매출 구조를 비교한 것이다.

---

[*] https://fed-spend.com/blog/spacex-government-contracts-nasa-dod-space-force

팔란티어와 스페이스X의 국방 매출 구조

항목	팔란티어	스페이스X
핵심 국방 플랫폼	고담(Gotham)	스타쉴드(Starshield)
주요 정부 고객	NSA, 국방부, 육군	NRO, 우주군, SDA
정부 매출 비중(2024년)	전체의 55%	전체의 약 40%
최대 단일 국방 계약	미 육군 100억 달러(10년)	NRO 스타쉴드 18억 달러
기밀 계약 여부	다수 포함	다수 포함
민간 매출 확장 추세	AI 플랫폼(AIP)으로 확대	스타링크 상업 가입자 확대

상장 이후 6년의 주가 흐름: 추락과 귀환

팔란티어의 주가 이력은 크게 세 국면으로 나눌 수 있다.

제1국면: 초기 흥분과 고점(2020년 9월~2021년 2월)

상장 당일 주가는 기준가 7.25달러 대비 31% 높은 9.50달러로 마감했다. 이후 주가는 계속 올라 2020년 말 23.55달러를 기록했고, 2021년 초에는 45달러까지 상승했다.

제2국면: 금리 쇼크와 대폭락(2021년~2022년)

이듬해부터 상황이 급변했다. 금리 상승과 인플레이션 우려가 성장주에서 자금을 빼냈고, 팔란티어 주가는 2022년 한 해 동안 3분의 2가 증발해 연말 6.42달러로 마감했다. 이는 상장 기준가인 7.25달러를 밑도는 수준이었다. 이 국면은 팔란티어 투자자들에게 가장 혹독한 시험이었다. 기준가에 매수한 투자자도 손실이었고, 상장 당일 9.50달러에 매수한 투자자는 장부 손실이 33%에 달했다. 국방 계약이라는 안정적 매출 기반이 있음에도, 금리라는 거시적 변수 앞에서 주가는 무너졌다.

이 시기는 스페이스X IPO를 기다리는 투자자들이 반드시 기억해야 할 교훈을 담고 있다. 아무리 견고한 사업 기반을 가진 기업이라도, 상장 당시의 거시경제 환경과 금리 추세가 주가 흐름을 좌우할 수 있다. 국방 프리미엄은 업황의 하방을 제한하지만, 금리 충격을 막아주지는 못한다.

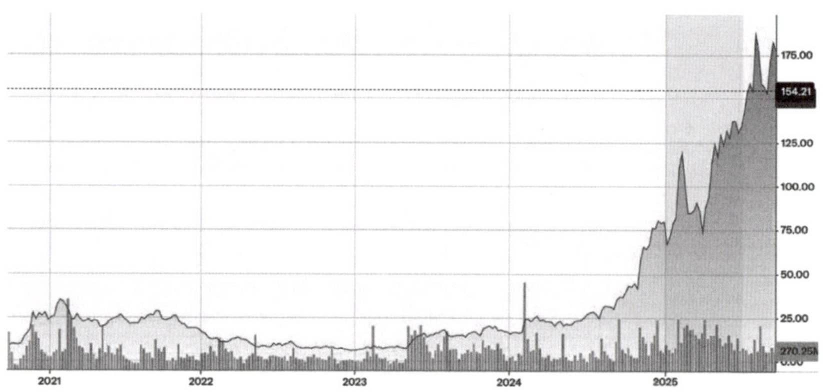

팔란티어 IPO(2020.9.30) 이후 5년 주가 흐름

제3국면: AI 부흥과 국방 프리미엄의 재발견(2023년~2025년)

2022년 11월 ChatGPT의 등장은 AI 시대의 개막을 알렸고, 이는 팔란티어에게 새로운 성장 서사를 제공했다. 팔란티어는 2023년 4월 AI 플랫폼(AIP)을 출시했다. AIP는 민감한 데이터를 다루는 환경에서 대형언어모델(LLM)을 안전하게 통합할 수 있게 설계되었으며, 팔란티어의 상업 시장 확대를 견인했다.

그런데 2025년 2월, 미 국방부 장관 피트 헤그세스가 향후 5년간 매년 8%씩 국방 예산을 삭감하겠다는 내부 메모가 워싱턴포스트를 통해 유출됐다. 팔란티어 주가는 이틀 만에 약 15% 급락했고, 4거래일 누적 낙폭은 20%를 넘어섰다. 이후 AI 소프트웨어 수요가 우려를 압도하며 주가는 반등을 거듭했다.

2025년 11월 3일에는 역사적 고점인 207.18달러를 기록했다. 상장 기준가 7.25달러 대비 약 28.6배, 상장 당일 종가 9.50달러 대비 약 21.8배 상승이었다.

국방 프리미엄: 양날의 검

국방 계약은 매출의 하방을 만들어준다. 일반 소비자 상품과 달리, 정부 계약은 경기 침체에도 줄어들지 않는다. 그러나 동시에, 국방 매출에 대한 높은 의존도는 주가에 새로운 변수를 심는다. 국방부 예산 삭감 보도 한 건으로 팔란티어 주가는 이틀 만에 15% 가까이 빠졌다. 전통적 소비재 기업이라면 이 정도의 충격을 받지 않았을 재료였다.

스페이스X도 동일한 구조를 갖는다. 스타쉴드와 NSSL로 대표되는 국방 매출은 강력한 수익 안정성을 제공하지만, 미 의회가 국방 예산 삭감을 결정하거나 특정 계약이 취소되는 순간 주가에 즉각적인 충격이 가해질 수 있다.

팔란티어가 주는 교훈: 기다림의 보상, 그리고 구조적 위험

팔란티어의 직상장 사례는 테슬라와 다른 궤적을 그렸지만, 장기 투자에 관한 본질적인 교훈은 같은 방향을 가리킨다.

첫째, 국방·정보기관을 주요 고객으로 삼은 기업은 상장 직후 시장의 오해를 받기 쉽다. 팔란티어는 상장 당시 손실 기업이었으며, 미국의 이민 단속 작전과 전쟁 지원에 관여한다는 이유로 논란을 안고 있었다. 그러나 수십 년간 기밀 데이터를 다루며 구축한 기술 해자는 외부에서 쉽게 평가받지 못하는 것이었다.

둘째, 금리와 같은 거시 변수가 사업 펀더멘털보다 강하게 주가를 지배하는 구간이 반드시 찾아온다. 팔란티어는 2022년 말 상장 기준가 아래로 떨어지는 굴욕을 경험했다. 회사의 사업 가치가 훼손된 것이 아니었음에도, 금리 환경이 바뀌자 모든 성장주는 일제히 재평가를 받았다.

셋째, 상장 첫날의 프리미엄은 장기 수익률의 장애물이 된다. 기준가 7.25달러가 아닌, 실제 시장에서 형성된 9.50달러나 그 이상의 가격에 매수한 개인 투자자는 2022년 말 기준가 이하의 주가를 보면서 원금 손실을 경험했다. 스페이스X 상장 당일에도 비슷한 일이 일어날 수 있다. 상장일의 흥분 속에서 형성되는 주가는 장기 보유를 전제로 한 가치와 다를 수 있다.

넷째, 그럼에도 버틴 투자자의 수익은 압도적이었다. 2026년 3월 기준 팔란티어의 주가 152.77달러는 상장 당일 종가 9.50달러 대비 약 16배이다. 2025년 11월 고점인 207.18달러까지 봤을 때는 약 21.8배였다. 국방·AI 서사가 시장에서 인정받는 순간이 오면, 그 반등의 속도와 폭은 예측을 넘는다.

스페이스X의 스타쉴드와 NSSL 계약은 팔란티어의 고담과 마찬가지로, 투자자들이 쉽게 들여다볼 수 없는 기밀의 영역에 존재한다. 보이지 않는 것의 가치는 시장이 늦게 인식한다. 그리고 그 인식의 순간은, 기다린 자에게만 찾아온다.

페이스북(현 메타, 2012년 IPO)의 사례

2012년 5월, 페이스북(현 메타)은 주당 38달러에 상장했다. 당시 시가총액은 약 1,040억 달러로, 역대 미국 IPO 중 최대 규모였다. 전 세계 10억 명의 이용자를 보유한 소셜미디어 강자의 IPO였기에, 상장 전부터 엄청난 기대를 받았다.

그러나 상장 직후 주가는 곤두박질쳤다. 상장 후 3개월 만에 주가는 17.73달러까지 하락하며 IPO 가격 대비 53% 이상 폭락했다. 많은 투자자들이 '이것은 역사적인 IPO'라고 흥분하며 상장일에 매수한 대가로 막대한 손실을 입었다.

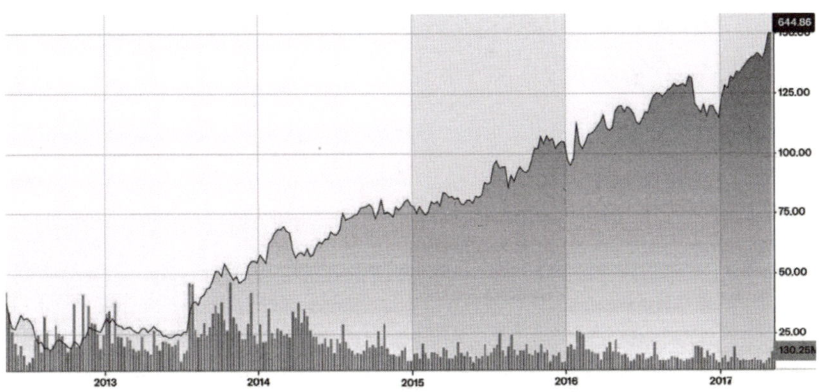

메타(페이스북) IPO(2012.5.18) 이후 5년 주가 흐름

그러나 페이스북 주식을 상장일에 산 투자자라도 5년을 보유했다면 이야기가 완전히 달라진다. 2017년 5월 주가는 150달러를 넘어섰고, 2021년 9월에는 380달러까지 치솟았다. 상장 가격 38달러 기준으로 10배, 상장 후 최저점 17.73달러 기준으로는 21배가 넘는 수익이다.

페이스북 사례가 주는 교훈은 두 가지다. 첫째, '훌륭한 기업'과 '지금 당장 사야 할 주식'은 다르다. 둘째, 훌륭한 기업의 주식은 단기 가격 변동에 흔들리지 않고 충분히 오래 보유할 때 진정한 수익이 발생한다.

스노우플레이크(2020년 IPO)의 사례

스노우플레이크(Snowflake)는 2020년 9월 주당 120달러로 IPO를 진행했으며, 상장 당일 주가가 253달러까지 치솟아 공모가 대비 111% 폭등했다. 워런 버핏의 버크셔 해서웨이(Berkshire Hathaway)가 IPO에 참여한 것으로 알려지면서 더욱 화제가 되었다. 당시 PSR은 무려 100배를 넘었다.

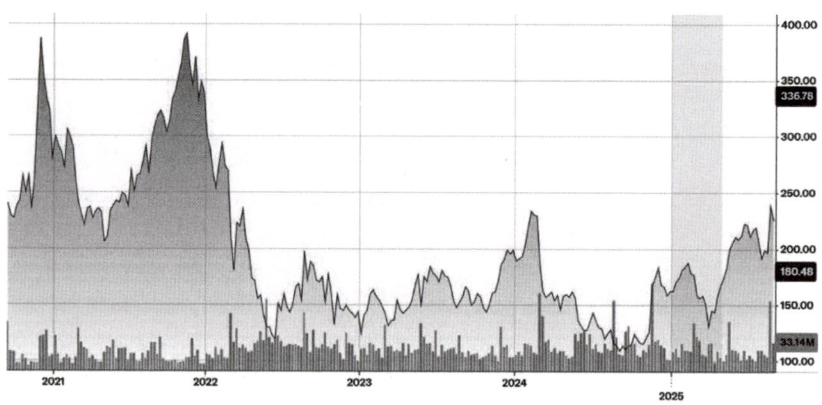

스노우플레이크 IPO(2020.9.16) 이후 5년 주가 흐름

그러나 이후 스노우플레이크 주가는 지속적인 하락을 거듭하여 2024년에는 107달러대 역대 최저가까지 떨어졌고, 2026년 3월 기준 179달러 수준으로 회복했지만 상장 첫날 종가(254달러)에는 여전히 미치지 못하고 있다.

스노우플레이크 사례의 교훈은 '사업 모델이 훌륭해도, 너무 비싼 가격에 사면 수익을 내기 어렵다'는 것이다. PSR 100배라는 밸류에이션이 유지되기 위해서는 성장이 계속되어 시장의 기대를 충족해야 하는데, 그것이 얼마나 어려운 일인지를 보여주는 사례다. 스페이스X의 IPO 목표 PSR이 62~80배라는 점을 감안하면, 이 교훈은 스페이스X 투자자들에게도 유효하다.

팔란티어, 메타(페이스북), 스노우플레이크 IPO후 주가 비교

기업	팔란티어	메타(페이스북)	스노우플레이크
IPO 연도	2020.9	2012.5	2020.9
공모가	$7.25(첫거래 $10)	$38	$120(첫 거래 $245)
첫날 종가	$9.50	$38.23	$253.93
최대 하락 (첫날 종가 대비)	−36.8%(→$6.00) 약 2년 3개월 후	−54%(→$17.55) 약 3.5개월 후	−58%(→$107.13) 약 2.5년 후와 약 4년 후
이후 추이	AI 랠리로 폭등, 2024년부터 수직 상승	16개월 후 공모가 회복, 이후 장기 상승	매출 성장에도 장기 부진
최대 상승 (공모가 대비)	+2,081%(→$207.18) (2025.11)	1,976%(→$788.82) (2025.8)	+235%(→$401.89) (2021.11)

▌ '상장 첫날 사라'는 것은 전략이 아니다

IPO 투자에서 가장 위험한 행동 패턴은 '첫날 무조건 산다'는 것이다. 역대 대형 IPO 중 상장 첫날 최고가에 매수한 투자자가 1년 이내에 이익을 낸 경우는 극히 적다.

특히 공모가 대비 50% 이상 상승한 첫날 고점에서 매수한 경우, 그 이후 1년간 수익을 낸 비율은 더욱 낮다. '첫날에 사지 않으면 기회를 놓친다'는 공포심(FOMO)은 정확히 이 함정을 만드는 심리적 기제다.

전략 A. 상장 직후 과열 매수를 피하고, 락업 해제 구간을 관찰한다

모든 IPO에는 기관 투자자와 내부자의 락업(Lock-up) 기간이 존재한다. 락업이란 상장 전에 주식을 보유하고 있던 내부자(임직원, 초기 투자자 등)가 상장 후 일정 기간 동안 주식을 매도하지 못하도록 계약으로 묶어놓는 장치이다. 통상적으로 90일 또는 180일이 가장 흔하지만, 스페이스X의 경우 상황이 특수하다.

일부 분석가는 스페이스X의 프리IPO 지분에 대해 5년에서 10년까지의 장기 락업 가능성을 제기하고 있으며,[*] ION Analytics의 2026년 2월 보도에 따르면 스페이스X는 전통적인 180일 일괄 해제 방식 대신 지분이 단계적으로 풀리는 '그래듀에이티드 릴리스(graduated release)' 메커니즘을 검토하고 있다.[**] 이는 대규모 물량이 한꺼번에 시장에 쏟아지는 충격을

---

[*]　https://spacexstock.com/satellite-internet-expansion-investment-insights/

완화하기 위한 것이다.

그럼에도 불구하고 락업 해제 시점은 첫 번째 구조적 매도 압력 구간이 된다. 페이스북의 사례에서도 상장 후 초기 물량 출회가 주가 하락을 가속화했고, 알리바바 역시 야후 지분의 락업 해제가 2015년 주가 하락의 주요 원인 중 하나였다. 스페이스X의 경우 일론 머스크가 40% 이상의 지분을 보유하고 있으며, 창업 초기부터 참여한 피델리티(Fidelity), 세쿼이아 캐피탈(Sequoia Capital), 파운더스 펀드(Founders Fund) 등 대형 기관투자자들의 보유 지분도 상당하다. 이들의 매도 가능 시점을 파악하는 것이 첫 번째 관건이다.

실행 원칙

락업 해제 이후 2~4주간의 주가 안정 여부를 확인한 뒤 진입하는 것이 1차 매수 후보 구간이 된다. 만약 스페이스X가 단계적 락업 해제 구조를 채택한다면, 각 단계별 해제 시점마다 동일한 관찰 원칙을 적용한다.

락업 관련 내용은 IPO 이전에는 S-1 등록신청서, IPO 당일에는 최종 투자설명서(Final Prospectus, Form 424B4), 상장 이후에는 Form 4와 SEC 공시를 통해 알 수 있다. S-1이 공개되는 날짜는 국내 주요 증권사 MTS 앱의 '미국 IPO 일정' 탭이나 한국경제·머니투데이 등 경제지에서 속보로 다룬다. 다만 S-1 원문의 락업 조항 해석은 영문 법률 문서이므로, 발표 직후 증권사 리서치센터가 한국어로 요약한 분석 보고서를 챙겨보는 것이 가장 빠른 방법이다.

** https://ionanalytics.com/insights/mergermarket/spacex-weighs-array-of-structure-options-for-blockbuster-ipo/

전략 B. 밸류에이션 기준선을 설정한다

스페이스X IPO에서 가장 뜨거운 논쟁은 밸류에이션이다. 스페이스X의 2026년 매출은 220억~240억 달러에 이를 것으로 예상되며, 1.5조 달러 IPO 기업가치 기준으로 PSR(매출 대비 주가 비율)은 62배에서 68배에 해당한다.[*] 이는 2019년 비공개 시장에서의 PSR 12.2배와 비교하면 5배 이상 높은 수준이다.

투자자는 이 수치를 기준으로 자신만의 밸류에이션 기준선을 만들어야 한다. 다음의 프레임워크를 참고한다.

스페이스X 밸류에이션 시나리오 분석표

시나리오	상장 시 기업가치	2026년(E) 매출 기준 PSR	평가
보수적 상장	8,000억 달러	33~36배	프리미엄이지만 고성장주로 정당화 가능한 구간
기본 시나리오	1.25조 달러	52~57배	높은 기대치가 반영된 구간, 실적 증명 필요
공격적 상장	1.5조~1.75조 달러	62~80배	기대치 과열 구간, 단기 조정 가능성 높음

현재 시점에서 핵심 숫자를 확인하면, 스타링크는 2026년 3월 기준 1,000만 가입자를 돌파했으며, 2025년 스타링크 매출은 약 104억 달러로 스페이스X 전체 매출의 약 67%를 차지했다. 스페이스X는 약 1.75조 달러

---

[*] https://www.nasdaq.com/articles/spacex-will-ipo-2026-how-much-spacex-stock-worth

의 기업가치를 목표로 6월 상장을 추진하고 있다.[*]

PSR이 60배를 넘는 수준에서 상장한다면, 이 밸류에이션이 정당화되려면 스타링크 가입자가 지속적으로 연 100% 이상 성장하고, 스타링크 모바일(Direct-to- Cell, 일반 LTE 폰으로 사용하는 위성통신 서비스)이 상업적으로 성공하며, **우주 데이터센터 사업이 현실적 매출원으로 부상해야 한다.** 만약 이 중 하나라도 차질이 생기면, 스노우플레이크의 사례에서 보았듯이 멀티플 축소가 주가에 심대한 타격을 줄 수 있다.

전략 C. 차트가 아니라 '자금 흐름'을 본다

IPO 직후의 주가는 심리에 의해 좌우되지만, 중장기 주가는 결국 펀더멘털에 수렴한다. 스페이스X 투자자가 분기마다 반드시 확인해야 할 핵

---

[*] https://teslanorth.com/2026/03/01/spacex-eyeing-massive-1-75-trillion-valuation-in-potential-june-ipo/

심 지표는 다음과 같다.

스페이스X 펀더멘털 모니터링 체크리스트

지표	현재 수치(2026.2 기준)	확인 방법	의미
스타링크 가입자 수	1,000만 명(2026.3)	스타링크 공식 X 계정, Quilty Space 리포트	성장률이 둔화되면 밸류에이션 재평가 신호
스타링크 ARPU	약 $94/월(개인, 2025)	Sacra, Payload Space 분석	ARPU 하락이 매출 성장을 상쇄하는지 확인
팰컨 9 발사 횟수	165회(2025년)	스페이스X 공식 발표, r/spacex	발사 서비스 매출 안정성의 지표
스타십 개발 진척도	V3 시험 비행 2026년 상반기 예정	FAA 허가 현황, 스페이스X 발표	지연 시 장기 성장 스토리에 의문
정부 계약 규모	NSSL Phase 3: 59억 달러, Golden Dome: 약 20억 달러	미국 우주군, 국방부 발표	매출 다각화와 안정성의 바로미터
잉여현금흐름 (FCF)	약 20억 달러 (2025년 추정)	상장 후 S-1, 분기 보고서	실질적 수익 창출 능력의 핵심 지표

실행 원칙

이 숫자들의 상승률이 꺾이지 않는 한, 주가 조정은 '단순한 조정'일 가능성이 높다. 반대로 스타링크 가입자 성장률이 분기 대비 급격히 둔화되거나, 스타십 개발이 1년 이상 지연되거나, 정부 계약이 정치적 이유로 취소되는 상황이 발생하면, 이는 단순한 가격 조정이 아니라 펀더멘털 훼손의 신호이다. 이 두 가지를 구분하는 것이 IPO 종목 투자에서 가장 중요한 판단이다.

타이밍에 대한 현자들의 가르침

하워드 막스

오크트리 캐피털(Oaktree Capital)의 공동 창업자이자 투자계의 현인으로 불리는 하워드 막스(Howard Marks)는 타이밍에 대해 다음과 같이 말했다. "시장이 언제 오르고 내릴지 맞춰서 계속 성공하는 건 거의 불가능하다고 본다. 시장이 싸고 비쌈을 판단하는 것과, 그 시장이 '지금' 오를지 내릴지를 판단하는 것은 완전히 다른 문제다."

막스의 철학은 "싸면 사라, 비싸면 보수적으로 행동하라"는 것이며, 시장 전체가 과열되거나 특정 자산이 지나치게 비싸진 때를 인지하고 포지션을 줄이는 것이 마켓 타이밍의 현실적인 한계다.

스페이스X IPO를 막스의 렌즈로 본다면, '이 주식이 매출의 68배에 거래될 때가 비싼 시점인지, 아니면 이 밸류에이션이 미래 성장을 감안하면 오히려 합리적인지'를 스스로 판단해야 한다. 막스는 "모든 투자자는 자신의 판단 근거를 갖고 있어야 하며, 남들이 흥분할 때 냉정하고, 남들이 포기할 때 용기를 가지는 것이 진정한 투자의 기술"이라고 강조한다.

워런 버핏

워런 버핏은 타이밍보다 기업의 내재 가치에 집중하는 것으로 유명하다. "나는 주식시장이 내일 문을 닫아도 좋다고 생각하며 투자한다"는 그의 말처럼, 진정한 투자는 단기 주가 변동에 무관하게 기업의 장기적인 이익 창출 능력에 베팅하는 것이다.

버핏은 IPO에 대해서도 회의적이다. 그는 "IPO는 판매자(기업과 은행)가 모든 유리한 조건을 차지하고, 매수자(투자자)는 최고가에 사도록 설계된 구조"라고 말했다. 버핏 자신이 스노우플레이크 IPO에 참여했다는 사실은 예외적인 경우로, 그는 이후 스노우플레이크 보유를 축소한 것으로 알려졌다.

버핏의 가르침을 스페이스X 투자에 적용한다면, 'IPO 당일 매수를 서두르지 말고, 상장 이후 수익을 실현한 초기 투자자들의 매도 물량을 소화한 뒤 주가가 안정된 시점에서 기업의 펀더멘털을 보고 매수하라'는 결론에 도달한다. 훌륭한 기업의 주식을 조금 더 비싼 가격에 사도 결국 장기 보유자는 이익을 보는 경우가 많지만, 과열된 IPO 당일 고점에서 사면 그 기다림은 훨씬 길고 고통스러울 수 있다.

현실적인 답: 조건 기반 진입 설계

가장 중요한 투자 방법 – 분할 매수

스페이스X IPO에 대한 현실적이고 검증된 접근법은 분할 진입(Phased Entry)이다. 단 한 번의 매수로 전체 투자를 완성하려 하지 않고, 여러 시점에 걸쳐 나누어 매수하는 방식이다.

한국 개인 투자자는 미국 IPO 공모에 직접 참여하는 것이 사실상 불가능하므로, 현실적인 분할 진입은 상장 이후의 시장 매수로만 구성된다. 예를 들어 전체 투자 예산의 30%는 상장 당일 또는 직후 초기 가격 형성 국면에서 매수하고, 30%는 상장 후 1~3개월간 주가 안정 여부를 확인한 뒤 매수하며, 나머지 40%는 첫 분기 실적 발표 이후 사업 성과를 확인하고 나서 매수하는 방식이다. 이 방식은 완벽한 타이밍에 대한 집착을 버리고, 리스크를 시간에 걸쳐 분산하는 것이다.

스페이스X IPO 분할 진입 전략 설계

단계	진입 시점	조건	비중	근거
1차 진입	IPO 전: 간접투자 수단(XOVR ETF, Destiny Tech 100)	상장 전 포지션 확보	전체 배분 자금의 20~25%	공모 참여가 불가능한 한국 개인 투자자의 현실적 대안이며, 상장 전 섹터 관심도 상승에 따른 선행 수익 기회 확보
2차 진입	상장 당일~직후: 초기 가격 형성 국면	시장 매수 가능 시점	전체 배분 자금의 20~25%	한국 투자자가 참여 가능한 가장 이른 직접 매수 시점. 단, 상장일 과열 여부를 감안해 소량만 배분
3차 진입	상장 후 1~3개월: 초기 변동성 안정화 구간	주가 안정 여부 확인 후	전체 배분 자금의 25~30%	첫날·첫 주의 과열 또는 급락이 진정된 이후, 시장 가격이 합리적 범위에 안착하는지 확인
4차 진입	첫 분기 실적 발표 후: 실체 확인 투자	사업 성과 검증 후	전체 배분 자금의 20~30%	S-1(유가증권신고서)에 공개된 재무제표와 실제 분기 실적의 괴리를 확인한 뒤 최종 판단

IPO 종목에서 돈을 잃는 이유는 '너무 일찍 사서'가 아니다. **한 번에 다 사는 '몰빵' 때문이다.**

페이스북 IPO 당일 전 재산을 투입한 투자자는 16개월간 자산의 절반 이상을 잃는 고통을 견뎌야 했다. 스노우플레이크 상장 첫날 245달러에 올인한 투자자는 5년이 지난 2026년 2월에도 원금을 회복하지 못하고 있다. 알리바바에 상장 초기 올인한 투자자는 10년이 넘도록 만족할 만한 수익을 얻지 못했다.

반면, 분할 매수 전략을 사용하여 여러 구간에 걸쳐 진입한 투자자는 평균 매입 단가가 자연스럽게 낮아지면서 리스크가 분산되었다. 페이스북의 경우 상장일에 25%, 3개월 후 하락 구간에서 25%, 2013년 회복 초입에 25%, 모바일 광고 매출이 확인된 2013년 말에 25%를 투자했다면, 평균 매입 단가는 약 28달러 수준이었을 것이며 이후의 수익은 압도적이었을 것이다.

스페이스X는 스타링크이라는 검증된 매출 엔진, 팰컨 9의 압도적 발사 실적, 정부 계약의 확대라는 강력한 펀더멘털을 보유하고 있다. 그러나 매출 대비 60배가 넘는 밸류에이션은 '정당화하기 매우 어려운' 수준이다.[*] 이 격차 사이에서 투자자를 보호하는 것은 예측이 아니라 분할 진입이라는 구조이다.

스페이스X IPO, 한국 투자자가 기억해야 할 체크리스트

상장이 현실화되는 시점에서 한국 개인 투자자가 실제로 참조할 수 있는 체크리스트를 다음과 같이 정리한다.

IPO 전 확인 사항: SEC에 S-1(등록 신청서)이 공식 제출되었는지 확인한

---

[*] https://alphabrief.ai/article/3452359. Motley Fool 분석가들은 65배의 밸류에이션에 회의적인 반응을 나타냈으며, 상장 후 대기를 권고했다. 이들은 스페이스X의 성공 여부는 '스타십의 상업적 생존 가능성'과 '스타링크 확장'에 크게 좌우된다고 지적하며, 이번 IPO는 상업용 우주산업에 중요한 이정표이지만, 밸류에이션에 대한 우려가 있어 투자자들에게 신중한 접근 방식을 취하라고 권고하고 있다.

다. 2026년 3월 기준 S-1은 아직 제출되지 않은 상태이다. S-1에는 상세 재무제표, 주요 리스크 요인, 머스크의 지분율과 의결권 구조 등이 공개되므로 반드시 확인해야 한다. 국내 증권사의 해외 IPO 참여 가능 여부와 배정 조건을 사전에 파악한다. 환전 타이밍도 미리 계획한다.

상장 당일 확인 사항: 공모가 대비 첫날 프리미엄이 어느 수준인지 확인한다. 스노우플레이크처럼 첫날 100% 이상 급등하는 경우 장중 매수는 극히 위험하다. 거래량과 기관 참여 비중을 파악한다.

상장 후 모니터링 사항: 락업 해제 일정을 추적한다(S-1에 명시됨). 분기별 스타링크 가입자 수, ARPU, 잉여현금흐름을 확인한다. 스타십 개발 일정과 FAA 허가 현황을 모니터링한다. 머스크의 정치적 활동이 정부 계약에 미치는 영향을 주시한다.

머스크 리스크는 실존하는가

키맨 리스크의 본질

키맨 리스크(Key Man Risk)란 특정 인물에게 기업의 성과가 지나치게 의존할 때 그 인물의 부재가 기업에 치명적 영향을 미칠 수 있는 리스크이다. 스페이스X에서 이 리스크는 일론 머스크라는 이름과 떼어낼 수 없다.

스페이스X의 탄생부터 팰컨 1의 실패, 팰컨 9의 재사용 혁명, 스타링크의 폭발적 성장, 스타십 개발까지 모든 핵심 결정의 중심에 머스크가 있었다. 로켓 엔진 설계에 대한 그의 기술적 판단, 비용 구조에 대한 그의 집착적 개선 의지, 그리고 '화성으로 가겠다'는 비전이 없었다면 스페이스X는 지금의 스페이스X가 아니다.

머스크가 꿈을 제시하고, 그윈 숏웰이 회사를 굴린다

그렇다면 머스크가 없어도 스페이스X는 계속 성장할 수 있는가? 그윈 숏웰과 브렛 존슨의 존재가 부분적으로 이 리스크를 완충한다. 숏웰은 머스크의 비전을 실행 가능한 사업으로 만드는 실질적인 운영 책임자이며, 수천 명의 엔지니어들이 머스크의 지시 없이도 스스로 복잡한 기술 문제를 해결할 수 있는 조직 역량이 축적되어 있다. 그러나 머스크의 가장 중요한 역할, 즉 불가능해 보이는 목표를 공언하고 팀이 그것을 향해 달리게 만드는 능력은 대체 불가능하다는 것이 대부분의 관찰자들의 평가이다.

S-1에는 키맨 리스크가 중요한 리스크 요인으로 명시될 가능성이 높다. 투자자들은 '머스크 없이도 스페이스X의 성장이 계속될 수 있는가?'라는 질문을 IPO 참여 전에 반드시 스스로에게 해야 한다.

테슬라 CEO·트위터 인수·DOGE 활동과 분산된 관심

머스크는 2026년 2월 현재 다음과 같은 역할을 동시에 수행하고 있다. 스페이스X CEO, 테슬라 CEO, X(구 트위터) CEO, xAI CEO(합병 이후), 정부효율부(DOGE) 수장, 그리고 보링컴퍼니와 뉴럴링크의 창업자이자 주요 결정권자이다. 이렇게 많은 역할을 한 사람이 동시에 수행한다는 것은 각각의 사업에 투입할 수 있는 시간과 관심이 분산됨을 의미한다.

실제로 2022년 트위터 인수 이후 테슬라에 대한 머스크의 관심이 분산되었다는 주장이 제기되었고, 테슬라 주가는 이 시기에 상당한 압박을 받았다. 마찬가지로 DOGE 활동에 집중하는 2025~2026년에 스페이스X의 기술적 의사결정이 얼마나 빠르고 정확하게 이루어지고 있는지에 대한 외부 검증은 어렵다.

정치적 리스크: 트럼프 행정부와의 관계

머스크와 트럼프 행정부의 밀접한 관계는 단기적으로는 스페이스X에 유리하다. FAA 규제 완화, 국방부 계약 확대, 우주군 예산 증가 등이 이 관계에서 비롯되는 혜택이다. 그러나 이 관계는 2028년 대통령 선거 이후 정권이 교체되었을 때 불이익으로 전환될 수 있는 양날의 검이다. 민주당 성향의 행정부가 들어설 경우, 머스크와의 관계가 스페이스X에 대한 계약 심사나 규제 적용에서 역으로 불이익이 될 수 있다.

정부 계약 의존도와 정권 교체 시나리오

스페이스X 발사 서비스 매출의 상당 부분이 정부 계약에서 온다. NSSL Phase 3 계약 59억 달러, NASA 아르테미스 50억 달러 이상 등 확인된 정부 계약만 100억 달러를 훌쩍 넘는다. 이 계약들은 현 행정부의 결정에 의해 취소되거나 축소될 수는 없지만, 갱신 여부나 새로운 계약 수주는 행정부의 성향에 영향을 받는다. 2028년 이후 정권이 교체되고 새 행정부가 스페이스X에 더 엄격한 잣대를 적용하면, 신규 계약 수주가 어려워질 수 있다.

CFIUS 심사와 외국인 투자 규제

xAI의 외국인 투자자 구성이 미국의 외국인투자위원회(CFIUS) 심사를 유발할 가능성이 있다. 특히 스페이스X가 국가안보 발사(NSSL) 계약을 수행하는 상황에서, 사우디나 UAE 국부펀드의 자본이 xAI를 통해 스페이스X에 간접적으로 참여하는 구조는 CFIUS가 면밀히 살펴볼 소지가 있다. 이 심사가 IPO 일정을 지연시키거나 일부 외국인 투자자의 지분 구조 변경을 요구할 수 있다.

개인적 리스크: 소셜 미디어 발언의 주가 영향

머스크의 X 게시물이 주가에 미치는 영향은 이미 여러 차례 입증되었다. 2021년 'To the Moon'이라는 게시물 하나가 도지코인(Dogecoin) 가격을 수십 배 끌어올렸다. 테슬라 관련 발언들은 SEC의 조사를 유발하였고, 결국 SEC와의 합의로 이어졌다.

스페이스X가 상장되면 머스크의 X 게시물이 스페이스X 주가에 직접적인 영향을 미치게 되며, SEC 규제 측면에서 더욱 엄격한 기준이 적용된다. 머스크가 충동적인 소셜미디어 발언 습관을 상장 후에도 유지한다면, 이것은 스페이스X 투자자들에게 지속적인 변동성의 원천이 될 것이다.

법적 분쟁(OpenAI 소송 등)

머스크는 현재 여러 건의 중요한 법적 분쟁에 연루되어 있다. 자신이 공동 창업에 참여하였다가 이탈한 OpenAI를 상대로 제기한 소송이 그중 하나이다. OpenAI는 2015년에 일론 머스크, 샘 올트먼, 그렉 브록먼 등이 중심이 되어 설립되었다. 설립 당시 목표는 '인류에게 이익이 되는 안전한 인공지능 연구'였고, 비영리 연구기관 형태로 시작했다.

머스크는 OpenAI가 비영리 연구 기관으로 설립되었음에도 영리 기업으로 전환하는 과정이 창업 취지를 위반하였다고 주장하고 있다. 2024년 6월 머스크는 이 소송을 자진 철회하였다가 2024년 8월 반독점 및 RICO(조직범죄법) 위반까지 포함하여 더 큰 소송으로 다시 제기했다. 이 소송은 재판까지 갈 가능성이 높다.

이 소송 외에도 다수의 법적 분쟁이 진행 중이다. 상장 후 중요한 법적 분쟁의 결과는 스페이스X 주가에 영향을 미칠 수 있으며, S-1에는 이 모든 법적 분쟁이 리스크 요인으로 명시될 것이다.

IPO 전 간접 투자

스페이스X가 아직 상장 전임에도, 지금 당장 스페이스X에 연관된 투자를 하고 싶은 투자자들을 위한 간접 투자 방법이 존재한다.

XOVR ETF(스페이스X 비중 2.13%)

IPO 실시 전 스페이스X에 간접적으로 노출하는 방법은 XOVR ETF이다. XOVR는 'ER셰어즈 사모 공모 크로스오버 ETF (ERShares Private-Public Crossover ETF)'의 티커로, 스페이스X 사모 주식에 직접 투자하는 펀드들을 통해 스페이스X에 노출되는 구조를 가진다.

현재 XOVR 포트폴리오에는 'SPV EXPOSURE TO SPACEX' 등의 명칭으로 약 2.13% 비중이 편입된 것으로 알려져 있

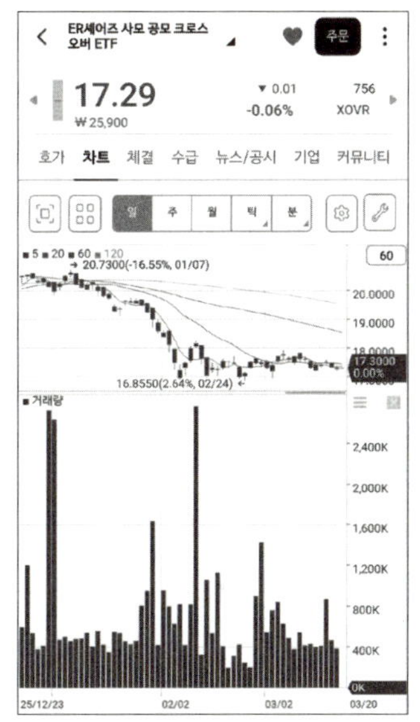

다. 나머지는 테슬라, 스페이스X 공급망 기업들, 기타 우주 관련 기업들로 구성된다. XOVR는 스페이스X가 아직 상장되지 않은 상태에서 그나마 스페이스X의 성장에 올라탈 수 있는 공개 거래 수단 중 하나이다. 다만 운용 보수(expense ratio)가 일반 ETF보다 높을 수 있으며, 유동성이 제한적일 수 있다는 점을 고려해야 한다.

국내 개인 투자자는 미국 주식 거래가 가능한 증권사 앱에서 간단히

XOVR ETF를 구매할 수 있다. 대부분의 대형 증권사에서 해외 ETF 거래를 지원하므로 쉽게 접근할 수 있다. 미래에셋, 삼성증권, KB증권, NH투자증권, 한국투자 등에서 XOVR ETF 매매를 지원한다.[*]

Destiny Tech100

데스티니 테크100(Destiny Tech100, 티커 DXYZ)은 비상장 기술 기업들에 투자하는 클로즈드엔드 펀드(Closed-End Fund)로, 스페이스X를 포함한 유니콘 기업들에 대한 노출을 제공한다.

주의할 점은, 다른 비상장 노출 상품들과 마찬가지로, 이 펀드는 스페이스X 주식의 실제 내재 가치보다 훨씬 높은 프리미엄에 거래되는 경향이 있어 효율적인 투자 수단이 될 수 없다. 스페이스X가 상장하면 이 프리미엄이 급격히 하락할 가능성도 있으므로, 헤지 수단보다는 투기적 특성이 강한 상품임을 인지해야 한다.

데스티니 테크100은 XOVR ETF처럼 미국 주식 거래가 가능한 증권사 앱에서 간단히 매매할 수 있다.

---

[*]　XOVR ETF를 구매하기 전에는 KB증권에서 제공하는 'XOVR 투자 가이드'를 읽어보기 바란다. 구글에서 'XOVR 투자 가이드'를 검색하거나 https://kbthink.com/news-list/view.html?newsId=20251226082457174에 접속해 읽을 수 있다.

리스크 체크리스트

밸류에이션 리스크: 매출 60배가 정당화될 조건

앞서 살펴보았듯이 PSR 62~80배라는 밸류에이션이 유지되기 위해서는 스타링크 가입자가 수억 명 수준으로 성장하고, 스타십 상업화가 예정대로 이루어지며, 스타링크 모바일(Direct-to-Cell)이 실용화되어야 한다.

이 조건 중 하나라도 크게 어긋나면 밸류에이션은 빠르게 압축될 수 있다. 밸류에이션 리스크를 관리하는 가장 좋은 방법은 처음부터 과도한 비중을 스페이스X에 두지 않는 것이다.

기술 리스크: 스타십 지연, 위성 장애

스타십은 아직 완전한 상업 운용 단계에 들어서지 않았다. 시험 비행이 계속되고 있으며, 엔진 결함, 열 차폐막 손상, 재진입 실패 등의 기술적 문제가 반복될 수 있다.

스타십이 2027년 이후로 상업화가 지연되면, 스타링크 V3 위성 배치 속도가 늦어지고 발사 비용 혁명도 미뤄진다. 또한 지구 저궤도에서 운용 중인 9,500기 이상의 위성 중 일부에서 장애가 발생하거나 대기 재진입에 실패하여 우주 쓰레기를 만들어낼 경우, 서비스 품질 저하와 규제 압박이 동시에 가해질 수 있다.

경쟁 리스크: 아마존 LEO, 중국 우주기업

아마존의 LEO는 2026년 하반기부터 서비스를 시작할 예정이다. 아마존 프라임 회원과의 번들링, AWS와의 클라우드 연계, 미국 내 광범위한 유통망을 활용한 단말기 판매 등 아마존만의 무기를 앞세우면 북미 시장에서 스타링크와 치열한 경쟁이 예상된다. 중국의 구오왕 프로젝트도 아시아, 중동, 아프리카 시장에서 스타링크의 신흥국 확장 전략을 잠식할 가능성이 있다.

규제 리스크와 환율 리스크

FAA의 발사 허가 지연, FCC의 위성 운용 규제 강화, 국제 우주 쓰레기 규제의 엄격화는 스페이스X 사업 운영 비용을 높이고 성장 속도를 제한할 수 있다. 특히 스타링크 위성 수가 계속 증가하면서 다른 국가와 기업의 위성과의 충돌 리스크가 높아지고, 이는 국제적인 규제 압박으로 이어질 수 있다.

원/달러 환율은 투자 결과에 직접적인 영향을 미친다. 2026년 3월 기준 원/달러 환율은 약 1,450~1,490원 수준에서 거래되고 있으며, 환율 변동성은 투자 수익률에 상당한 플러스 또는 마이너스 요인이 될 수 있다.

▌손절과 익절의 기준

스페이스X 투자에서의 시간 지평(최소 5~10년)

스페이스X 투자에서의 최소 보유 기간은 5~10년이어야 한다. 이보다 짧은 시간 지평을 가진 투자자에게 스페이스X는 적합한 투자 대상이 아닐 수 있다. 스타십 완전 상업화, 스타링크 수억 명 가입자 달성, 화성 무인 미션 등 스페이스X의 핵심 성장 동력이 실현되기까지는 최소 5년 이상이 소요될 것이다. 이 기간 동안 주가가 크게 하락하는 구간이 반드시 올 것이며, 그때 팔지 않고 보유를 유지할 수 있어야 장기 투자의 과실을 얻을 수 있다.

분기별 확인해야 할 핵심 지표

스페이스X 주식을 보유하는 동안 분기별로 반드시 확인해야 할 지표는 다음과 같다. 스타링크 총 가입자 수 및 분기 증가량, 스타링크 ARPU 변화 추이, 발사 서비스 분기 횟수 및 매출, 스타십 시험 비행 진행 상황, 주요 정부 계약 수주 소식, 그리고 경쟁사(아마존 LEO 등)의 진행 상황이다.

이 지표들이 지속적으로 악화되거나, 투자 당시의 핵심 논리가 구조적으로 훼손되는 증거가 나타난다면 그것이 손절의 신호가 된다. 단순한 주가 하락은 손절의 신호가 아니다.

Chapter 14

우주 관련 미국 주식 투자 가이드

스페이스X 직접 투자 외에, 우주산업의 성장에 올라타는 방법은 다양하다. 이미 미국 주식시장에 상장된 우주 관련 기업들은 스페이스X IPO의 수혜를 직간접적으로 받으면서 독자적인 성장 스토리를 갖추고 있다.

개인 투자자 입장에서는 비상장 상태인 스페이스X를 직접 매수할 수 없더라도, 관련 상장주를 통해 우주 경제 성장의 과실을 공유할 수 있다. 따라서 스페이스X IPO를 기다리는 동안에도, 지금 당장 포트폴리오에 우주 섹터를 편입할 근거와 수단은 충분히 존재한다.

이 장에서는 발사 서비스 기업, 위성통신·데이터 기업, 방산·우주 인프라 대형주, 스페이스X 공급망 기업, 테슬라와의 연계, 우주 ETF에 이르기까지 미국 우주 관련 주식의 전체 지형도를 그려본다.

로켓랩: 중형 발사체 뉴트론 개발 중

로켓랩(Rocket Lab USA, 티커: RKLB)은 스페이스X 이후 미국에서 가장 활발하게 발사 서비스를 제공하는 상장 기업이다. 피터 벡(Peter Beck)이 이끄는 이 회사는 소형 발사체 일렉트론(Electron)으로 200kg 이하의 소형 위성을 정밀하게 원하는 궤도에 투입하는 서비스를 제공한다. 발사 단가는 팰컨 9보다 훨씬 낮아 소형 위성 발사에 최적화된 포지션을 갖추고 있다.

스페이스X IPO 기대감이 높아지면서 로켓랩 주가는 2025년 한 해 동안 174% 상승했다. 이 상승의 배경은 '스페이스X가 상장되면 기관 투자자들이 우주 섹터에 더 많은 자금을 배분하게 되고, 그 흐름에서 가장 먼저 수혜를 받는 상장 우주기업은 로켓랩'이라는 논리다. 로켓랩은 현재 중형 발사체 뉴트론(Neutron)을 개발 중이며, 뉴트론이 성공하면 팰컨 9의 소형·중형 페이로드 시장을 직접 겨냥할 수 있다. 2026년 말 뉴트론 첫 발사가 예정되어 있으며, 이것이 실현되면 로켓랩의 사업 가치는 한 단계 더 상승할 것이다.

로켓랩은 발사 서비스 외에도 우주 시스템(Space Systems) 사업 부문에서 위성 부품, 반응 조절 시스템(Reaction Control Systems), 태양 전지 패널 등을 제조하여 매출을 올리고 있어 사업 다각화 측면에서도 경쟁력이 있다.

파이어플라이: 소형 발사체의 떠오르는 강자

파이어플라이 에어로스페이스(Firefly Aerospace, 티커: FLY)는 텍사스 기반의 소형 발사체 기업으로, 알파(Alpha) 로켓을 통해 소형 위성 발사 서비스를 제공한다. 2023년 10월 알파 로켓의 궤도 투입 성공을 달성했으며, 이후 상업 발사 서비스를 본격화했다.

파이어플라이는 NASA의 달 표면 탑재체 전달 프로그램(CLPS)에 선정되어 달 착륙선 블루 고스트(Blue Ghost)를 개발·운용하고 있으며, 스페이스X의 Falcon 9 라이드셰어 발사를 통해 2025년 3월 달 표면 위난의 바다(Mare Crisium)에 성공적으로 착륙했다. 파이어플라이는 나스닥에 상장되어 있으며, 우주 섹터 열기 속에 투자자들의 관심을 받고 있다.

블루 오리진: 뉴글렌 성공과 비상장 상태의 간접 투자

제프 베조스가 창업한 블루 오리진(Blue Origin)은 스페이스X의 가장 강력한 경쟁자 중 하나지만 비상장 기업이다. 2025년 1월, 블루 오리진의 중대형 발사체 뉴글렌(New Glenn)이 첫 번째 궤도 발사에 성공했다. 뉴글렌은 재사용 가능한 부스터를 갖춘 중대형 발사체로, 상업 위성과 NASA 화물을 수송할 수 있는 능력을 갖추었다.

한국 개인 투자자의 관점에서 블루 오리진은 양면적인 존재다. 한편으로는 스페이스X의 독주를 견제할 수 있는 유일한 미국 민간 기업으로서, 발사 시장 다변화와 달 탐사 경쟁의 핵심 플레이어라는 점에서 투자 매력이 상당하다. 다른 한편으로는 비상장 기업이기 때문에 일반 투자자가 직접 주식을 매수할 방법이 없다.

블루 오리진에 직접 투자하는 것은 불가능하지만, 베조스의 자산이 반영되는 아마존(Amazon, 티커: AMZN)을 통한 간접 투자가 가능하다.

위성통신·데이터 기업

AST 스페이스모바일: 기존 폰으로 위성통신

AST 스페이스모바일(AST SpaceMobile, 티커: ASTS)은 2017년 아벨 아벨란(Abel Avellan)이 창업한 기업으로, 표준 LTE 스마트폰이 특별한 앱이나 전용 단말기 없이 위성과 직접 통신할 수 있도록 하는 위성통신 서비스를 개발하고 있다. 현재도 위성 군집 확대와 기술 검증 단계이며, 이 기술이 실현되면 기존 셀룰러 네트워크가 닿지 않는 지역에서도 일반 스마트폰으로 음성통화와 데이터 서비스를 이용할 수 있다.

AT&T, 버라이즌(Verizon), T-모바일(T-Mobile), 영국 보다폰(Vodafone), 일본 라쿠텐(Rakuten) 등 여러 주요 이동통신사들이 AST와 상업 계약을 체결하거나 파트너십 협약을 맺었다. 이는 AST의 기술이 실제 상용화에 근접하고 있음을 시사한다. 2025년 기준 AST는 블루버드(BlueBird) 위성을 일부 배치하고 테스트 서비스를 시작하였다. 다만 위성 수가 아직 적어 커버리지가 제한적이며, 본격적인 글로벌 서비스를 위해서는 수백 기의 위성이 필요하다.

AST는 2025년 연매출 7,090만 달러, 연손실 3억 4,190만 달러를 기록했다. 매출은 게이트웨이 장비 판매, 미국 정부 계약, 소프트웨어 컨설팅 등으로 창출한 것이다. 매출액에 비해 시가총액은 약 340억 달러인데, 이는 고성장 미래 가치에 대한 프리미엄 때문이다.

AST의 가장 큰 투자 포인트는 잠재적 시장의 규모이다. 전 세계 LTE 스마트폰 사용자 약 50억 명이 잠재 고객이며, 이동통신사를 통한 번들 판매

모델이 실현되면 매우 빠른 가입자 성장이 가능하다. 위험 요인으로는 기술 개발 지연, 경쟁(스타링크 모바일 서비스와의 경쟁), 자금 소진(burn rate) 등이 있다. AST는 나스닥에 상장되어 있음에도 불구하고 수익을 내기까지 아직 상당한 투자가 필요한 초기 단계 기업이다.

플래닛랩스: 지구 관측의 눈, 388% 상승

플래닛랩스(Planet Labs PBC, 티커: PL)는 2010년 NASA 출신 과학자 3명이 창업한 지구 관측 위성 기업이다. 도브(Dove)·슈퍼도브(SuperDove) 시리즈 소형 위성 약 200기를 운용하며, 매일 지구 전체 육지 면적을 3~4m대 해상도로 촬영한다. 이 방대한 위성 영상 데이터베이스는 농업, 산림, 기후 모니터링, 도시 개발 추적, 군사 정보, 재난 대응 등 다양한 분야에서 활용된다.

2025년 플래닛랩스 주가가 약 388% 상승한 배경에는 AI를 이용한 위성 영상 분석 시장의 급성장이 있다. 위성 사진을 AI로 분석하면 농작물 수확량 예측, 인프라 변화 감지, 군사 활동 모니터링 등이 가능하다. 우크라이나-러시아 전쟁을 비롯한 지정학적 긴장 고조로 방산·정보 분야에서의 수요가 크게 증가하였으며, 스웨덴 군, NATO 등과의 위성 서비스 계약 확대가 이를 뒷받침하였다. 또한 스페이스X IPO 기대감으로 인한 우주 섹터 전반의 관심 상승도 기여하였다

플래닛랩스는 매출이 성장 중이지만 여전히 적자 상태이다. 위성 영상 데이터 구독 모델의 특성상 대형 정부 및 기업 계약이 수익성의 핵심이다. 미국 국가지리정보국(NGA), 미 해군, 국가정찰국(NRO), NATO 등 다수의

정부 고객과의 계약이 주요 수익원이며, 이 계약들이 안정적으로 갱신·확대되는 한 성장 기반이 유지된다.

글로벌스타(GSAT): 애플 파트너십

글로벌스타(Globalstar, 티커: GSAT)는 저궤도 위성통신 서비스 기업으로, 위성 전화와 메시지 서비스를 전문으로 한다. 글로벌스타는 2022년 애플과의 파트너십 계약을 체결하며 아이폰 14부터 위성 SOS 긴급 서비스를 제공하고 있다. 이 서비스는 조난 상황에서 셀룰러 네트워크 없이 응급 서비스에 연락할 수 있는 기능이다.

애플 파트너십은 글로벌스타에게 안정적인 수익 기반을 제공한다. 그러나 글로벌스타 네트워크 용량의 85%를 애플 서비스에 할당하고 있을 만큼 애플에 대한 의존도가 극도로 높아, '애플 한 고객' 리스크도 존재한다. 스타링크 모바일(Direct-to-Cell) 서비스가 확대되면 글로벌스타와 경쟁 관계가 심화될 수 있지만, 글로벌스타가 애플과의 긴밀한 파트너십을 유지하는 한 완전한 대체는 어렵다.

2025년 연간 매출은 전년 대비 9% 증가한 2억 7,300만 달러로 4년 연속 사상 최고치를 경신했으며, 상각전 이익(EBITDA)은 1억 3,610만 달러, 상각전 이익률은 50%에 달한다. 이는 고정비 중심의 위성 인프라 사업 특성상 규모 확대에 따라 높은 수익성이 나타나는 구조를 보인다. 순손실은 870만 달러로, 2024년의 6,320만 달러에서 대폭 축소되어 수익성 개선이 뚜렷하다. 차세대 위성 인프라 투자가 지속되는 만큼 흑자 전환 시점은 아직 불확실하다.

방산·우주 인프라 대형주

록히드마틴: 위성·미사일·달 탐사

록히드마틴(Lockheed Martin, 티커: LMT)은 세계 최대의 방위산업 기업 중 하나로, F-35 전투기, THAAD 미사일 방어 시스템, 위성 시스템, 우주 탐사 장비 등 광범위한 제품 포트폴리오를 보유한다.

우주 분야에서는 NASA 아르테미스 프로그램의 오리온(Orion) 우주선을 제작하고 있으며, 다양한 정찰·통신 위성을 정부에 공급한다. 스페이스X와 같은 비용 혁신 능력은 부족하지만, 안정적인 정부 계약 기반과 높은 배당 수익률은 보수적 투자자에게 매력적이다. 2026년 3월 기준 시가총액은 약 1,500억 달러 수준이며, PER은 약 31배로 역사적 평균(약 20배)을 상회하고 있어 현재 밸류에이션이 과거 대비 높게 형성되어 있다는 점을 유의해야 한다.

L3해리스: 로켓 엔진의 2대 제조사

L3해리스 테크놀로지스(L3Harris Technologies, 티커: LHX)는 방산·우주 전자 시스템 전문 기업이다. 통신 시스템, 전자전(EW), 센서, 위성 탑재체 등이 주요 사업 분야이며, 로켓 엔진 관련 사업에서는 고체 로켓 모터 분야에서 중요한 위치를 차지한다. 스페이스X의 위성·발사 생태계 확장으로 위성 탑재 전자 시스템과 통신 모듈 수요가 증가하면, L3해리스가 수혜를 받을 수 있다. 2026년 3월 기준 시가총액은 약 680억 달러 수준으로, 2025년 한 해에만 주가가 74% 상승하며 밸류에이션이 크게 높아졌다.

노스롭그루먼: 발사 시스템·추진체

노스롭그루먼(Northrop Grumman, 티커: NOC)은 항공우주 시스템, 방어 시스템, 임무 시스템, 우주 시스템의 네 개 부문을 운영하는 대형 방산업체이다. 우주 분야에서는 고체 로켓 모터(SRM), 위성 버스(satellite bus), 우주 발사체 추진 시스템의 핵심 공급자이다. NASA 아르테미스 프로그램에서 사용하는 스페이스 런치 시스템(SLS)에 5세그먼트 고체 로켓 부스터를 제공하고 있으며, 미국 핵 억지력의 핵심인 미니트맨 III(Minuteman III) 정비와 후속 체계인 LGM-35A 센티넬(Sentinel) ICBM 개발을 주계약자로서 담당한다.

스페이스X와 경쟁하기보다는 노스롭그루먼이 강점을 가진 분야에서 정부 계약을 안정적으로 유지하는 구조이다. 2026년 3월 기준 시가총액은 약 1,040억 달러 수준이다.

RTX Corporation: 위성·방어 시스템

RTX Corporation(구 레이시온 테크놀로지스, 티커: RTX)은 항공기 엔진, 위협 탐지·추적·미사일 방어 시스템, 항공·우주 전자 시스템의 3개 세그먼트를 운영하는 대형 복합 방산업체이다. 위성통신 단말기, 위성 유도 무기 시스템, 우주 감시 레이더 등이 우주 관련 사업 분야이다.

RTX는 스페이스X의 우주 생태계 확장과 미국 국방부의 우주 기반 방어 시스템 투자 확대에서 직접적인 수혜를 받는다. 2026년 3월 기준 시가총액은 약 2,700억~2,800억 달러 수준으로, 세계 50위권 내의 대형 방산·항공우주 기업이다.

스페이스X 공급망 기업

벨로3D: 로켓 엔진 3D 프린팅

벨로3D(Velo3D)는 금속 3D 프린팅 전문 기업으로, 복잡한 형상의 금속 부품을 고정밀도로 제작하는 기술을 보유하고 있다. 로켓 엔진 부품, 터보펌프, 열교환기 등 기존 가공 방법으로는 제작이 어려운 복잡한 항공우주 부품의 제조에 벨로3D의 기술이 활용된다.

스페이스X는 랩터(Raptor) 엔진 부품에 벨로3D 기술을 적극 활용하고 있으며, 현재 랩터 엔진에는 벨로3D 플랫폼에 특별히 인증된 5개 핵심 부품이 포함되어 있다. 스페이스X는 지금까지 벨로3D 프린터를 20기 이상 구매했으며, 이 기술로 랩터 3 엔진을 획기적으로 간소화했다.

단, 벨로3D는 기술적 관심 대상으로는 충분히 주목할 만하지만, 국내 개인 투자자가 직접 매수할 수 있는 종목은 아니다. 국내 증권사의 해외주식 서비스는 NYSE·나스닥·아멕스(AMEX) 상장 종목만 지원하며, 미국 장외주식은 거래 대상에서 제외된다.

레드와이어: 우주 인프라·위성 부품

레드와이어(Redwire, 티커: RDW)는 위성 구조체, 태양광 패널, 센서·항전장비, 우주 인프라 부품 등을 공급하는 우주·방산 기술 기업이다. 특히 **우주에서 직접 구조물을 제조하는 우주 내 제조**(in-space manufacturing) **기술**[*]

---

[*] 우주 공간의 미중력(微重力) 환경을 활용해 지구에서는 만들기 어려운 소재·구조물·의약품 등을 궤도

을 선도하고 있으며, ISS에서 다양한 실험 모듈을 운용하고 있다.

스페이스X의 발사 빈도 증가와 위성 배치 확대는 레드와이어의 위성 부품 수요 증가로 이어진다. 2025년 매출은 전년 대비 10.3% 증가한 3억 3,500만 달러를 기록했으나, 순손실은 2억 2,660만 달러로 오히려 확대됐다. 2026년 3월 기준 시가총액은 약 18억 달러 수준의 소형주로, NYSE에 상장되어 있어 한국 투자자도 국내 증권사를 통해 매수할 수 있다. 다만 적자 폭이 큰 고위험 종목임을 감안해야 한다.

HEICO(HEI): 항공우주 핵심 부품

HEICO 코퍼레이션(HEICO Corporation, 티커: HEI)은 항공우주 및 방산 부품의 FAA(미국 연방항공국) 승인 대체 부품 전문 기업이다. 원래 부품보다 20~40% 저렴한 FAA 인증 대체 부품을 공급함으로써 항공사와 방산 기업들의 유지보수 비용을 절감해주는 독특한 비즈니스 모델을 가지고 있다. 비행 지원 그룹(FSG)과 방산·우주·의료용 전자부품을 제조하는 전자 기술 그룹(ETG)의 두 세그먼트로 운영되며, ETG를 통해 우주·방산 분야에도 직접 부품을 공급한다.

항공우주산업 전반의 성장과 함께 안정적으로 성장하는 기업으로, 꾸준한 이익 성장을 바탕으로 소액이나마 배당을 지속 지급하고 있으며, 장기 성장을 노리는 우량 성장주로 분류된다.

위에서 직접 제작하는 기술이다. 예를 들어 ISS에서 광섬유를 제조하거나 3D 프린팅으로 위성 부품을 현장 생산하는 것이 대표적인 사례다.

미국의 우주·위성통신 관련 기업/스페이스X 공급망 기업

기업	시가총액(2026년 3월)	투자 포인트
로켓랩 (티커: RKLB)	약 400억 달러	소형 발사(Electron), 뉴트론 개발, SDA 대형 계약 확대
파이어플라이 (티커: FLY)	약 39억 달러	알파(Alpha) 소형 발사체, NASA 달 착륙선 Blue Ghost, 방산 계약 확대. 2025년 8월 IPO. 적자 지속
AST 스페이스모바일 (티커: ASTS)	약 250억~300억 달러	자체 Direct-to-Cell 서비스, AT&T·Verizon 통신사 파트너
플래닛랩스 (티커: PL)	약 82억 달러	지구 관측 데이터 구독, AI 영상 분석
록히드마틴 (티커: LMT)	약 1,500억 달러	방산 안정성, 우주 성장
L3해리스 (티커: LHX)	약 680억 달러	전자전·통신·센서·위성 탑재체, 고체 로켓 모터, 방산 전자 시스템
노스롭그루먼 (티커: NOC)	약 1,040억 달러	미사일 방어, 우주 추진, 센티넬 ICBM 개발
RTX Corporation (티커: RTX)	약 2,700억~2,800억 달러	방어 시스템, 위성 전자
글로벌스타 (티커: GSAT)	약 75억 달러	애플 파트너십, 애플 지분 20% 투자 유치
레드와이어 (티커: RDW)	약 18억 달러	위성 구조체·태양광 패널·우주 내 제조(in-space manufacturing), ISS 실험 모듈 운용, 방산 우주 인프라
HEICO (티커: HEI)	약 400~450억 달러	항공우주 FAA 인증 교체 부품(PMA), 방산·우주 전자 부품
벨로3D	미국 장외주식, 국내 개인 투자자 거래 불가능	스페이스X 랩터 엔진 금속 3D 프린팅
블루 오리진	미상장	로켓 발사체

테슬라와의 연계 투자

배터리, 자율주행, 인재의 교차점

테슬라와 스페이스X는 동일한 창업자가 이끄는 별개의 기업이지만, 실질적으로 매우 긴밀하게 연결되어 있다. 배터리 기술에서는 테슬라의 4680 원통형 배터리 기술이 스페이스X의 우주선 전력 시스템에 참조 자료를 제공하며, 반대로 스페이스X의 극한 환경 배터리 운용 데이터가 테슬라의 배터리 개선에 도움을 준다.

자율 운행 기술에서는 테슬라의 자율주행 AI(FSD, Full Self Driving)와 스페이스X 로켓의 자율 착륙 GNC(항법·유도·제어) 소프트웨어가 머신러닝 기반 자율 제어라는 공통된 기술 도전 과제를 공유한다. 인재 측면에서는 테슬라와 스페이스X 사이에 엔지니어들의 이동이 활발하여, 한 회사에서 개발된 노하우가 다른 회사로 이전되는 경로가 존재한다.

머스크 유니버스 포트폴리오 전략

일론 머스크의 영향권에 있는 기업들을 묶어 '머스크 유니버스' 포트폴리오를 구성하는 전략이 존재한다. 테슬라(TSLA), 스페이스X(IPO 후), 그리고 머스크의 다른 사업들에 광범위하게 노출되는 방식이다.

이 전략의 핵심 논리는 '머스크가 이끄는 기업들은 각자 혁신의 최전선에 있으며, 하나가 성공할 때 다른 하나에도 긍정적인 파급 효과가 생긴다'는 것이다. 그러나 머스크 리스크가 집중되는 단점도 있어, 분산 투자 관점에서는 한계가 있다.

아크 우주 탐험 & 혁신 ETF

아크 우주 탐험 & 혁신 ETF(ARK Space Exploration & Innovation ETF, 티커: ARKX)는 캐시 우드의 ARK 인베스트(ARK Invest)가 2021년 3월 출시한 능동 운용(actively managed) ETF이다.[*] 운용자산(AUM)은 2026년 2월 기준 약 5억 달러 수준이다.

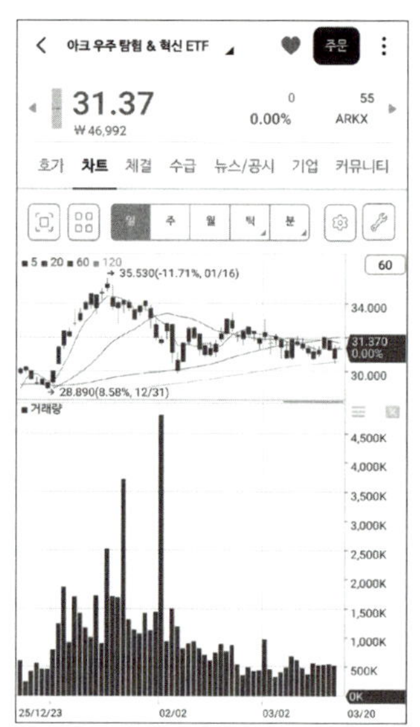

ARKX는 단순히 우주 발사 기업만을 담는 것이 아니라, 우주 탐사를 가능하게 하는 혁신 기술 전반에 투자하는 폭넓은 접근법을 취한다. 3D 프린팅, 인공지능, 드론, 첨단 소재 등 우주산업의 발전을 지원하는 기술 기업들도 포트폴리오에 포함된다.

ARKX의 운용 철학은 캐시 우드(Cathie Wood)의 ARK 인베스트 전체 철학과 일치한다. 5년 이상의 장기 시계에서 파괴적 혁신이 이루어지는 분야에 집중 투자하되, 기존 시장에 도전하는 기업들을 발굴하여 투자한다. 이 철학은 강세장에서 우수한 성과를 내지만 약세장에서는 큰 폭의 하락을 감수해야 하는 변

---

[*]　능동 운용 ETF(actively managed ETF)는 펀드 매니저가 시장 상황이나 기업 분석에 따라 능동적으로 종목을 선정하고 비중을 조정하는 ETF를 말한다. 상대 개념으로 특정 지수를 자동으로 추종하는 패시브 ETF가 있다. 유연성이 좋지만 비용은 패시브 ETF에 비해 상대적으로 높다(0.5~1%).

동성을 의미한다.

주요 보유: 로켓랩 9.4%, L3해리스 8.1%

ARKX의 상위 보유 종목은 로켓랩(RKLB)이 약 9.4%로 가장 높은 비중을 차지하고, L3해리스(LHX)가 약 8.1%로 뒤를 잇는다. 로켓랩이 가장 높은 비중인 이유는 ARK의 관점에서 소형 발사 시장의 순수 플레이(pure play)로서 스페이스X 인접 수혜를 가장 직접적으로 받을 수 있는 종목이기 때문이다.

L3해리스가 포함된 이유는 우주 전자 시스템과 통신 인프라 분야에서의 지배적 위치 때문이다. ARKX는 일반적인 우주 ETF보다 적극적으로 성장주 중심의 포트폴리오를 구성하므로, 우주 섹터에서 알파(Alpha, 시장 초과 수익)를 추구하는 투자자에게 적합하다.

프로큐어 우주 ETF

프로큐어 우주 ETF(Procure Space ETF, 티커: UFO)는 2019년 4월 출시된 세계 최초의 우주 테마 ETF이다. 수동 운용(passively managed) 방식으로 매우어 솔로 스페이스 인덱스(Morningstar Global Space Index)를 추적하며, 우주 관련 매출이 전체 매출의 50% 이상인 기업들을 중심으로 구성된다.

2025년 수익률 45% 이상

UFO는 2025년 약 45% 이상의 수익률을 기록하였다. 이는 스페이스X IPO 기대감, 우주 섹터 전반의 밸류에이션 상승, 그리고 포트폴리오 내 로

켓랩과 AST 스페이스모바일 등 고성장 소형주들의 폭발적 상승이 결합
된 결과이다. UFO의 상위 보유 종목에는 AST 스페이스모바일(약 8.5%)과
로켓랩(약 5%)이 포함된다. 그러나 이 높은 수익률은 변동성을 동반하므
로, 2024년처럼 우주 섹터가 부진할 때는 역으로 큰 폭의 하락을 겪을 수
도 있다.

UFO의 강점은 순수 우주 기업에 집중한다는 점이다. ARKX처럼 드론
이나 자율주행 등 우주와 간접적으로만 연관된 기업을 포함하지 않고, 매
출의 절반 이상이 실제로 우주 사업에서 나오는 기업들로만 구성되어 있
어 우주 섹터에 대한 노출이 가장 직접적이다.

UFO의 포트폴리오 구성을 보면 성장 지향적 소형 우주 기업들의 비중
이 높다. AST 스페이스모바일 약 8.5%, 로켓랩 약 5%를 포함하여 순수 우
주 기업들이 상위를 차지하며, 록히드마틴이나 노스롭그루먼 같은 대형
방산·우주 복합 기업들도 포함되어 균형을 맞춘다.

SPDR S&P 켄쇼 선구자 ETF

SPDR 켄쇼 선구자 ETF(SPDR Kensho Final Frontiers ETF, 티커: ROKT)는 스
테이트 스트리트 글로벌 어드바이저스(State Street Global Advisors)가 운용하
는 수동 운용 ETF로, 켄쇼 파이널 프론티어 인덱스(Kensho Final Frontiers
Index)를 추적한다. 운용 보수는 0.45%로 UFO(0.75%)나 ARKX(0.75%)보
다 낮아 장기 보유 시 비용 부담이 적다.

ROKT는 약 35개 종목에 균등하게 분산 투자한다. 우주 관련 기업들뿐 아니라 해양 탐사, 극지방 탐사 등 인류의 최전방(final frontier) 탐험과 관련 된 기업들도 포함하는 더 넓은 정의를 사용한다. 이 때문에 순수한 우주 테 마 노출보다는 더 넓은 분산이 이루어지며, 단일 섹터 집중에 따른 리스크 가 낮다. 상위 보유 종목에는 록히드마틴, 노스롭그루먼, RTX 등 대형 방 산 기업들과 로켓랩, 플래닛랩스 등의 순수 우주 기업들이 혼재한다.

미국 증시 투자 전략과 리스크 관리

모든 투자자에게 동일한 전략이 적용될 수는 없다. 위험 감수 성향, 투 자 기간, 자금 규모에 따라 포트폴리오 구성이 달라야 한다.

성장 중시 → ARKX

단기적 변동성을 감수하더라도 우주 섹터의 파괴적 혁신에서 높은 수 익을 추구하는 투자자라면 ARKX가 적합하다. 능동 운용으로 시장 상황 에 따라 포트폴리오를 조정하는 유연성이 있으며, ARK의 전략적 판단이 투자자의 시각과 일치한다면 지수 대비 알파를 기대할 수 있다. 다만 캐시 우드의 판단이 빗나갈 경우 지수보다 크게 하락하는 위험도 있다.

순수 우주 노출 → UFO

우주산업 전반에 고르게 노출되면서도 순수 우주 기업들에 집중하고

싶은 투자자라면 UFO가 적합하다. 세계 최초 우주 ETF로서의 브랜드 인
지도와 소형 성장주부터 대형 방산주까지 아우르는 구성이 균형잡힌 우
주 포트폴리오를 제공한다. 단, UFO의 운용 보수가 0.75%로 높지 않은
수준이나 장기 보유 시 누적 비용을 고려해야 한다.

저비용 분산 → ROKT

비용 효율을 중시하며 우주와 인접 분야에 분산 투자하고 싶은 투자자
라면 ROKT가 적합하다. 0.45%의 낮은 운용 보수와 35개 종목 분산이 장
기 보유에 유리한 구조를 만든다. 순수 우주 테마보다는 넓은 의미의 '최전
방 탐험' 기업들에 투자하므로, 우주 외 분야의 성과도 포트폴리오에 반영
된다.

미국 우주 ETF 3종 비교(운용규모, 보수, 상위 보유종목, 수익률)

구분	ARKX	UFO	ROKT
운용사	ARK Invest	Procure ETF Advisors	State Street
운용 방식	액티브	패시브(지수 추종)	패시브(지수 추종)
운용 보수	약 0.75%	약 0.75%	약 0.45%
운용 자산 총액	5.14억 달러	약 1.6억 달러	약 4천억 달러
주요 보유	로켓랩 9.4%, L3해리스 8.1%	ASTS 8.5%, 로켓랩 5%	약 35개 종목 분산
2025년 수익률	약 36.7%	약 68.7%	약 61%
투자 성향	고성장 추구	순수 우주 노출	저비용 분산

※ 최신 정보는 운용사 공식 홈페이지 확인 요망

Chapter 15

스페이스X IPO와 한국 기업의 수혜 구조

2025년 스페이스X IPO 준비 소식이 전해질 때마다 국내 우주항공 관련주들이 급등하는 패턴이 반복적으로 나타나고 있다. 이 현상을 '섹터 관심도 이벤트'라고 표현할 수 있다.

스페이스X 관련 뉴스가 나오면 국내외 언론에서 우주산업 전반이 집중 조명되고, 개인 투자자들이 국내에서도 우주 관련 기업을 찾아 매수하는 패턴이 발생한다. 이 패턴은 실제 사업 연관성보다 관심도와 모멘텀이 주도한다는 특성이 있다.

스페이스X 뉴스에 반응하여 오른 국내 우주항공주는 뉴스 효과가 약해지면 원래 수준으로 되돌아가는 경우도 많다. 단기 트레이딩 관점에서는 이 패턴을 활용할 수 있지만, 장기 투자 관점에서는 실제 사업 실적과 수주 상황을 기반으로 투자 판단을 내려야 한다.

스페이스X의 상장은 한국 기업에게 3개의 서로 다른 수혜 구조로 영향을 미친다. 각 구조는 수혜의 직접성, 지속성, 규모에서 본질적으로 다르다.

스페이스X IPO에 따른 한국 기업의 3가지 수혜 구조

구분	핵심 확인 변수	투자 성격
지분 보유형	서류 심사 진행 속도, IPO 최종 확정 타이밍, 락업 기간	이벤트 형
공급망형	분기별 납품 실적, 스페이스X 발사 횟수 증가 추이	성장주·실적 연동형
생태계 간접형	섹터 밸류에이션 프리미엄 지속 여부, 국내 우주 정책 예산	테마+성장 혼합형

수혜 구조 1: 지분 직접 보유형

미래에셋벤처투자/미래에셋증권

미래에셋 그룹은 '지분 연동성' 수혜주체다. 미래에셋벤처투자를 포함한 미래에셋그룹은 2022년과 2023년에 걸쳐 스페이스X에 총 약 4,000억 원 규모의 투자를 집행했다.

투자 당시 스페이스X 기업가치가 약 1,270억 달러 수준이었다는 점을 감안하면, 현재 1.5조~1.75조 달러 이상으로 치솟은 기업가치를 기준으로 10배의 평가수익을 기록하고 있는 것으로 추정된다.

아주IB투자

아주IB투자는 실리콘밸리에 설립한 자회사 '솔라스타 벤처스(Solasta Ventures)'를 통해 2023년 상반기 스페이스X에 직접 투자를 단행했다. 투자 규모가 정확히 공개되지 않아 수혜 규모의 정량 추정에 한계가 있어 미래에셋 대비 불확실성이 높다.

지분 직접 보유형 3개 기업

회사	보유 경로	투자 시기	투자 금액	투자 당시 스페이스X 기업가치
미래에셋증권	미래에셋글로벌스페이스투자조합1호 등 2개 펀드 GP 겸 LP	2022년 7·12월, 2023년 6월	약 4,000억 원	약 1,250억~1,370억달러
미래에셋벤처투자	프로젝트펀드 LP	2023년	약 40억 원	약 1,370억달러
아주IB투자	미국 자회사 솔라스타벤처스를 통한 SPC	2023년 상반기	비공개	약 1,370억달러 추정

IPO 완료 후 '재료 소멸'에 대비하라

IPO가 완료되는 시점은 가장 강력한 재료 소멸 구간이다. 또한 보호예수 해제 후 미래에셋증권이 미래에셋벤처투자가 보유 지분을 매각하기 시작하면 스페이스X 주가에 작게나마 충격이 가해진다. 이 패턴은 LG에너지솔루션 상장 당일 LG화학 8.13% 하락, 두산로보틱스 상장 당일 두산 19% 이상 하락(이상 재료 소멸 원인), SK바이오팜 블록딜 다음날 주가 17.29% 하락(이상 매각 원인)[*]에서 이미 반복적으로 확인됐다.

---

[*] SK(대주주)가 2021년 2월 23일 장 마감 후 지분 860만주(11%)를 블록딜로 매각 공시, 다음 날 SK바이오팜 주가 폭락을 말한다. 다만, 미래에셋증권이나 아주IB투자의 지분율이 작아서 큰 충격은 없을 것이다.

세 종목 모두 이 패턴을 피해가기 어렵다. 특히 미래에셋벤처투자와 아주IB투자는 소형주라는 특성상 충격이 더 크게 나타날 수 있다.

수혜 구조 2: 공급망 편입으로 매출 연동형

이 구조의 본질은 스페이스X의 발사 횟수 및 로켓 생산 규모가 직접 매출로 이어진다는 점이다. 단, 수혜의 크기는 '몇 %를 납품하느냐'가 아니라 '장기 계약 구조인가'와 '1차 벤더인가 2차 벤더인가'에 달려 있다.

이 구조의 핵심 리스크는 스페이스X가 IPO 자금으로 수직 계열화(내재화)를 추진할 경우, 외부 공급사 의존도가 줄어들 수 있다는 점이다. 스피어의 장기 계약은 이 리스크를 일정 부분 일정 부분 상쇄하는 역할을 한다.

직접 공급망형: 발사 횟수 연동 경상 매출

종목명	스페이스X 공급 내용	수혜 성격
스피어 (코스닥 347700)	스페이스X와 10년(+3년 옵션) 장기 계약. 니켈·초합금 등 특수합금 공급. 계약 총액 약 1조 5,440억 원(~2035년)	가장 명시적·장기적인 매출 연동
에이치브이엠 (코스닥 295310)	2023년부터 스페이스X 1차 벤더사로 확인. Ti계·Ni계 특수금속(스퍼터링 타겟 등) 공급	매 분기 납품 실적 연동. 계약 규모 비공개
켄코아에어로스페이스(코스닥 274090)	미국 자회사 '캘리포니아 메탈(California Metal)'이 스페이스X에 티타늄·니켈 특수강 직납. 2024년 생산 능력 2배 확장 완료	미국 현지 법인 직납 구조로 환율 리스크 최소화
세아베스틸지주 (코스피 001430)	자회사 세아창원특수강이 스페이스X 특수합금 공급 협상 진행 중이라는 보도	계약 성사 여부 정확한 확인 없음

스피어: 가장 강력한 공급망 연동

스피어(코스닥 347700)는 현재 공개된 한국 기업 중 스페이스X와 가장 명시적인 장기 계약을 체결한 기업이다.

스피어는 원래 바이오 사업 구조를 영위하던 회사였으나, 2025년 3월 특수합금 전문 기업인 스피어코리아와의 합병을 통해 글로벌 우주항공 소재 공급망의 핵심 기업으로 전환했다. 발사체의 엔진 및 노즐 등 핵심 부품에 사용되는 고난도 특수합금을 글로벌 외주 생산 네트워크를 활용한 OEM 방식으로 제조해 공급하고 있다. 주요 소재는 니켈·코발트 기반 슈퍼합금이며, 스타십과 팰컨 9 등 발사체 엔진 핵심 부위에 투입된다.

스피어는 원가 경쟁력 확보 차원에서 인도네시아 니켈 제련소 지분 10%를 인수했다. 해당 제련소는 런던금속거래소 시세 대비 약 50% 수준으로 원재료를 조달함으로써 연간 수백억 원 규모의 비용 절감 효과를 거두고 있으며, 이는 우주산업의 문제점인 높은 제조 원가를 구조적으로 해결한 대표적 사례다.

스페이스X 납품 현황

스피어는 스페이스X와 10년 이상 장기 공급 계약(2026년 1월 1일~2035년 12월 31일)을 체결했다. 2025년 7월 체결한 계약을 통해 스피어는 니켈·초합금 등 고성능 특수합금을 공급하며, 초기연도 수요예측치인 1,544억 원을 기준으로 향후 10년간 총 수요예측 금액이 약 1조 5,440억 원에 이를 것으로 예상된다.

스피어는 2025년 연매출 956억 원을 달성했다. 이는 전년(약 26억 원) 대비 약 3,639% 성장한 수치로, 특수합금 B2B 공급 구조가 실제 매출로 연결됐음을 보여준다. 스피어의 매출을 분기별로 나누어 보면 흐름이 좀 더 구체적으로 드러난다.

2025년 상반기에 매출 407억원, 영업이익 64억원을 기록했고, 2025년 4분기에 매출 338억원, 영업이익 30억원을 기록했다. 주목할 점은 4분기 매출만 338억원으로, 상반기 6개월치(407억원)에 근접하는 수준이다. 스페이스X 공급 물량이 하반기로 갈수록 빠르게 집중되는 구조로 추정된다. 다만 4분기 영업이익률이 8.8%인 점이 주목된다.

2021~2024년 연속 적자에서 2025년 흑자전환에 이어 2026년 본격적인 이익 성장이 예상된다. 2025년 기준 스피어 전체 매출의 99% 이상이 우주항공 사업부문에서 발생했다. 2026년 공급 예정 물량은 772억원 규모이며, 2025년 말까지 공시한 수주금액은 1,157억원에 달한다. 2026년 성장은 스타십 양산 가속화에 따른 수주 물량 증가가 실제로 이익률 개선으로 이어지느냐에 달려 있다.

에이치브이이엠

에이치브이이엠(코스닥 295310)은 2012년 설립된 고청정 진공용해기술 기반 첨단금속 제조기업으로, 2024년 코스닥시장에 기술성장기업으로 상장했다. 최첨단 진공용해 설비를 자체 제작하여 고순도금속, 스퍼터링 타겟 및 특수금속 등을 제조하며, 2025년 서산 제2공장에서 국내 최대

VIM·VAR 시설을 도입했다.

Cu·Fe·Ni계 특수합금을 주력으로 생산하는 기업으로, 고청정 진공용해(VIM, VAR, ESR) 기반의 생산 역량을 보유하고 있다. Fe계 합금은 고강도를 요구하는 구조재에, Ni계 합금은 고내열성이 필요한 엔진 부품에 주로 적용되고 있다. 이 중 전량 수입에 의존하던 티타늄 합금을 국산화하는 데 성공한 것이 핵심 경쟁력이다.

스페이스X 납품 현황

2023년부터 스페이스X에 특수금속을 공급하고 있는 직접 협력사다. 스페이스X의 랩터 엔진에 들어가는 특수 금속 소재를 공급하며 실적 반전에 성공했다. 스페이스X 밸류체인에 직접 포함돼 있으나, 계약 규모나 기간이 스피어만큼 명확하게 공개되지는 않다.

에이치브이이엠은 전량 수입에 의존하던 티타늄 합금 등 첨단 소재의 국산화에 성공했으며, 2025년 말부터 스페이스X 공급 물량이 급격히 늘어나며 우주산업 매출 비중이 60%를 상회하고 있다.

2025년 3분기 누적 기준 우주 분야 매출은 241억원으로, 전체 매출(431억원)의 절반 이상을 차지했다. 이는 전년동기(62억원) 대비 약 3.8배 증가한 수치다.

실적 전망

2026년 사업부별 매출액은 기존 제품 129억원, 우주 703억원, 항공방위 122억원을 달성할 것으로 추정되며, 니켈 합금 등 고마진 우주 제품 공급 증가로 수익성이 개선될 것으로 전망된다. 2026년 총매출액 1,076억원, 영업이익 178억원이 전망되고 있다.

켄코아에어로스페이스: 스페이스X 직접 납품(캘리포니아메탈)

스페이스X, NASA, 보잉, 록히드마틴 등을 고객사로 확보하고 있으며 미국 조지아주 생산기지인 켄코아USA와 캘리포니아 원소재 공급기지를 통해 미국 우주항공산업에 직접 공급하고 있다.

스페이스X 납품 현황

사업 구조는 크게 세 축으로 이루어진다. 켄코아 한국 본사는 항공기 부품 가공·조립 및 MRO(정비·수리·개조) 서비스를 담당한다. 켄코아 USA는 글로벌 탑티어 기업 및 미국 국방부와의 계약을 통해 항공 엔진 관련 구조물과 부품을 생산한다.

주요 제품은 F-35 전투기 및 A-320 여객기의 엔진 부품이며, 우주발사체 사업도 진행 중이다. 캘리포니아메탈은 고부가가치 방산 및 우주항공 원소재를 생산하는 주요 거점으로, NASA, 스페이스X, 블루 오리진 등 주요 우주 기업을 대상으로 티타늄·니켈 특수강 등 원소재를 공급한다.

스페이스X에 대한 납품은 캘리포니아메탈이 직접 수행하는 구조다. 스피어·에이치브이엠이 특수합금 소재를 납품한다면, 켄코아는 원소재(티타늄·니켈 특수강)와 가공 부품을 미국 현지에서 직접 공급한다는 차별점이 있다.

납품 규모 및 수주잔고

켄코아에어로스페이스의 수주잔고는 2021년 5,920억원에서 2024년 말 기준 8,200억원으로 증가했으며, 2025년 말 9,300억원 규모로 증가할 것으로 전망된다. 매출 기준으로는 2021년 547억원 → 2022년 759억원 → 2023년 911억원으로 꾸준히 성장했다.

2024년 말 수주잔고를 고객사별로 보면 ST엔지니어링(57%), 프랫 앤 드 휘트니(10%), 록히드마틴(8%), 엠브라에르(7%) 등 글로벌 최상위 고객사들로 구성되어 매출 안정성이 높다.

스페이스X 직접 공급망 3사 비교

항목	스피어	에이치브이엠	켄코아에어로스페이스
상장 시장	코스닥	코스닥	코스닥
핵심 제품	니켈·코발트계 슈퍼합금	Cu·Fe·Ni·Ti계 특수금속	항공기 부품, 티타늄·니켈 원소재
납품 방식	스페이스X 직접 (Tier 1)	스페이스X 직접 (Tier 1)	자회사 캘리포니아메탈 경유 직접
납품 시작	2025년 (장기계약 체결)	2022년 말 (초도 납품)	미국 현지 법인 통해 공급 중
계약 규모	10년 약 1조5,440억원	정확한 금액은 비공개	수주잔고 8,200억원 이상
2026년 매출 전망	약 1,923억 원 (메리츠증권)	약 1,076억원 (흥국증권)	–
스페이스X 의존도	매우 높음 (매출의 약 88%)	높음 (우주 비중 60%↑)	낮음 (고객 분산)
주가 52주 변동폭	5,970원 → 54,000원	10,460 → 34,250원	9,610원 → 31,300원

스페이스X 테마를 타고 이미 훌쩍 상승한 주가

스피어, 에이치브이엠, 켄코아에어로스페이스 등 세 기업의 투자 매력과 리스크를 냉정하게 분석해보자.

강정과 약점

스피어는 스페이스X와 가장 강한 매출 연동성을 가지고 있으나 리스크도 가장 집중적이다. 지나친 주가 급등으로 투자경고 종목으로 지정되기도 했으며, 2025년 4분기 전체 매출의 많은 부분이 스페이스X 1개사를 대상으로 한 매출로, 해당 계약 조건 변경이나 정책 변화 시 즉각적인 실적 훼손이 발생할 수 있다. 단기간의 주가 상승으로 인하여 2026년 3월 기준으로 2026~2027년 실적까지 이미 주가에 선반영되어 있다.

에이치브이엠은 스페이스X 납품 레퍼런스를 2022년 말부터 쌓아온 선발 주자다. 2026년에 우주산업 관련 수주 잔고가 2배 이상 급증했고, 이를 통해 최소 3개 분기 상당의 수주 물량을 확보함으로써 첨단금속 생산 설비가 최대 가동 체제에 근접했다. 다만 2024년 상장 첫해에 실적 저조가 있었고, 2025년 연간 매출이 당초 기대치에 비해 120억원 가량 미달했다는 점도 리스크다.

켄코아에어로스페이스는 셋 중 스페이스X 의존도가 가장 낮고, 고객 분산이 이루어져 있어 안정성이 높다. ST엔지니어링, 록히드마틴, 프랫 앤드 휘트니 등 확정 수주잔고가 탄탄하며, 트럼프 미국 대통령이 미국 내 생산을 강조하면서 켄코아USA와 캘리포니아메탈의 역할이 중요해지고 있다. 반면 스페이스X 테마로서의 순수 모멘텀은 셋 중 가장 약하다.

공통 리스크 사항

세 기업 모두 스페이스X IPO 기대감으로 이미 주가가 크게 올라 있다. 스페이스X 상장이 지연되거나 조건이 시장 기대에 못 미칠 경우 주가 조정 가능성이 있다. 또한 스페이스X 밸류체인 기업들은 실적 성장 속도 대비 밸류에이션이 과도하게 앞서가는 상황이다.

　　스페이스X 테마를 타고 급등하는 주가에 덜썩 올라앉기 보다는 조정 국면이 오면 분할 매수를 기본으로 하여 분기 실적 확인 후 추가 대응하는 전략이 리스크를 줄이는 방법이다.

세아베스틸지주(세아창원특수강과 세아슈퍼알로이테크놀로지의 지주사)

세아창원특수강(비상장)은 2023년 이후 스페이스X와 특수합금 공급 계약을 협상 중인 것으로 알려졌으나, 세아베스틸지주(세아창원특수강은 세아베스틸지주의 비상장 자회사) 측은 구체적인 내용을 공개적으로 확인해준 바 없다. 2026년 상반기 기준, 공식 납품 계약 공시 역시 존재하지 않는다.

코스피에 상장된 세아베스틸지주는 연결 자산 규모가 2조 원을 넘는 중대형 상장사에 해당한다. 이러한 기업은 공시 규정상 단일판매·공급계약 공시 기준이 매출의 2.5% 이상으로 적용된다. 세아베스틸지주의 2024년 연결 기준 매출은 약 3.64조 원 수준이므로, 공시 대상이 되는 계약 규모는 대략 매출의 2.5%에 해당하는 약 900억~1,000억 원 수준으로 볼 수 있다. 즉, 특정 거래처와 이 정도 규모 이상의 공급계약을 체결할 경우 '단일판매·공급계약 체결' 공시를 통해 시장에 공개해야 한다.

그런데 현재까지 스페이스X 납품과 관련된 단일판매·공급계약 공시는 확인되지 않는다. 따라서 공개된 정보만을 기준으로 해석하면, 세아창원특수강이 스페이스X와 특수합금 공급 계약을 체결한 것으로 알려진 일부 보도는 스페이스X 납품 관련 내용이 약 900억~1,000억 원 수준을 충족하지 않았거나, 장기 공급 계약·다수 발주(200억×5회 등)거나, 아직 초기 단계일 가능성이 크다.

세아창원특수강은 섭씨 1,650도의 고온에서도 형상과 금속성질이 유지되는 초내열합금 생산 기술을 확보하고 있다. 초내열합금은 니켈과 코발트를 주원료로 하며, 극한의 온도와 압력을 견뎌야 하는 우주·항공기 엔진, 발전용 가스터빈 등의 부품 소재로 쓰인다.

또한 세아창원특수강은 KAI 주도의 컨소시엄에 참여해 2023년부터 이스라엘항공우주산업(IAI)에 제트기 G280용 윙스파 단조품을 공급하고 있다. 이 제품은 세아항공방산소재의 고강도 알루미늄과 세아창원특수강의 단조기술, 이 결합되어 개발된 것이다. 2024년에는 AL7136 합금 압출 소재를 국산화해 브라질 항공기 제작사인 엠브라에르(EMBRAER)에 납품하고 있다.

세아베스틸지주는 2024년 5월 텍사스 중부 템플시에 세아슈퍼알로이테크놀로지(SeAH Superalloy Technologies)를 설립하고 총 2,130억 원(세아베스틸지주 640억 원, 세아창원특수강 1,490억 원)을 투자해 연간 6,000톤 규모의 특수합금 생산 공장을 건설 중이다. 2026년 하반기 완공 및 상업 생산 개시를 목표로 하며, 항공우주·에너지 분야 북미 고객 공급을 주된 목적으로 한다.

세아슈퍼알로이테크놀로지는 방산·우주항공 분야의 수요가 많은 니켈 기반 초내열합금(superalloy)과 금속 분말(powder)을 주요 제품으로 설정하고 있다.* 스페이스X는 최근 전통적인 항공우주 합금 의존도를 줄이고 자체 합금과 3D 프린팅을 확대하고 있어, 합금 회사의 역할이 줄어들고 금속 분말 공급업체 역할이 커지고 있다.

게다가 세아슈퍼알로이테크놀로지가 위치한 곳이 북미 로켓·항공우주 공급망 진입 거점으로 불리는 텍사스[*]이고, 미국 항공우주·방산 산업은 미국 내 생산 소재를 선호하도록 만드는 구조이기 때문에 스페이스X에 관련되어 서사가 만들어지고, 이 서사가 세아베스틸지주의 주가를 끌어올리고 있다.

텍사스의 세아슈퍼알로이테크놀로지 공장. 2026년 하반기 가동 예정이다.

(출처: 세아슈퍼알로이테크놀로지 홈페이지)

---

[*] https://www.seahsuperalloys.com/superalloy-products

[*] 세아슈퍼알로이테크놀로지가 위치한 곳이 텍사스라는 것은 스페이스X와의 협상이 어느 정도 진행되었기 때문일 것이라는 증권사의 '추측성 분석'이 있다. 공시가 나오기 전까지는 보수적으로 판단해야 한다.

스타링크 공급망에 편입하는 국내 이동통신사

스타링크 위성 인터넷은 접시형 수신기로 위성과 직접 통신해 광대역 인터넷 접속을 제공하는 서비스이다. 지상 인터넷 망이 구축되지 않은 산간, 오지, 도서와 선박, 항공기, 기업 등이 이용한다. 전쟁으로 인해 기반 시설이 파괴된 우크라이나에서 스타링크 위성 인터넷은 국가 통신 인프라의 핵심 요소로 자리잡았다.

스페이스X는 2025년 12월 4일부터 한국에서 스타링크 서비스를 개시했다. 스타링크는 한국에서 단독으로 시장을 여는 것이 아니라 국내 여러 파트너사들과 협력 구조를 구축했다.

기업·공공·해상용 B2B 시장은 SK텔링크와 KT SAT이 담당하며, 두 회사는 스타링크의 공인 리셀러로 지정됐다. KT SAT은 자사 정지궤도(GEO) 위성과 스타링크 저궤도(LEO) 위성을 결합한 해상용 통합 패키지를 선보였으며, SK텔링크는 항만·에너지 기업 중심으로 적용 범위를 넓히고 있다.

국내의 스타링크 위성 인터넷 협력사

통신사	역할	주력 분야
SK텔링크	공인 리셀러	항만, 에너지, B2B
KT SAT	공인 리셀러	해상 선박, GEO+LEO 통합 패키지
LG유플러스	파트너십 검토 중	미확정

한국은 외국계 통신사가 직접 서비스할 수 없는 구조를 갖추고 있다. 네트워크 제공과 관련된 핵심 인프라가 국가안보, 주파수 관리, 소비자 보호와 밀접하게 연결되어 있기 때문에 해외 기업이 단독으로 시장에 들어오는 것이 허용되지 않는다. 스타링크가 한국 내 법인을 설립했음에도 불구하고 실제 서비스는 국내 통신사와 파트너십을 맺는 형태로만 가능하게 된 이유가 바로 여기에 있다.

또한 한국의 광케이블 보급률은 2025년 12월 기준 91%로 OECD 1위다. 따라서 일반 도심 소비자에게 스타링크 위성 인터넷의 가격 경쟁력은 제한적이다. 산간·도서·해상·항공 등 B2B 수요가 주요 타깃이다.

스타링크 공급망에 연계된 위성 인터넷 기업 투자

한국에서 스타링크 위성 인터넷 사업에 협력하는 SK텔링크와 KT SAT는 각각 SK텔레콤과 KT의 비상장 자회사로, 개인 투자자가 이들 회사에 직접 투자할 수 있는 방법은 없다. 스타링크 수혜를 기대한다면 모회사인 SK텔레콤 또는 KT 주식을 매수해야 하는 구조다.

그러나 SK텔링크의 2024년 전체 매출은 약 3,418억원으로 SK텔레콤 연결 매출(약 17조 9,406억원)의 1~2% 수준에 불과하며, KT SAT는 KT 연결 매출 대비 0.1%에도 미치지 못하는 것으로 추정된다. 또한 SK텔링크나 KT SAT은 스타링크 재판매 매출만 따지면 비중은 더 낮아진다. 결국 스타링크 한국 사업이 의미 있는 매출 규모로 성장하기 전까지는, 모회사 주가에 실질적인 영향을 주기 어렵다.

SK텔링크와 KT SAT의 모회사가 모두 통신·AI 사업 전반에서 실적을 내는 대형주라는 점에서 스페이스X 관련 수혜주로서의 위상이 약하다.

현재 사용하고 있는 LTE폰으로 위성 기반 휴대폰 연결 서비스를 이용하는 것이 스타링크 모바일(Direct to Cell)이다. 이것은 스타링크 위성을 지상의 기지국처럼 사용하는 것으로, 위성을 통해 이동통신망의 커버리지를 확장하는 서비스이다.

스타링크 모바일은 현지 이동통신사의 주파수를 사용해야 하기 때문에 통신사와의 파트너십이 필요하다. 따라서 한국에서 스타링크 모바일이 정착하려면 SK 텔레콤, KT, LG 유플러스 등 한국의 이동통신사와 협력이 필요하다.

한국은 지상 통신망 체계가 잘 갖추어져 있고, 재난 발생 위험도 낮아 스타링크 모바일의 성장 잠재력이 크지 않다. 스타링크 모바일은 한국에서 아직 서비스 시작 전 단계이며, 한국의 이동통신사와의 파트너십이나 주파수 협상도 공식적으로 진행되지 않은 상태이다. 스페이스X가 2세대 V3 위성을 배치해 스타링크 모바일의 품질을 높이는 2027년이 되면 국내 이동통신 3사가 위성 직결 연결을 부가서비스로 제공하는 것이 논의될 것으로 여겨진다.

수혜 구조 3: 산업 생태계 간접 수혜 — 밸류에이션 리레이팅형

이 구조는 스페이스X의 IPO가 다가오면서 전 세계적으로 '우주산업'이 자본시장의 주류 섹터로 편입되는 흐름 속에서, 한국의 우주항공 관련 기업 전반에 밸류에이션 재평가가 일어나는 수혜를 말한다. 스페이스X에 직접 납품하거나 지분을 보유하는 것과는 관계없이 섹터 전체에 '우주 프리미엄'이 붙는 구조다.

이 범주에 속하는 기업은 다음과 같다.

기업명	스페이스X 연관성
한국항공우주산업 (코스피 047810)	국내 유일 완제기 개발·제작사. 한화에어로와 공동 우주시장 진출 MOU
한화에어로스페이스 (코스피 012450)	누리호 체계종합기업. F-35 엔진 부품 공급.
한화시스템 (코스피 272210)	위성 관제·감시정찰 시스템, SAR 위성 사업 수행. 저궤도 위성통신 사업 진출 추진
LIG넥스원 (코스피 079550)	우주감시체계·정밀유도무기 전문. 우주물체감시 레이더 시스템 개발 참여
쎄트렉아이 (코스닥 099320)	위성 시스템 전문 개발사. 스타링크 확대로 저궤도 위성 수요 증가 직결
루미르 (코스닥 474170)	SAR 위성 전문. 2026년 자체 개발 0.3m 초고해상도 SAR 위성 LumirX 발사 예정. 민간 최초 누리호 부탑재위성 발사 성공
나라스페이스테크놀로지 (코스닥 478340)	초소형 위성 개발·운용사. 2023년 팰컨 9으로 옵저버-1A 발사 성공
이노스페이스 (코스닥 462350)	하이브리드 로켓 기술 보유 민간 발사체 기업
AP위성(코스닥 211270)	위성통신 단말기 및 모뎀 개발. 스타링크 수요 확대와 함께 성장 기대
인텔리안테크 (코스닥 189300)	위성통신 안테나 전문. 스타링크 가입자 증가 시 단말 장비 수요 직결
제노코 (코스닥 361390)	위성탑재체 X밴드 트랜스미터 국산화(720Mbps). 2025년 KAI 자회사 편입으로 항공전자 수직계열화 완성
그린광학 (코스닥 0015G0)	위성용 고해상도 광학 렌즈·비구면 반사경 제조. 미국 우주군(USSF)의 기술 검증·후보군 선발 프로그램 선정
센서뷰(코스닥 321370)	위성통신 안테나 기술 보유. 스페이스X 테마 단기 급등 이력

이 그룹은 스페이스X IPO로 인한 수혜가 주가에 선반영되기 쉽지만, 실적으로 연결되는 속도는 느리다.

한국항공우주·KAI: 차세대 중형위성, 신고가 기록

한국항공우주산업(KAI)은 한국 방위산업과 우주산업의 핵심 기업으로, FA-50 경전투기, KF-21 보라매, KUH-1 수리온 헬기, 그리고 다양한 위성 시스템을 제조한다. 우주 분야에서는 차세대 중형위성(CAS500) 시리즈를 개발하고 있으며, 다수의 위성 수출 계약을 협의 중인 것으로 알려졌다.

KAI의 투자 포인트는 방산과 우주의 시너지이다. KF-21 양산 계약으로 방산 부문의 안정적인 성장이 예상되는 가운데, 위성 수출이 추가 성장 동력이 될 수 있다. 특히 UAE, 사우디아라비아 등 중동 국가들의 위성 기술 자립 수요와 KAI의 기술력이 결합되면 대규모 위성 수출 계약이 체결될 가능성이 있다. 다만 KAI는 우주 매출 비중이 전체의 10% 미만으로 아직 낮으며, 주가는 방산 실적에 더 크게 영향을 받는다.

한화에어로스페이스: 우주+방산 시너지

한화에어로스페이스는 항공기 엔진, 방산 시스템, 그리고 우주 발사체와 위성 사업을 영위하는 복합 항공우주·방산 기업이다. 우주 분야에서는 한국형 발사체 누리호(KSLV-II)의 핵심 부품 제조사로 참여하였으며, 차세대 발사체 개발에도 주요 역할을 담당할 예정이다. 또한 한국형 위성항법 시스템(KPS)과 국가안보 위성 사업에도 참여하고 있다.

한화에어로스페이스의 강점은 그룹사 시너지이다. 한화그룹의 방산, 에너지, 우주 사업이 서로 긴밀하게 연결되어 있으며, 한화시스템, 한화오션 등 계열사와의 협력으로 우주·방산 사업의 수직 통합 효과가 나타난다. 2025년에는 우주 관련 수주가 크게 늘어나며 주가가 신고가를 경신하였다는 보도가 있었다.

한화시스템: 위성통신·SAR 위성

한화시스템은 방산 전자 시스템과 ICT 사업을 영위하며, 우주 분야에서는 위성통신 시스템과 합성개구레이다(Synthetic Aperture Radar, SAR) 위성 개발을 추진하고 있다. SAR 위성은 주야간, 전천후 지구 관측이 가능한 위성으로 군사 정찰과 재난 감시에 핵심적이다.

한화시스템은 '한국판 스타링크'로 불리는 K-LEO 사업의 유력 주자로 부상하고 있다. 2026년 1월 캐나다 MDA Space, Telesat과 각각 MOU를 체결해 기술 협력을 진행하고 있고, 2025년 3월에는 한국전자통신연구원(ETRI)과 '6G 저궤도 위성통신 시스템 기술개발' MOU를 맺고 독자 기술을 통한 통신 주권 확보에도 나서고 있다.

LIG넥스원: 위성 지상체계

LIG넥스원은 유도 무기, 전자전 시스템, 위성 지상체계 등 방산 전자 시스템 전문 기업이다. 위성 지상체계란 위성과 지상 사이의 통신을 관리하고 위성 데이터를 수신·처리하는 인프라로, 위성 수 증가, 실시간성 요구, 군사용 보안 등이 많아질수록 지상체계의 수요도 증가한다.

한국형 위성항법 시스템, 정찰 위성 증가 등은 모두 위성 지상체계 수요 증가로 이어진다. LIG넥스원은 미사일 사업의 강력한 수주 잔고를 기반으로 안정적인 실적을 유지하고 있으며, 위성 지상체계가 추가 성장 동력으로 부각되고 있다.

쎄트렉아이: 지구관측 위성, 수출 확대

쎄트렉아이는 한국과학기술원(KAIST) 위성연구센터 출신 연구자들이 창업한 소형 위성 전문 기업으로, 지구 관측 위성의 설계, 제조, 발사 후 운용까지 전 과정을 담당한다. 아랍에미리트(UAE), 말레이시아, 스페인 등에 위성을 수출하며 글로벌 소형 위성 시장에서 경쟁력을 인정받고 있다.

쎄트렉아이는 한국 민간 우주 기업 중 가장 오랜 역사와 해외 수출 실적을 가진 기업이다. 스페이스X IPO가 전 세계 위성 산업에 대한 관심을 높이면, 쎄트렉아이와 같은 위성 제조 전문 기업도 글로벌 수요 확대의 수혜를 받을 수 있다.

스페이스X 수혜주로 인식되어 52주간 최저 38,250원에서 최대 231,000원까지 상승하는 등 쎄트렉아이는 시가총액 규모가 크지 않아 수주 소식 하나에 주가가 크게 반응하는 변동성이 있다.

미국과 한국의 우주 급등주에서 공통으로 나타난 현상: 플래닛랩스와 쎄트렉아이

2025년 미국 증시에서 **플래닛랩스는 한 해 동안 388% 상승**했다. 한국 증시에서는 **쎄트렉아이가 2024년 말부터 2026년 3월 중순까지 약 300% 급등**했다. 두 기업은 국가도 다르고 규모도 다르지만, 투자자들이 열광한 이유의 뿌리는 같다. 두 기업 모두 위성을 제조하고, 그 위성으로 지구를 촬영하며, 촬영한 데이터를 판매한다는 사업 구조를 공유한다.

그러나 같은 구조를 가졌다고 해서 동일한 비즈니스 모델은 아니다. 두 기업의 차이를 정확히 이해하는 것이 투자자에게 더 중요한 정보다.

주가 급등의 공통 요인: 위성 데이터의 가치 재평가

플래닛랩스와 쎄트렉아이가 시장의 주목을 받은 배경에는 위성 데이터의 가치가 재평가되는 흐름이 있다. AI 분석 기술이 발전하면서 위성 영상은 단순한 사진이 아니라 농업·군사·기후·도시개발 등 수많은 분야에서 의사결정을 돕는 인텔리전스 데이터로 진화했다.

우크라이나−러시아 전쟁을 계기로 방산·정보 기관의 위성 영상 수요가 폭발적으로 증가했고, 스페이스X의 발사 비용 혁신으로 위성 군집 구축 비용이 낮아졌다. 이 세 가지 흐름이 맞물리면서 위성 데이터 관련 기업 전반에 대한 밸류에이션이 급격히 높아졌다.

구조는 같지만 본질은 다르다

두 기업을 비교해보면 다음과 같다.

구분	쎄트렉아이	플래닛랩스
핵심 정체성	위성 회사+데이터 사업 추가	데이터 회사+위성은 수단
주력 매출원	위성 제조·납품(프로젝트형)	데이터 구독(SaaS형)
데이터 사업 단계	성장 중인 부가 사업	창업 목적이자 핵심 사업
매출 구조	납품 완료 시 인식(불규칙)	구독 갱신(반복·예측 가능)

쎄트렉아이는 위성 본체·탑재체·지상국까지 설계·제작해 해외 정부·기업에 납품하는 것이 본업이다. 여기서 매출의 대부분이 발생한다. 자체 위성인 SpaceEye-T를 통해 고해상도 영상을 정부·군·기업에 판매하는 사업과 AI 분석 자회사(SI Analytics)를 통한 서비스도 운영하지만, 현재는 '본격화를 시작하는 단계'다.

플래닛랩스는 처음부터 데이터 판매를 목적으로 위성을 만든다. 위성은 수단이고 데이터 구독 서비스가 목적이다. 반복 갱신되는 구독 계약 비율이 97%에 달하며, 이 구조 때문에 수익의 예측 가능성이 높다.

밸류에이션이 다르게 붙는 이유

시장은 같은 '위성+데이터' 기업이라도 매출 구조에 따라 전혀 다른 배수를 적용한다. 플래닛랩스처럼 구독형 반복 매출(SaaS) 구조를 가진 기업은 성장주 프리미엄을 받는다. 반면 쎄트렉아이처럼 프로젝트형 납품 매출이 주력인 기업은 수주 잔고와 납품 일정에 따라 실적이 들쑥날쑥하기 때문에 시장이 안정적인 프리미엄을 부여하기 어렵다. 쎄트렉아이의 주가 급등은 '우주 섹터에 대한 관심도 증가'와 '데이터 사업 확장 기대감'이 선반영된 결과로 해석해야 한다.

투자자가 확인해야 할 핵심 질문

결국 두 기업의 급등 패턴에서 투자자가 얻어야 할 교훈은 하나다. 같은 테마주라도 매출이 어디서 어떤 방식으로 발생하느냐가 기업의 본질을 가른다. 쎄트렉아이가 플래닛랩스처럼 '데이터 중심 기업'으로 전환하는 데 성공한다면 밸류에이션은 지금보다 훨씬 높아질 수 있다.

그러나 데이터 사업이 여전히 위성 납품에 종속된 부가 사업 수준에 머문다면, 주가 급등은 기대 선반영에 따른 단기 현상에 그칠 수 있다. 투자 판단의 핵심은 테마가 아니라 사업 구조의 전환 속도와 방향이다.

루미르: SAR 위성 전문, 초고해상도 지구관측

루미르는 2009년 설립된 위성 전장품 및 탑재체(SAR 합성개구레이더 포함) 중심 기업으로, 2024년 코스닥에 상장했다. 주야간·전천후 지구관측이 가능한 SAR 위성시스템의 설계·제조와 위성 영상·정보 서비스가 핵심 사업이다.

국가 주력 위성인 차세대중형위성 시리즈 1호부터 5호까지 모두 참여했으며, 5호에서는 임무 탑재체인 C밴드 영상레이다를 수주했다. 2023년에는 민간 기업 최초로 누리호 3차 부탑재위성 LUMIR-T1을 발사에 성공하며 위성 전장품 국산화 역량을 입증했다. 2026년 상반기에 자체 개발한 초고해상도 SAR 위성 LumirX 1호기를 발사할 예정이며, 2030년까지 18기 군집위성 시스템 구축을 목표로 한다.

루미르는 매출의 약 75%가 위성 부품/전장품에서 발생하는 구조다. 2025년은 국가위성사업 발주가 지연되면서 매출이 전년 대비 감소했으나, 2026년 우주항공청 예산 증가와 LumirX 발사를 기점으로 흑자 전환이 기대된다.

나라스페이스테크놀로지: 초소형 위성 양산, 아르테미스 탑재

나라스페이스테크놀로지는 초소형 인공위성의 개발·제작 및 운용부터 인공위성 데이터 분석 서비스까지 우주산업의 전반에 걸쳐 서비스를 제공하는 전문기업이다. 매출의 약 70%가 위성 플랫폼 제작 사업에서 발생한다. 월 1기 수준의 위성 제작 능력을 갖추고 있으며, 2031년까지 84기 규모의 군집 위성 구축을 목표로 하고 있다.

가장 주목할 점은 NASA의 아르테미스 2호 유인 달탐사선에 탑재되는 큐브위성 'K-라드큐브(K-RadCube)'다. 이 위성은 나라스페이스테크놀로지가 개발하고 KT SAT이 운영을 담당한다. 삼성전자와 SK하이닉스의 반도체 칩이 실려 밴앨런 복사대*에서 우주 방사선이 반도체에 미치는 영향을 실측하게 된다. 이를 통해 한국 반도체의 우주 환경 내구성 데이터를 확보하는 역사적 임무에 참여하는 셈이다.

이노스페이스: 민간 발사체 상업화 선두

이노스페이스는 하이브리드 소형 발사체 전문 기업으로, 2024년 기술성장기업 특례로 코스닥에 상장했다. 2023년 국내 민간 기업 최초로 독자 개발 시험발사체 '한빛-TLV'를 성공적으로 발사하며, 국내 우주 스타트업 중 가장 앞선 발사체 기술 실증 이력을 확보했다. 독자 개발한 하이브리드 로켓엔진과 전기 펌프 기술을 핵심 경쟁력으로 보유하고 있다.

이노스페이스가 노리는 시장은 소형위성 전용 발사 서비스다. 전 세계 위성 발사 수요의 70~80%가 소형위성에서 발생한다. 스페이스X가 스타십으로 대형 위성을 대량 투입하는 데 집중할수록, 소형 보조위성이나 특수 궤도 투입을 위한 전용 소형 발사체의 수요는 오히려 증가하는 구조다. 다만 아직 상업 발사 실적이 없으며, 2025년 3분기 누적 영업손실이 전년 동기 대비 179% 확대되는 등 흑자 전환까지는 시간이 필요한 단계다.

구조적 수혜의 핵심 시사점

스페이스X IPO를 둘러싼 한국 기업의 수혜 구조에서 가장 중요한 점은 '수혜의 성격이 기업마다 근본적으로 다르다'는 점이다.

미래에셋벤처투자의 수혜는 IPO 시점에 장부가치가 현금화되는 일회성 이벤트+주가 재평가의 복합 구조다. 스피어·에이치브이엠의 수혜는 스페이스X의 발사 횟수가 늘어날수록 매 분기 매출이 증가하는 경상적 수혜다. 한화에어로스페이스·쎄트렉아이 등의 수혜는 글로벌 투자자가 우주산업을 바라보는 시각이 바뀌면서 생기는 밸류에이션 재평가로, 실적 연동성보다 심리적·섹터 차원의 영향이 크다.

생태계 간접형은 스페이스X IPO가 없더라도 우주산업 성장이라는 중장기 모멘텀이 독립적으로 존재한다는 점에서, 단순 테마주와는 구별해서 볼 필요가 있다. 다만 이 **구조의 기업들은 스페이스X IPO 기대감이 이미 주가에 상당 부분 선반영되어 있을 가능성이 높다는 점을 주의해야** 한다.

한국의 우주 관련 ETF

한국 주식시장에서도 우주 관련 종목들을 모아놓은 ETF 상품이 출시되어 있다. 주요 자산운용사들이 한국항공우주, 한화에어로스페이스, 한화시스템, 쎄트렉아이 등을 주요 편입 종목으로 하는 우주·방산 테마 ETF를 운용하고 있다.

이러한 ETF는 개별 종목 리스크를 분산하면서 국내 우주 섹터 전반에 노출될 수 있는 수단이다. 다만 편입 종목 중 실제 우주 매출 비중이 높은 기업의 비율이 얼마나 되는지를 확인해야 하며, 방산 대형주와 혼재된 경우 순수한 우주 노출 효과가 희석될 수 있다.

국내 주식형(한국 우주 항공 기업 중심) ETF

이 ETF들은 한국항공우주, 한화에어로스페이스, 한국항공우주, 쎄트렉아이 등 국내 우주·방산 기업에 집중 투자한다.

국내 주식을 대상으로 하는 우주 관련 ETF

구분	PLUS 우주항공&UAM	TIGER K방산&우주
종목코드	421320	463250
운용사	한화자산운용	미래에셋자산운용
상장일	2022.03.29	2023.07.24
총보수(연)	0.45%	0.45%
순자산	3,571억 원(2026.03.17)	8,738억 원(2026.03.17)
기초지수	iSelect 우주항공UAM	iSelect 우주방산
투자 대상	국내 우주항공·UAM 기업	국내 우주·방산 기업
주요 편입 종목	한국항공우주, 인텔리안테크, 대한항공, 쎄트렉아이, 한화에어로스페이스	한화에어로스페이스, 한국항공우주, 한화시스템, LIG넥스원 등 국내 우주방산 기업
특징	국내 최초 우주항공 ETF. 종목비중 10% 상한 적용	iSelect 우주방산 지수 추종. 방산+우주 혼합형

미국과 유럽의 우주테크 기업(로켓랩, RTX 등)에 투자하며, 스페이스X IPO에 관련된 수혜 기대를 받고 있다. 2026년 3월 상장된 삼성자산운용의 'KODEX 미국우주항공' ETF는 100% 우주 핵심 기업들에 투자한다는 점에서 방위산업이나 항공 등에도 투자하는 기존의 ETF와 차별화된다.

미국 증시에 상장된 로켓랩, AST스페이스모바일, 인튜이티브머신즈, 크라토스디펜스, 플래닛랩스 등 로켓발사체, 위성인터넷, 우주방위, 첨단소재 부품까지 우주산업의 성장 분야에 집중 투자한다. 특히 스페이스X 상장 시 특별 편입을 고지하고 있다.

글로벌 우주 관련 주식을 대상으로 하는 한국 ETF (1)

구분	KODEX 미국우주항공	TIMEFOLIO 글로벌우주테크&방산액티브
종목코드	0167Z0	478150
운용사	삼성자산운용	타임폴리오자산운용
상장일	2026.03.17	2024.04.23
총보수(연)	0.55%	0.80%
순자산	–	2,321억원 (2025.12.24)
기초지수	iSelect 미국우주항공지수	액티브(지수 없음)
투자 대상	미국 우주항공 기업 (발사체, 위성, 방위 등 밸류체인 전반, New Space 중심)	글로벌 우주테크+방산 (미국 60%, 유럽 30%, 한국 10%)
주요 편입 종목	**스페이스X 상장 시 최대 25% 특별 편입 예정,** 로켓랩 17.16%, AST 스페이스모바일 15.28%, 인튜이티브 머신스 9.37% 등	로켓랩 8.84%, RTX 8.37%, GE에어로스페이스 7.31%, Honeywell 5.09%, Rolls-Royce 5.08%
특징	우주산업 순도 100% 포트폴리오	액티브 운용. 총보수 가장 높음

글로벌 우주 관련 주식을 대상으로 하는 한국 ETF (2)

구분	WON 미국우주항공방산	1Q 미국우주항공테크
종목코드	440910	0131V0
운용사	우리자산운용	하나자산운용
상장일	2022.08.26	2025.11.25
총보수(연)	0.35%	0.49%
순자산	833억원 (2026.03.15 기준)	5,000억 원 이상 (2026년 2월 11일 기준)
기초지수	S&P Aerospace & Defense Select Industry Index(PR)	Akros 미국우주항공테크지수
투자 대상	미국 우주·방산 전 분야 34종목 분산	미국 우주·항공테크 핵심 기업 12개 집중
주요 편입 종목	AAR Corp, AeroVironment, Archer Aviation, Astronics 등 미국 우주방산 전 분야	로켓랩·조비에비에이션 각 ~16%, 팔란티어, GE에어로스페이스, AST스페이스모바일, 아처에비에이션
특징	순수 우주 스타트업보다 전통 방산 기업 비중이 높음	**스페이스X 상장 시 해당 ETF는 최대 비중으로 즉시 편입 예정**

투자 시 유의사항

국내 주식형(PLUS, TIGER)은 한국 우주항공 기업에만 투자하므로 순수하게 스페이스X IPO와는 거리가 멀다. 스페이스X 상장시 즉시 편입을 고지하는 KODEX 미국우주항공, 1Q 미국우주항공테크가 더 직접적이다.

TIMEFOLIO는 액티브 운용으로 총보수(0.80%)가 높지만, 매니저의 종목 선택 재량이 넓다. WON 미국우주항공방산은 총보수(0.35%)가 가장 낮고 34종목에 분산투자하는 구조다. 1Q 미국우주항공테크는 12개 종목 집중투자 방식으로 변동성이 상대적으로 크지만 스페이스X 상장 시 최대 비중으로 즉시 편입할 예정이라는 강점이 있다.

Chapter 16

스페이스X 100만 기 위성 배치에 따른 우주 경제 확산 시나리오

2026년 1월 30일 스페이스X는 FCC(미국 연방통신위원회)에 최대 100만 기의 우주 데이터센터 위성 배치 허가 신청서를 제출했다. 위성은 고도 500~2,000km의 다중 궤도 셀에 배치되며, 태양동기궤도에서 99% 이상 일조를 확보해 태양광 발전으로 AI 연산을 수행한다. 위성 간 통신은 레이저 광링크를 주축으로 한다. 방열은 방사식 라디에이터 패널로 처리하고, 운용 수명은 약 5년으로 설계되었다. 이 프로젝트는 xAI 합병 이후 스페이스X의 발사체-통신-AI 연산 수직 통합 전략의 핵심 축이다.

이 시나리오가 실제로 진행된다고 가정하면 지금까지와는 다른 새로운 우주 경제가 열린다. 게다가 스페이스X의 위성 배치를 가만히 앉아서 볼 수 없는 경쟁자들 즉, 블루 오리진, 엔비디아, 아마존 LEO, OpenAI, 구글과 같은 빅테크뿐만 아니라 Starcloud, Axiom Space과 같은 스타트업 중에서 어느 하나라도 비슷한 사업을 추진하기 시작하면 우주 데이터센터는 완전히 다른 차원의 우주 경제를 창출하게 된다. 블루 오리진은 실제로 2026년 3월, 최대 51,600기의 위성을 배치해 우주 데이터센터를 구축하는 '프로젝트 선라이즈'를 FCC에 신청한 상태이다.

우주 데이터센터 구축 시나리오가 현실화된다고 가정하고, 우주 데이터센터용 위성과 발사체에 사용되는 핵심 기술과 부품을 카테고리로 분류한 다음, 각 카테고리별로 한국의 코스피·코스닥 상장사 중 우주 데이터센터 공급망 편입 또는 매출 수혜가 기대되는 기업을 살펴본다. 여기에서 살펴볼 기업들은 스페이스X의 100만 기 위성 배치 시나리오가 현실화되지 못하더라도 우주 데이터센터에 관한 서사가 나올 때마다 언급되면서 주가 탄력성이 커질 것이다(지금도 그러하고 있다. 탄력성은 상하방으로 모두 작용한다).

> 각 기업이 영위하는 사업별로 기업이 중복해서 나타날 수 있다. 또한 각 기업이 해당 사업을 영위하고 있다고 해서 반드시 우주 데이터센터와 관련된 의미 있는 매출을 달성한다는 보장은 없음에 유의한다.

▌ 발사체와 위성 관련 하드웨어 분야

특수합금·초내열합금(발사체와 위성 구조체)

100만 기 위성의 구조체, 방열 라디에이터 프레임, 추진기관 부품에는 니켈 기반 초합금(인코넬 계열), 티타늄 합금, 스테인리스 특수강 등이 대량으로 필요하다.

스타십 자체도 스테인리스 304L 기반이며, 위성 탑재체 마운트와 열교환 배관에는 고내열·내식성 합금이 투입된다. 연간 수십만~수백만 톤 규모의 특수합금 수요가 발생할 수 있다.

특수합금·초내열합금 기업

기업명	핵심 기술·제품	스페이스X 연관성 및 수혜 논리
스피어 (코스닥 347700)	우주항공 특수합금 글로벌 SCM, 니켈·초합금 공급	스페이스X 5대 Tier 1 공급사(아시아 유일). 2023년 벤더코드 확보 후 10년 이상 장기공급 계약 체결. 니켈·초합금 등 고성능 특수합금을 OEM 방식으로 공급. 발사 빈도 확대 시 실적 직결 구조.
에이치브이엠 (코스닥 295310)	진공용해 기반 고순도 특수금속, VIM/VAR 설비 보유	2023년부터 스페이스X에 특수금속을 직접 공급하는 협력사. 우주항공·방산용 고강도 특수합금과 티타늄 소재 제조. 서산 제2공장에 국내 최대 VIM·VAR 시설 도입.
세아베스틸지주 (코스피 001430)	탄소합금 특수강·스테인리스 특수강 생산	자회사 세아창원특수강이 미국 텍사스주에 SST 공장(연 6,000톤) 건설, 2026년 Q3 풀가동 예정. 세아항공방산소재를 통한 우주용 초내열합금 시장 진출.

경량 복합소재

100만 기 위성의 구조체(버스)에는 알루미늄-리튬 합금, 탄소섬유 강화 복합소재(CFRP), 티타늄 등 경량 고강도 소재가 사용된다. 대형 태양전지 패널과 방열 라디에이터를 전개하기 위한 힌지·액추에이터·전개 메커니즘도 필수다. 스타십 1회 발사 시 60기 이상의 대형 위성을 탑재하므로 경량화가 경제성의 핵심 변수다.

위성 구조체·경량 복합소재 기업

기업명	핵심 기술·제품	스페이스X 연관성 및 수혜 논리
켄코아에어로스페이스(코스닥 274090)	항공우주 구조물 제조, NASA 아르테미스 참여	NASA 아르테미스 유인달탐사 엔진섹션·탱크 디테일 파트 생산. 글로벌 항공 업체와 파트너십. 우주 발사체·위성 구조체 부품 공급 역량.
한화에어로스페이스(코스피 012450)	항공엔진·위성 부품, 발사체 구조체	한화 그룹 우주항공 핵심사. 위성 구조체·추진시스템 관련 기술. 누리호 엔진 개발 참여. 위성 대량 생산 시대의 구조체 공급 잠재력.
한국항공우주(KAI)(코스피, 047810)	항공기·위성 설계제작, 위성구조체 조립	다목적 실용위성 구조체·위성 조립 실적. 누리호 1단 탱크·동체 결합 담당. 대규모 위성 양산 시 시스템 통합 역할 기대.
현대로템(코스피, 064350)	방산·철도에서 항공우주 분야로 사업 확대	우주발사체용 메탄 엔진 및 초음속·극초음속 램제트 엔진 생산·시험·연구 통합 공장 건설 추진. 향후 민간 발사체 시장 및 국방용 고속 추진체계 확대 수혜 기대.

태양전지·태양광 패널(위성 전력 공급)

인공위성과 우주 정거장의 거의 유일하고 절대적인 동력원은 태양광 발전이다. 스타링크 v2 위성의 경우, 단일 위성당 무려 105m² 크기의 거대한 태양광 전지판 배열(Solar Array)을 장착하고 있다. 수천에서 수만 개의 위성이 LEO에 연속적으로 배치됨에 따라 고효율, 초경량, 내방사선 태양광 셀에 대한 우주 시장의 수요는 폭증하고 있다.

한화솔루션 등 최고 수준의 태양광 기술력을 보유한 기업이 축적한 고성능 태양광 셀 기술은 우주 에너지 솔루션으로의 전용 및 부가가치 창출 가능성이 매우 크게 열려 있다.

우주 데이터센터 위성은 태양동기궤도에서 99% 이상 일조 환경을 활용해 태양광으로 전력을 확보한다. 기존 위성에 쓰이는 갈륨–비소(GaAs)

다중접합 태양전지 외에, 차세대 페로브스카이트 태양전지가 주목받고 있다. 페로브스카이트 태양전지는 경량성, 방사선 내구성, 낮은 생산단가가 장점이며, 스타십의 kg당 발사 비용 하락(~100달러)과 맞물려 대규모 위성이 배치되기 시작하면 태양광 패널 수요가 폭증할 수 있다.

태양전지·태양광 패널 기업

기업명	핵심 기술·제품	우주 데이터센터 연관성 및 수혜 논리
한화솔루션 (코스피 009830)	태양광 셀·모듈 통합 생산, 페로브스카이트 탠덤 셀 개발	미국 조지아 카터스빌에 잉곳~모듈 통합 생산단지 보유. 테슬라에 장기 태양광 패널 공급 이력. 페로브스카이트 탠덤 셀은 방사선 내구성·에너지 전환 효율이 높아 우주 환경 적합. 2026년 3월 17일 우주 AI 데이터센터 기대감으로 10%대 상승.
OCI홀딩스 (코스피 010060)	폴리실리콘 제조, 태양광 소재	태양광 핵심 원재료 폴리실리콘 대량 공급 가능. 스페이스X 우주 데이터센터 발표 이후 30% 급등. 대규모 위성 태양전지 패널 수요 시 소재 측면 수혜.
주성엔지니어링 (코스닥 036930)	차세대 탠덤 태양전지의 35% 효율 장비 개발	페로브스카이트 태양전지 핵심 장비인 ALD 양산 출하. 원자층성장(ALG) 기술을 통한 반도체 및 태양광 고객 확보로 시장 확대 전망.
유니테스트 (코스닥 086390)	페로브스카이트 태양전지 장비,	페로브스카이트 태양전지 양산 장비 핵심 공급. 차세대 우주용 태양전지 양산 확대 시 장비 수요 수혜.
SDN (코스닥 099220)	태양광 발전시스템, 모듈 제조·EPC	태양광 모듈 제조 및 발전소 EPC 역량 보유. 우주용은 아직 미진입이나 양산 기반 기술력 활용 가능.

배터리·전력관리 시스템

태양동기궤도 위성은 99% 이상 일조를 확보하지만, 저궤도 위성은 90분 주기로 지구 그림자를 통과하므로 최소한의 배터리가 필요하다. 리튬이온 배터리, 리튬일차전지(비충전식), 전력변환장치(PCDU) 등이 수요 품목이다. 100만 기 규모에서는 소형이라도 총량이 막대하다.

배터리·전력관리 시스템 기업

기업명	핵심 기술·제품	우주 데이터센터 연관성 및 수혜 논리
비츠로셀 (코스닥 082920)	리튬일차전지(군용 ·우주용 특수전지)	글로벌 리튬일차전지 전문. 방위사업청 166억 원 리튬전지 공급계약(2025년). 군사용·위성용 특수 환경 전지 기술 보유. 위성 백업 전원·비상 전지 수요.
LG에너지솔루션 (코스피 373220)	리튬이온 배터리, 우주용 고밀도 셀	스페이스X 차세대 우주선 배터리 공급 가능성 거론. 원통형 배터리·ESS 기술 세계 선도. 100만 기 위성 배터리 규모의 경제 실현 시 핵심 공급사 후보.
비츠로테크 (코스닥 042370)	전력제어장치(PCS ·전력기기)	전력의 생산·공급에 필요한 전기제어장치 전문. 위성 전력관리장치(PCDU) 기술 연계 가능. 비츠로셀(리튬전지)의 모회사.

열관리·방열 시스템(방사식 라디에이터)

우주에서는 대류가 없어 방열이 오직 복사(radiation)에 의존한다. 1GW 급 데이터센터 위성 한 기에 약 83,000m²의 방열판이 필요하다는 추산이 있을 정도로 열관리가 최대 기술 병목이다.

업계 분석가들은 이 열관리 문제를 발사 비용 절감보다 더 어려운 과제로 보고 있으며, 신소재 방열판이나 저전력 맞춤형 칩 없이는 우주 데이터센터의 경제성이 성립하지 않는다고 지적한다. 대면적 경량 방열판, 히트파이프, 열전도 소재, 나노 방열 코팅 등이 핵심 수요 품목이다.

열관리·방열 시스템 기업

기업명	핵심 기술·제품	우주 데이터센터 연관성 및 수혜 논리
나노팀 (코스닥 417010)	나노 세라믹 방열 소재(알루미나 기반 세라믹 코팅)	전기차 배터리 방열 소재에서 출발해 우주선용 방열 소재 공급 기대감으로 주목. 대전 신공장(연 1.2만 톤) 가동. 세라믹 나노코팅 기술은 우주 환경 열복사 효율 향상에 적용 가능성.

| 이녹스첨단소재
(코스닥 272290) | 고성능 방열
부품·소재,
FPCB·열전도 시트 | IT·전자기기 방열 소재 전문. 고열전도 그래파이트
시트, 방열 테이프 등 보유. 위성 탑재 전자장비
열관리 부품 공급 가능성. |
| 한국카본
(코스피 017960) | 탄소섬유 복합소재,
MLI 단열 시스템 | 극저온~초고온 극한 환경 복합소재 기술 보유.
MLI(Multi-Layer Insulation) 단열 시스템 개발
완료. 위성 열차폐·단열 구조물에 적용 가능. JEC
WORLD 2026에서 'Extreme Environments'
주제로 전시. |

RF 반도체·위성통신 안테나

우주 데이터센터 위성의 데이터 입출력은 위성 간 레이저 광링크를 통해 스타링크 위성 메시 네트워크로 중계된 뒤, 기존 스타링크 지상국(게이트웨이)을 경유해 지상 인터넷과 연결된다.

Ka밴드[*] RF는 위성의 원격측정·추적·명령 백업 용도로만 운용되며, 개별 사용자가 이 위성에 직접 접속하는 구조가 아니다. 다만 100만 기 위성 각각에 TT&C용 Ka밴드 RF 송수신 모듈이 탑재되므로, RF 부품[**] 자체의 총량 수요는 막대하다. 또한 우주 데이터센터가 가동되면 스타링크 지상국 게이트웨이의 처리 용량 확충이 필요하며, 이에 따른 지상 인프라

---

[*]　　Ka밴드는 위성통신에 사용되는 전자기파의 주파수 대역 이름이다. 26.5~40GHz 범위의 마이크로파를 가리킨다.

[**]　　RF 반도체는 Radio Frequency(무선주파수) 신호를 생성·증폭·수신·처리하는 반도체 칩이다. 일반 반도체(CPU, 메모리 등)가 디지털 데이터를 계산·저장하는 것과 달리, RF 반도체는 전자기파를 다루는 데 특화되어 있다. 위성이 지상국과 무선으로 데이터를 주고받으려면, 디지털 신호를 Ka밴드(26.5~40GHz) 같은 고주파 전자기파로 변환해 송출하고, 수신된 전자기파를 다시 디지털 신호로 복원해야 한다. 이 과정의 핵심 부품이 RF 반도체다.

수요도 발생한다.

RF 반도체·위성통신 안테나 기업

기업명	핵심 기술·제품	우주 데이터센터 연관성 및 수혜 논리
인텔리안테크 (코스닥 189300)	이동체 위성통신 안테나(VSAT), LEO/MEO 안테나 개발	해상용 VSAT 안테나 세계 1위. 원웹 공급계약 체결. 우주 데이터센터의 데이터 입출력은 스타링크 지상국 게이트웨이를 경유하므로, 100만 기 위성의 막대한 트래픽 처리를 위한 지상국 신설 및 게이트웨이 안테나 대량 확충 수요에 직접 수혜
웨이비스 (코스닥 289930)	질화갈륨(GaN) RF 반도체, 칩~모듈 내재화	국내 유일 GaN RF 반도체 양산 FAB 보유. 위성·우주물체감시레이다 등에 RF GaN 공급 실적. 2025년 매출 408억(YoY +39%), 흑자 전환. 100만 기 위성 탑재 TT&C용 RF 증폭기 부품의 총량 수요에 직결.
파이버프로 (코스닥 368770)	화합물 반도체 패키지(HTCC), RF·광통신·레이저 모듈 패키지	InP, GaAs, GaN 트랜지스터용 세라믹 패키지 제조. 세계 최초 고열전도 Heat Sink GaN 트랜지스터 패키지 적용. 위성 탑재 RF 모듈의 패키지 수요 수혜.
에이스테크 (코스닥 088800)	RF 부품·기지국 안테나, 위성안테나·RF모듈	방산용 통신안테나, 위성안테나, RF모듈 제조. 스타링크 지상국 인프라 확대 시 게이트웨이용 안테나·RF 부품 수요 수혜 가능.
센서뷰 (코스닥 321370)	위성통신 안테나 기술, SMT 장비	위성통신 안테나 기술 보유. 스페이스X 테마 단기 급등 이력. 지상국 안테나 수요 확대 시 수혜 가능.

고성능 PCB·전자부품(위성 탑재 컴퓨팅)

우주 데이터센터 위성의 핵심은 AI 추론 연산이다. 각 위성에 탑재되는 컴퓨팅 모듈에는 고다층 PCB, 방사선 내성(radiation-hardened) 전자부품, 고속 메모리 모듈 등이 들어간다. 100만 기 위성에 탑재되는 서버 보드 수요만 해도 전례 없는 규모다.

우주산업 수혜주로서 한국 주식시장에서 가장 직접적인 수혜 분야는 적층세라믹커패시터(MLCC)와 첨단 반도체 기판이다. 2026년 3월 삼성전기는 미국의 핵심 우주항공 기업(스페이스X로 추정)에 고성능 MLCC를 공급하는 계약을 체결한 것으로 알려지며 시장의 주목을 받았다.

MLCC는 세라믹 유전체와 금속 전극을 겹겹이 쌓아 만들어져 전자 기기 내에서 전기의 흐름을 안정적으로 조절하고 노이즈를 제거하는 역할을 한다. 인공위성은 태양광을 통해 얻은 전력을 수많은 내부 모듈(통신 안테나, 광학 센서, 제어 컴퓨터 등)에 분배해야 하므로, 위성 1기당 최소 수천 개에서 수만 개의 MLCC가 필요하다. 우주용 MLCC는 발사 시의 극심한 물리적 진동과 충격을 견뎌야 할 뿐만 아니라, 궤도 상의 급격한 온도 변화(-150℃ ~ 150℃) 속에서도 정전 용량의 변화 없이 안정적인 전원 공급을 보장해야 한다.

고성능 PCB·전자부품 기업

기업명	핵심 기술·제품	우주 데이터센터 연관성 및 수혜 논리
삼성전기 (코스피 009150)	적층세라믹커패시터(MLCC), 글로벌 점유율 2위, 600층 적층 초소형 고용량 MLCC	위성 탑재 전자장비의 전원 안정화·노이즈 필터링에 필수적인 수동부품. AI 서버 1대에 약 3만 개 탑재. 100만 기 위성 각각에 수백~수천 개 MLCC 소요되므로 총량 수요 막대. **스페이스X 직접 공급 보도 있음(2026년 3월).**
삼화콘덴서 (코스피 001820)	MLCC·필름 콘덴서·단층 세라믹 콘덴서, 국내 유일 콘덴서 종합 메이커	삼성전기와 함께 국내에서 MLCC를 직접 제조하는 상장사. 위성 전자장비용 고신뢰성 콘덴서 수요 확대 시 수혜. 규모는 삼성전기 대비 작지만 MLCC 제조사로서의 희소성 보유.
이수페타시스 (코스피 007660)	초고다층 PCB(MLB),	글로벌 초고다층 MLB 선도 기업. 구글 TPU용 PCB 40%+ 점유. 엔비디아·구글·MS·시스코 납품.

	서버·네트워크·우주항공용	우주항공·슈퍼컴퓨터 분야 PCB 공급 실적. 위성 탑재 AI 연산보드 PCB 수요 직결.
한양디지텍 (코스닥 078350)	메모리 모듈, 서버용 DRAM 모듈	서버·통신장비용 메모리모듈 전문. 위성 탑재 컴퓨팅에 고속 메모리 모듈 수요 발생 시 수혜. 베트남 양산 체계 보유.
비츠로넥스텍 (코스닥 488900)	방산·위성 전자장비, GaN RF	국내 최대 첨단무기체계 Tier-1 공급사. 위성·우주항공 시장에서 핵심 반도체 부품 공급. 해외 첨단무기체계 수출 실적.
휴니드 (코스닥 005870)	군용 통신장비, 위성통신 모뎀	군용 위성통신 장비 전문. 위성 탑재 통신 전장품 기술 보유. 대규모 위성 네트워크 통신 장비 수요 수혜.

방사선 내성 반도체: 우주 방사선 극복의 열쇠

대기권 밖 우주 공간은 태양 플레어나 은하 우주선(Galactic Cosmic Rays)에서 기인한 고에너지 양성자, 중이온 등 강력한 우주 방사선이 쏟아지는 환경이다. 이러한 방사선 입자가 반도체의 트랜지스터나 메모리 셀을 관통할 경우 일시적으로 데이터가 변조되거나 영구적인 하드웨어 손상이 발생한다. 따라서 방사선 내성(Radiation-Hardened, Rad-Hard) 처리 기술과 물리적 쉴딩(Shielding) 기술은 우주 시스템 반도체의 핵심이다.

SK하이닉스는 2026년 예정된 우주검증위성 3호 프로젝트에서 우주 방사선에 노출 시 데이터를 안전하게 보존할 수 있는 '방사선 내성 저장장치'의 검증 주체로 최종 선정되었다.

한국의 방사선 내성 반도체 전문 기업은 아직 대규모 상용화 단계가 아니며, 주로 삼성전자·SK하이닉스 등 대기업이 위성 프로젝트 통해 개발 중인 상태이다. 엄밀히 말하면, 한국에는 방사선 내성 반도체를 직접 설계·제조하는 상장 기업이 없다.

방사선 내성 반도체 기업

기업명	핵심 기술·제품	우주 데이터센터 연관성 및 수혜 논리
큐알티 (코스닥 405100)	반도체 방사선 내성 시험·분석·인증, 우주 방사선 시험장비 자체 개발	국내 유일 민간 내방사선 시험 기관. 총이온화선량(TID)·단일사건효과(SEE) 시험 장비와 인프라 보유. 00만 기 위성 탑재 반도체의 방사선 내성 검증 수요 증가 시 시험·인증 매출 직결.
SK하이닉스 (코스피 000660)	메모리 반도체 우주 방사선 내구성 평가(K-RAD-SK)	K-라드큐브에 메모리 반도체 칩 탑재. 고에너지 우주 방사선 환경에서 메모리 칩의 생존 한계·고장 메커니즘 실측 목적. 이 실증 데이터가 향후 우주용 메모리 국산화의 기초 자료가 됨.
삼성전자 (코스피 005930)	차세대 멀티칩 모듈(K-RAD-SS), 우주 방사선 환경 반도체 영향 평가	우주항공청·한국천문연구원과 협력해 아르테미스 2호 탑재 큐브위성 'K-라드큐브'에 차세대 반도체 멀티칩 모듈 탑재. 향후 초집적 반도체의 내방사선 설계에 반영하기 위한 실증 단계.

레이저 광통신(위성 간 광링크)

스페이스X 우주 데이터센터 위성의 핵심 통신 방식은 위성 간 레이저(ISL: Inter-Satellite Link)다. 현재 스타링크 위성은 3개의 레이저 링크(최대 200Gbps)를 탑재하며, V3 세대는 1Tbps를 목표로 한다. 100만 기 위성 전체가 레이저 메시 네트워크로 연결되므로 레이저 모듈, 광학 렌즈, 광섬유, 광트랜시버 수요가 폭발적으로 증가한다.

위성간 레이저 광통신 기업

기업명	핵심 기술·제품	우주 데이터센터 연관성 및 수혜 논리
대한광통신 (코스닥 010170)	광섬유 모재~광케이블 수직계열화, 고출력 광섬유 레이저 모듈	국내 유일 광섬유 수직계열화 업체. 고출력 광섬유 레이저 모듈 생산 능력 보유. 방산용 천광 레이저 핵심 부품 독점적 위상. 우주 광통신 레이저 소스 공급 잠재력. 1년간 18배 주가 상승(2026년 3월 기준).

빛과전자 (코스닥 069540)	광트랜시버·BOSA, 100G~800G 고속 광송수신기	전기-광신호 변환 광트랜시버 전문. 세계 최초 양방향 100Gb/s BOSA 상용화. 위성 내부 광데이터 처리 및 지상국 연결 광모듈 수요 수혜 가능.
LK삼양 (코스닥 225190)	정밀 광학 렌즈·모 듈, 심우주항법용 별 추적기	2025년 6월 스페이스X 팰컨 9 트랜스포터-14에 심우주항법용 AI 별추적기 탑재 발사 성공. 50년 이상 광학설계 노하우를 우주항공으로 확장.
그린광학 (코스닥 0015G0)	위성용 고해상도 광학 렌즈, 비구면 반사경	인공위성 탑재 대구경 비구면 반사경 납품 실적. 다목적 실용위성·정지궤도 위성용 광학 부품 국산화. 초소형 군집 위성용 EO 탑재체 렌즈 시스템 개발 중.
액스비스 (코스닥 0011A0)	지능형 고출력 레이저 솔루션	고출력 레이저 모듈 기술은 위성 간 광통신 레이저 소스에 적용 가능성.

위성 시스템·탑재체 전문 기업

위성 버스(플랫폼), 탑재체(페이로드), 자세 제어 장치, 별추적기, SAR 레이더, 탑재컴퓨터 등 위성 시스템 전체를 설계·제작하는 전문 기업들이다. 우주 데이터센터 위성은 기존 통신위성 기반에 AI 연산모듈을 추가하는 구조이므로, 위성 시스템 통합 역량이 핵심이다.

위성 시스템·탑재체 전문 기업

기업명	핵심 기술·제품	스페이스X 연관성 및 수혜 논리
한화시스템 (코스피 272210)	SAR 탑재체·위성 시스템 통합	2023년 국내 최초 순수 국산 기술 소형 SAR 위성 자체 발사 성공. EO·IR·SAR 탑재체 기술을 모두 보유한 국내 유일 기업.
쎄트렉아이 (코스닥 099320)	중소형 위성 시스템, 지상국 장비·S/W	위성 시스템 설계~발사 일괄 역량. 지상국 관제·수신 장비 공급. 초고해상도 위성군 시장 대응. 2025년 매출 9.8%↑, 영업이익 흑자전환.
AP위성 (코스닥 211270)	위성통신 단말기, 위성 탑재 전장품	THURAYA 위성통신 단말기 독점 공급. 위성 부품 개발용역 매출 급증. 한국형 위성항법·정지궤도 공공복합통신위성 개발 참여.

루미르 (코스닥 474170)	SAR 위성 시스템, 위성 전장품 국산화	민간 최초 누리호 부탑재위성 LUMIR-T1 발사 성공. SAR 위성 시스템·전장품 독자 기술. 위성 대량생산 시 전장품 공급 확대 기대.
한양이엔지 (코스닥 045100)	위성 SAR 영상레이더, 소형 인공위성 확장	인공위성 SAR(합성개구레이더) 공급. 통신용 소형인공위성·드론 분야 사업 확대. 우주 데이터센터 위성 레이더 부품 잠재 수요.
컨텍 (코스닥 451760)	초소형 위성 전문, 지구관측 위성 플랫폼	16U 초소형 위성 세계 5번째 개발·사업화. 저궤도 초소형 위성 양산 역량. 우주 데이터센터 보조위성 플랫폼 기술 활용 가능.
퍼스텍 (코스닥 010820)	계장용 피팅·밸브, 방위산업 전장품	KSR-III 로켓엔진시험설비 참여 이력. 위성·발사체 유체제어 부품 공급 잠재력.

발사 서비스·지상 인프라

100만 기 위성 배치에는 전례 없는 발사 빈도(시간당 1회 목표)가 필요하며, 위성 관제·데이터 중계를 위한 지상국 인프라도 전 세계적으로 확충돼야 한다.

발사 서비스·지상 인프라 기업

기업명	핵심 기술·제품	우주 데이터센터 연관성 및 수혜 논리
한화시스템 (코스피 272210)	위성 관제·MRO, SAR 위성 사업	방산전자 핵심 기업. 감시정찰·위성사업 수행. 위성 관제 시스템·지상국 인프라 구축 역량. 대규모 위성 네트워크 관제 수요 수혜.
이노스페이스 (코스닥 462350)	하이브리드 소형 발사체, 한빛-TLV 발사 성공	2023년 민간 최초 독자 시험발사체 발사 성공. 소형위성 발사 서비스 시장(10년간 37조 원) 대응. 스페이스X가 대형 위성에 집중 시 소형 보조위성 발사 수요.
대한항공 (코스피 003490)	항공우주사업부, 위성체 연구개발	항공우주사업부에서 위성 설계·제작, 군용기·민항기 정비. 누리호 페어링 제작 참여. 대규모 위성 제조 시 항공우주 제조 인프라 활용.

| 나라스페이스테크놀로지(코스닥 478340) | 액체로켓 엔진·추진기관, 위성 개발 | 누리호 개발 참여. 액체로켓엔진 제작 기술 보유. 민간 우주개발 확대 시 기술 수출 가능성. |

▎우주 데이터센터 위성에 필요한 소프트웨어 기술 영역

100만 기 우주 데이터센터 위성 운용에는 크게 7개 소프트웨어 기술 영역이 필요하다. ① 위성 비행소프트웨어(FSW)·자율운항, ② 대규모 위성군 관제·궤도관리, ③ 우주상황인식(SSA)·충돌회피, ④ AI 추론 프레임워크·엣지 컴퓨팅, ⑤ 위성 간/위성-지상 네트워크 라우팅, ⑥ 위성 데이터 처리·분석, ⑦ 우주 사이버보안이다.

위성 비행소프트웨어(FSW)·자율운항

위성 탑재 컴퓨터 위에서 구동되는 비행소프트웨어는 자세 제어, 궤도 유지, 전력 관리, 열관리, 탑재체 제어, 장애 감지·복구 등 위성 운용의 전 과정을 담당한다. 100만 기 규모에서는 지상 운용자의 개입을 최소화하는 자율운항(autonomous operation) 소프트웨어가 필수다.

위성 비행소프트웨어(FSW)·자율운항

기업명	핵심 기술·제품	수혜 논리
쎄트렉아이 (코스닥 099320)	위성 관제 S/W, 지상국 S/W, 위성 시스템 통합	중소형 위성 시스템 설계~운용 일괄 역량. 비행소프트웨어 자체 개발 경험. 자회사 에스아이에이(AI 위성영상 분석). 위성 관제 S/W를 핵심 사업으로 영위.

AP위성 (코스닥 211270)	표준탑재컴퓨터(SOBC)+비행소프트웨어(FSW)	탑재컴퓨터를 기능별 모듈화 설계하고, 비행소프트웨어 동작 플랫폼을 제공. 저궤도·정지궤도·심우주 위성에 적용 가능한 표준탑재컴퓨터를 개발. 한국형 위성항법·정지궤도 공공복합통신위성 개발 참여.
텔레픽스 (상장 예정, 2026 하반기)	GPU 기반 위성 실시간 AI 프로세서 '테트라플렉스', AI 큐브위성 '블루본', 심우주 AI 별추적기 '디내브'	국내 민간 우주기업 최초 AI·빅데이터 분야 기술특례 상장 통과. 위성 탑재 AI 프로세싱 SW/HW 통합 솔루션 보유. 궤도상 AI 자율 판단 기술을 실증 완료. 프리 IPO 150억 원 유치(2026년 3월). 유럽 수천만 달러 위성 수출 계약 체결.

대규모 위성군 관제·궤도관리

100만 기 위성의 궤도 배치·유지·폐기를 관리하는 소프트웨어다. 기존의 수십~수백 기 단위 관제 시스템과는 차원이 다른 자동화·스케일링이 필요하다. 궤도 기동 계획(maneuver planning), 군집 관리(constellation management), 위성 수명 예측, 디오빗(deorbit) 스케줄링 등이 포함된다.

대규모 위성군 관제·궤도관리 기업

기업명	핵심 기술·제품	수혜 논리
쎄트렉아이 (코스닥 099320)	위성 관제 시스템 SW, 지상국 장비·SW	소형·중형·대형 위성 관제 및 정보 수신/처리용 지상국 장비와 S/W 공급이 핵심 사업. 다수 위성을 동시 관제하는 시스템 구축 경험.
한화시스템 (코스피 272210)	위성 관제·감시정찰 시스템, 지상 인프라 SW	방산 전자 기반 위성 관제 시스템 개발. 대규모 위성 네트워크 관제 수요에 대응 가능한 시스템 통합 역량.
컨텍 (코스닥 451760)	초소형 위성 운용 S/W, 위성 영상 분석 서비스	다수의 초소형 위성을 동시 운용하는 플랫폼 기술. 위성 양산·운용·데이터 서비스 전 주기 SW 역량.

우주상황인식(SSA)·충돌회피

현재 약 1.5만 기의 활성 위성과 수만 개의 추적 가능한 우주 파편이 궤도를 공유하고 있다. 여기에 100만 기가 추가되면 같은 높이의 궤도 구간 내 위성 밀도가 수백 배로 높아지고, 위성 간 근접 조우 빈도가 증가한다.

스페이스X가 FCC 신청서에서 제시한 500~2,000km 고도 범위는 기존 스타링크(480km)보다 높아 궤도 체류 시간이 길고, 고장 위성의 자연 감속 궤도 이탈에도 수십~수백 년이 걸리는 구간을 포함한다. 따라서 궤도 물체 실시간 추적, 충돌 확률 자동 계산, 회피 기동 명령 생성, 고장 위성 견인·제거 계획 수립 등을 수행하는 SSA 소프트웨어가 100만 기 운용의 전제 조건이다.

기업명	핵심 기술·제품	수혜 논리
LIG넥스원 (코스피 079550)	우주감시체계 SW, 레이더 기반 궤도물체 추적	우주물체감시 레이더 시스템 개발 참여. 궤도물체 탐지·추적·카탈로깅 소프트웨어 역량. 군사 우주감시 체계를 민수 SSA로 확장 가능.
한화시스템 (코스피 272210)	우주감시 레이더·관제 시스템	감시정찰 시스템 핵심 기업. 우주상황인식 관련 레이더 신호처리 및 궤도 분석 소프트웨어 보유.

AI 추론 프레임워크·엣지 컴퓨팅

우주 데이터센터 위성의 존재 이유 자체가 AI 추론이다. 위성 탑재 GPU/TPU에서 대규모 언어 모델 등 AI 워크로드를 실행하는 소프트웨어 스택이 핵심이다. 방사선 환경에서의 오류 감지·복구, 분산 추론, 워크로드 스케줄링, 모델 최적화·경량화 등이 필요하다.

기업명	핵심 기술·제품	수혜 논리
노타 (코스닥 486990)	AI 모델 경량화·최적화 플랫폼 'NetsPresso'	AI 모델을 엣지 디바이스에서 독립 구동할 수 있도록 압축·최적화하는 기술. 엔비디아·구글 클라우드 파트너십. 위성 탑재 저전력 프로세서에서 AI 추론을 가능하게 하는 모델 경량화 수요에 직결.
텔레픽스 (상장 예정, 2026 하반기)	궤도상 AI 프로세싱 솔루션, 위성 데이터 특화 에이전틱 AI	실제로 궤도에서 AI 추론을 수행한 실증 이력(스페이스X 팔콘 9으로 AI 별추적기 발사 성공). 위성 탑재 GPU 기반 실시간 AI 프로세서 '테트라플렉스' 개발. 국내에서 우주 AI 엣지 컴퓨팅에 가장 근접한 기업.
리벨리온 (비상장, IPO 추진 중)	AI 추론 전용 NPU 'ATOM', 사피온(Sapeon) 합병으로 데이터센터용 AI 반도체 라인업 확대	2024년 SK텔레콤 자회사 사피온과 합병해 데이터센터급 AI 추론 반도체 역량을 확보. ATOM 칩은 트랜스포머 모델 추론에 최적화된 아키텍처. 위성 탑재 AI 연산은 전력 제약이 극심한 환경이므로 와트당 추론 성능(TOPS/W)이 핵심 경쟁 지표이며, 리벨리온의 저전력 고효율 NPU는 이 요구에 부합한다.
퓨리오사AI (비상장, 상장 검토중)	AI 추론 전용 NPU(RNGD 칩), 저전력 고효율 추론 반도체	AI 추론 전용 반도체 설계. 데이터센터용 저전력 추론 가속기. 위성 탑재 AI 연산에 적용 가능한 저전력 NPU 기술. 다만 우주용 방사선 내성(rad-hard) 인증은 미확보 상태.
딥엑스 (비상장, 상장 검토 중)	엣지 AI 추론 NPU 칩	초저전력 엣지 AI 반도체. 위성 환경의 전력 제약에 적합한 와트당 성능(TOPS/W) 경쟁력. 퓨리오사AI와 마찬가지로 우주 인증 미확보.

위성 간/위성-지상 네트워크 라우팅

100만 기 위성이 네트워크로 연결되어 데이터를 주고받으려면, 동적 토폴로지(끊임없이 변하는 위성 간 연결 구조)에서 최적 경로를 실시간으로 계산하는 라우팅 소프트웨어가 필요하다. 위성들이 계속 움직이기 때문에 서로 연결되는 경로도 수시로 바뀌며, 그때마다 가장 빠른 데이터 전달 경로를 즉시 다시 찾아야 하는 것이다. 지상의 인터넷 라우팅과는 근본적으로 다른 알고리즘이 요구된다.

기업명	핵심 기술·제품	수혜 논리
텔코웨어 (코스닥 078000)	통신 핵심망 소프트웨어, 네트워크 가상화(NFV)	SKT 계열 통신 소프트웨어 전문. 대규모 네트워크 트래픽 관리·라우팅 기술. 위성 네트워크 지상 게이트웨이의 트래픽 관리·세션 제어 소프트웨어에 기술 적용 가능성.
유비쿼스 (코스닥 264450)	네트워크 장비·소프트웨어, 라우터·스위치	통신 인프라 네트워크 장비 전문. 위성 지상국 네트워크 인프라 확충 시 장비·소프트웨어 수요.

위성 데이터 처리·분석 소프트웨어

우주 데이터센터가 처리한 AI 추론 결과와 위성 텔레메트리 데이터를 지상에서 수신·저장·분석하는 소프트웨어다. 대용량 위성 데이터 파이프라인, AI 기반 영상 분석, 위성 상태 모니터링 등이 포함된다.

기업명	핵심 기술·제품	수혜 논리
쎄트렉아이의 (코스닥 099320) – 자회사 SIA	AI 기반 위성영상 분석 솔루션	위성영상에 AI를 적용해 자동 객체 탐지·변화 감지 수행. 우주 데이터센터 확대 시 위성 데이터 처리 수요 증가에 직접 수혜.
쎄트렉아이의 (코스닥 099320) – 자회사 SIIS	위성영상 판매·유통 플랫폼	위성 영상 데이터 유통 사업. 위성 데이터 산업 생태계 확대 수혜.
네이버 (코스피 035420) – 네이버클라우드	초대규모 AI 모델(HyperCLOVA), 클라우드 인프라	대규모 AI 추론 결과를 지상에서 후처리·서빙하는 클라우드 인프라. 우주 데이터센터와 지상 클라우드 간 하이브리드 아키텍처 수요.
텔레픽스 (상장 예정, 2026 하반기)	AI 기반 위성 데이터 처리, 위성영상 분석 솔루션, 에이전틱 AI	위성 데이터 특화 에이전틱 AI 솔루션 자체 개발. 위성 제작~운용~데이터 분석 수직 통합. 글로벌 위성 데이터 서비스 시장(2024년 120억 달러 → 2030년 290억 달러) 성장 수혜.

우주 사이버보안

100만 기 위성 네트워크는 국가안보급 사이버 공격 표적이 된다. 위성 간 통신 암호화, 탑재 소프트웨어 무결성 검증, 지상국 접근 통제, 양자내성암호(PQC) 등 우주 특화 사이버보안 기술이 필요하다.

기업명	핵심 기술·제품	수혜 논리
드림시큐리티 (코스닥 203650)	양자암호통신, PKI 인증 솔루션	양자암호통신 기술 개발. 위성–지상 링크 암호화에 양자내성암호 적용 수요.
케이사인 (코스닥 192250)	양자내성암호(PQC), 통합인증(SSO)	PQC 실증사업 수행(한전KDN). 위성통신 암호화에 PQC 적용 수요가 장기적으로 발생. 다만 아직 실증 단계.
아이씨티케이 (코스닥 456010)	IoT, 방산, 드론, 통신, 모바일	VIA PUF(물리적 복제방지) + PQC(양자내성암호) 결합 보안칩. PQC KMS 솔루션 국내 통신사 공동 개발 중. 위성 보안으로 확장 가능성.

한국 우주 소프트웨어 기술의 현재 위치와 한계

한국의 우주 소프트웨어 역량은 위성 관제 S/W와 지상국 시스템에 집중되어 있다. 쎄트렉아이가 위성 관제·영상 처리 S/W에서 국내 최고 수준을 보유하고, AP위성이 비행소프트웨어·표준탑재컴퓨터를 자체 개발한 것이 대표적 성과다. 텔레픽스가 궤도상 AI 프로세싱을 실증한 것은 주목할 만한 진전이다.

다만 이러한 성과는 대부분 수십 기 이하의 소규모 위성 프로젝트에서 축적된 것이다. 국내 우주 소프트웨어 생태계의 기술 성숙도(TRL)는 전반적으로 TRL 5~7 수준(시스템 검증~실증 단계)에 머물러 있다.

한편, 스페이스X 공급망 편입 가능성 자체가 극히 제한적이다. 스페이스X는 소프트웨어를 거의 100% 자체 개발한다. 비행소프트웨어, 관제 시스템, 네트워크 라우팅, AI 스택 모두 내부 엔지니어링으로 해결한다. 하드웨어와 달리 소프트웨어에서 외부 공급사를 두는 경우가 극히 드물다. 따라서 한국 소프트웨어 기업이 스페이스X 우주 데이터센터 프로젝트에 직접 공급사로 편입될 가능성은 현실적으로 매우 낮다.

실질적 수혜 경로

한국 소프트웨어 기업의 수혜는 스페이스X 직접 공급이 아니라, 우주 데이터센터 시대 개막에 따른 산업 생태계 전반의 확장에서 발생한다. 구체적으로는 세 가지 경로가 있다.

첫째, 스타링크 지상 인프라 확충이다. 100만 기 위성이 생성하는 트래픽을 처리하려면 지상국 네트워크 소프트웨어와 보안 소프트웨어의 수요가 대폭 증가한다. 둘째, 위성 데이터 산업 자체의 성장이다. 궤도 AI 컴퓨팅이 보편화되면 위성 데이터 처리·분석 소프트웨어 시장이 확대된다. 셋째, 한국 자체 위성 프로그램의 확대다. 스페이스X의 우주 데이터센터가 촉발한 글로벌 우주 경쟁으로 한국 정부와 기업의 위성 개발 투자가 증가하고 있으며, 우주항공청, 누리호 후속 발사체, 군사위성 등이 이에 해당한다.

▌ 스페이스X와 아마존 LEO는 위성을 '자체 생산'한다

스페이스X 스타링크 위성: 워싱턴주 레드먼드 자체 공장

스페이스X는 워싱턴주 레드먼드(Redmond)에 위성 설계·제조·테스트·궤도 운용을 모두 수행하는 통합 캠퍼스를 운영하고 있다. 2026년 초 기준 주당 약 70기의 스타링크 위성을 생산한다.

스페이스X는 비행소프트웨어, 관제 시스템, 궤도 관리 알고리즘, 소비자 서비스 플랫폼까지 전부 레드먼드에서 자체 개발한다. 현재 레드먼드 리지 비즈니스파크에 신규 공장을 증축중이며, 이는 스타십으로 발사할 V3 대형 위성 생산라인을 위한 것이다(V3 위성은 스타링크 인터넷용이며, 우주 데이터센터용은 아니다).

아마존 LEO(프로젝트 카이퍼): 커클랜드·에버렛 자체 공장

아마존은 워싱턴주 커클랜드(Kirkland)에 전용 위성 생산 공장을 2024년 4월 개장했다. 최대 가동 시 하루 5기, 연간 약 1,800기 위성 생산이 가능하다.

레드먼드의 R&D 시설에서 설계·프로토타입을 개발하고, 커클랜드에서 양산하며, 에버렛(Everett)의 물류센터에서 외부 부품을 수령·분류·검증한 뒤 커클랜드 공장에 공급하는 3단계 체제를 구축했다. 아마존은 자체 설계한 커스텀 SoC 칩 'Prometheus'로 위성·사용자 단말·지상국 안테나를 모두 구동하며, 전자식 위상배열 안테나, 광ISL(100Gbps급) 등 핵심 기술을 모두 자체 개발했다.

수직 통합의 한계: 100만 기 규모에서 외부 공급사가 필요해지는 이유

두 회사 모두 '설계-제조-테스트-운용'을 자체 공장에서 수행하는 극단적 수직 통합 전략을 취하고 있다. 그러나 스페이스X가 100만 기 우주 데이터센터 위성으로 확장할 경우, 현재의 자체 생산 체제만으로는 물리적으로 한계에 부딪힌다. 현재 주당 70기 생산 속도로는 100만 기를 완성하는 데 약 275년이 걸린다. V3 생산라인이 연 1만 기를 달성하더라도 100년이다. 따라서 생산 규모를 현재의 수십 배로 확대해야 하며, 이 과정에서 다음 영역의 외부 공급사 의존이 불가피해진다.

첫째, 원자재·특수합금이다. 위성 구조체·방열판·추진기관에 들어가는 니켈 초합금, 티타늄, 스테인리스강 등은 스페이스X가 직접 제련하지 않는다. 이미 스피어(한국), 에이치브이엠 등 외부 특수합금 공급사에 의존하고 있으며, 물량이 수십 배로 늘면 공급사도 그에 비례해 확대된다.

둘째, 전자 부품이다. 방사선 내성 프로세서, 메모리, 전력변환칩, 태양전지 셀 등은 스페이스X가 자체 설계하더라도 실리콘 파운드리나 셀 제조는 외부에 위탁한다. 100만 기 규모에서는 반도체·태양전지·배터리 셀의 물량이 자동차 산업 수준에 근접하므로, 대형 전자부품 공급망 없이는 생산이 불가능하다.

셋째, 생산 설비·장비다. 위성 양산 라인의 자동화 설비, 테스트 장비, 클린룸 인프라 등도 규모 확대 시 외부 장비 제조사에 의존도가 높아진다.

결론적으로, 스페이스X와 아마존 모두 핵심 설계와 시스템 통합은 자체 수행을 유지하겠지만, 원자재·부품·장비 수준에서는 외부 공급사 없이는 우주 데이터센터를 구축할 수 없다. 한국 기업에 실질적 기회가 있는 것은 바로 이 소재·부품 공급 영역이다.

다만, 이 모든 분석은 스페이스X가 100기 위성을 올려서 우주 데이터 센터 구축을 시작한다는 가정하에 벌어지는 일이다.

▎ 우주 데이터센터 공급망 편입 시나리오의 유의사항

스타십 우주선과 슈퍼 헤비 부스터 '완전 재사용'이라는 변수

발사체와 우주선 분야 소재 기업에 투자할 때는 한 가지 구조적 변수를 염두에 두어야 한다. 스타십과 슈퍼헤비는 '완전 재사용'을 목표로 설계됐다. 재사용률이 높아질수록 신규 기체 생산 횟수는 줄어들고, 그에 따라 소재와 부품의 반복 수요도 감소한다. 팰컨 9 부스터가 이미 동일 기체로 20회 이상 비행한 사례가 이를 증명한다.

반면 위성은 다르다. 위성은 재사용하지 않는다. 수명이 다하면 폐기되고, 그 자리는 새로 제작한 위성이 채운다. 스페이스X가 100만 기 배치를 목표로 한다면, 운용 수명 5년을 가정할 때 이론상 매년 20만 기 안팎의 위성을 새로 제작해야 한다. 이는 위성 소재·부품 기업에 사실상 항구적인 수요를 의미한다.

발사체 소재 기업의 수요가 재사용 기술 고도화와 반비례 관계에 있다면, 위성 소재 기업의 수요는 위성 숫자와 정비례한다. 같은 우주 공급망이라도 두 분야의 장기 수요 곡선은 전혀 다른 방향을 가리킨다.

다만, **스타십과 슈퍼헤비의 완전 재사용이 정착되기 전까지는 많은 수의 기체**

를 제작하며 테스트해야 하고, 완전 재사용 체계 하에서도 단일 기체만으로 모든 임무를 소화하는 것은 아니기 때문에 일정 수준의 수요 증가는 기대할 수 있다. 그러나 완전 재사용이 정착되는 시점이 가까워질수록 발사체·우주선 분야 소재 기업의 반복 수요는 구조적으로 줄어든다. 이것은 기술 발전이 낳는 필연적인 결과다.

우주 데이터센터가 현실화될 것인지의 관점

지금까지 살펴본 기업 정보는 2026년 3월 기준으로 공개된 자료에 기반으로 한 것이며, 각 기업이 해당 분야의 사업을 영위하고 있다고 해서 반드시 우주 데이터센터와 관련한 매출을 달성한다는 보장이 없다. 기업의 실제 스페이스X 공급 여부와 우주 데이터센터 관련 매출 여부는 공식 DART 공시와 기업 IR을 통해 개별 확인이 필요하다.

스페이스X 100만 기 위성 프로젝트는 FCC 신청 단계이며, 실제 승인 여부·배치 규모·일정은 크게 변동될 수 있다. 위성 산업 분석가 팀 파라(Tim Farrar)는 이 신청이 '협상 전술'이자 'IPO 밸류에이션 지원용'일 가능성을 지적한 바 있다.*

---

*   https://satnews.com/2026/01/31/spacex-files-fcc-application-for-million-satellite-orbital-data-center/

우주를 향한 투자

팰컨 1의 4번째 발사에서 1.5조 달러 IPO까지

2008년 9월 28일은 인류 역사에서 조용히, 그러나 영구적으로 기록된 날이다. 텍사스의 작은 창고에서 출발한 다섯 명의 팀이 만든 로켓이 지구 저궤도에 진입했다. 관제실에서는 환호성이 터졌고, 일론 머스크는 눈물을 참지 못했다. 그때 스페이스X에는 직원 500명과 거의 바닥을 드러낸 은행 계좌만이 있었다. 그리고 2026년 3월, 그 회사의 기업가치는 1조 5,000억~1조 7,500억 달러 사이에서 거론되고 있다. 역사상 가장 빠른 기업가치 상승의 궤적을 그려온 것이다.

이 여정에서 무엇이 핵심이었는가. 기술이었는가, 비전이었는가, 아니면 운이었는가. 이 책 전반에 걸쳐 살펴본 스페이스X의 궤적을 돌아보면, 그 핵심은 "로켓은 재사용할 수 있어야 한다."는 신념으로 귀결된다. 전 세계 항공우주 엔지니어와 기관들이 불가능하다고 말한 그 명제를 스페이스X는 폭발과 실패를 반복하면서도 결코 포기하지 않고 현실로 만들었다. 팰컨 9 부스터가 처음으로 드론십 위에 서는 데 성공한 2016년 4월 8일의 장면은 단순한 엔지니어링 성취가 아니었다. 수십 년간 고착화된 우주 발사의 경제학이 뒤집히는 순간이었다.

재사용 로켓의 성공은 스타링크를 가능하게 했고, 스타링크는 스페이스X를 발사 서비스 회사에서 글로벌 통신 인프라 기업으로 탈바꿈시켰다. 스타십은 스타링크를 다음 세대로 진화시킬 발사 플랫폼이고, xAI와의 합병은 스페이스X를 우주 AI 인프라 기업으로 도약시키려는 포석이다. 스페이스X는 계속해서 자신의 위상을 업그레이드하고 있다.

머스크는 장기 투자자에게 '기다린 만큼의 성과'를 약속한다

일론 머스크는 투자자들에게 매우 솔직한 말을 해왔다. 테슬라 초기, 스페이스X 창업 초기에도 그는 단기적 수익을 추구하는 투자자에게 자신의 회사가 적합하지 않다고 말했다. "충성심에는 충성심으로 보답하겠다"는 표현은 그의 장기 투자자 철학을 압축한다. 그것은 단기 주가에 흔들리지 말고 10년 이상의 시간 지평에서 함께 하라는 요청이었다.

테슬라의 역사가 이 약속의 의미를 구체적으로 보여준다. 2010년 IPO 당시 테슬라의 주가는 17달러였다. 이후 2013년, 2016년, 2019년에 걸쳐 주가가 반토막 나는 급락 구간이 반복되었다. 그때마다 시장에서 "테슬라는 끝났다”는 목소리가 나왔다. 이 모든 위기를 견디고 2021년 테슬라 주가는 IPO 당일 종가 대비 258배 이상 상승했다. 단기 변동성에 흔들려 팔아버린 투자자들은 이 수익을 얻을 수 없었다.

스페이스X IPO는 테슬라와 유사한 패턴을 따를 가능성이 있다. 상장 초기에는 1.5조~1.75조 달러라는 기업가치에 대한 거품 논란, 머스크 리스크에 대한 우려, 스타십 지연, 아마존 LEO의 경쟁 심화 등 부정적 재료들이 주가를 압박할 것이다. 이때 인내심을 잃고 떠나는 투자자들은 장기 투자의 열매를 포기하게 된다.

그러나 장기 투자자라면 반드시 기억해야 할 것이 있다. 머스크 리스크는 실재한다. DOGE 활동과 정치적 논란, 테슬라 주가 하락 압박, OpenAI와의 법적 분쟁, xAI Grok의 콘텐츠 문제 등이 스페이스X의 평판과 정부 계약 관계에 잠재적 위협이 된다. 이 책이 반복해서 강조했듯이, 스페이스X는 머스크 없이는 현재의 스페이스X가 아니다. 동시에 스페이스X는 그윈 숏웰이라는 세계 최고 수준의 COO와 수천 명의 헌신적 엔지니어들로 구성된 조직이기도 하다. 리스크는 인식하되, 그것으로 인해 장기 투자 전략을 포기하는 것은 다른 이야기이다.

우주는 먼 미래가 아니라, 지금 여기에 있다

이 책의 첫 장부터 마지막 장까지 다루어온 내용을 하나의 문장으로 요약한다면 이렇다. 우주 투자 기회는 '언젠가'가 아니라 '지금'이다.

스타링크는 이미 1,000만 명 이상의 월간 활성 사용자를 보유하고 매년 100억 달러 이상의 매출을 내는 현실 사업이다. 팰컨 9은 세계 궤도 발사 시장의 85% 이상을 지배하는 현재 진행형 독점이다. IPO는 2026년 내로 가시화될 가능성이 크고, 그 공모 규모는 사상 최대가 될 것이다.

한국의 개인 투자자에게 이 변화는 어떻게 다가오는가. 서학개미들이 처음 해외 주식시장에 주목하기 시작한 건 테슬라였다. 스페이스X IPO는 그 다음 무대다. 직접 투자가 여의치 않다면 국내외의 ETF를 통한 간접 투자가 있다. 국내에서는 스피어, 켄코아에어로스페이스, 미래에셋, 한화에어로스페이스, 한국항공우주 같은 종목들이 각자의 방식으로 스페이스X 성장의 수혜를 받는다. 투자의 방법은 다양하다.

그러나 어떤 방식으로 접근하든, 이 책이 강조하는 하나의 원칙은 변하지 않는다. 투자는 단기 가격 움직임에 대한 도박이 아니라, 기업과 산업의 장기 성장에 대한 신뢰를 바탕으로 한 소유의 행위다. 스페이스X는 로켓 회사다. 동시에 통신 회사이고, AI 인프라 회사이며, 우주 경제 전반을 설계하는 플랫폼 기업이다. 그 성장의 여정이 완결되기까지 수십 년이 걸릴 수도 있다. 하지만 그 출발점에서 우리가 목격하고 있는 것은 분명하다. 인류가 다시 한번 별을 향해 나아가고 있으며, 그 여정의 경제적 과실이 투자자들을 기다리고 있다는 사실이다.

팰컨 1의 4번째 발사가 성공하던 2008년 9월 28일의 관제실로 다시 돌아가 보자. 눈물을 흘리던 머스크 옆에는 회사의 생존을 위해 마지막 도박을 감행했던 팀원들이 있었다. 그들은 돈이 아니라 인류의 미래를 믿었기 때문에 그 자리에 있었다. 투자자도 마찬가지다. 스페이스X에 투자하는 것은 단순히 수익을 기대하는 행위가 아니라, 인류가 단일 행성 종족의 한계를 넘어서는 여정에 작은 지분을 갖는 것이다. 그 여정의 의미는 수익률이라는 숫자만으로 측정할 수 없다.

우주는 멀지 않다. 지금, 이 순간에도 텍사스 보카치카에서 스타십이 다시 한번 우주를 향해 출발하고 있는 중이다.